Advanced Italian
STEP-BY-STEP

Advanced Italian
STEP-BY-STEP

Paola Nanni-Tate

New York Chicago San Francisco Athens London Madrid
Mexico City Milan New Delhi Singapore Sydney Toronto

1 2 3 4 5 6 7 8 9 0   QFR/QFR   1 2 1 0 9 8 7 6 5

ISBN: 978-0-07-183718-7
MHID: 0-07-183718-3

e-ISBN: 978-0-07-183719-4
e-MHID: 0-07-183719-1

McGraw-Hill Education books are available at special quantity discounts to use as premiums and sales promotions, or for use in corporate training programs. To contact a representative, please visit the Contact Us page at www.mhprofessional.com.

Contents

Preface

Advanced Italian Step-by-Step is a progressive program for mastering the Italian language. It is written for intermediate and advanced learners. It continues to teach the grammar and conversation in a logical order so that the learner can make progress learning the language.

If you just started studying Italian, or need a review, *Easy Step-by-Step* is where you should start. Once you are ready, *Advanced Italian Step-by-Step* is the next step to continue learning and develop your skills in the language. To take full advantage of the program, I advise you to make sure to do all the exercises as you progress through the book. By doing this, you will continue to reinforce what you have studied in the chapter you completed. Do not be in a rush. Make sure you have mastered the concepts you have studied so far before going to the next chapter. You may want to do it several times before continuing to the next section.

At the end of each chapter, I have created stories followed by the vocabulary, adjectives, and verbs that may be new to you. Reading the selections and answering the questions at the end will help you to increase your vocabulary and become more confident in the language. It will also show you how the Italian sentences are structured. Read these selections aloud to practice pronouncing the Italian words. Again, you may want to do it more than once before going to the next.

Advanced Italian Step-by-Step is divided in three parts. The first part reviews and expands the basic elements of the language. The second part covers a review and amplification of the basic verb tenses and their complete conjugations. The third part covers the conditional tenses and all the subjunctive moods. The book also includes the conjunctions and verbs followed by prepositions and a long list of verbs used throughout the book. The ample supply of exercises throughout the book will help you with the practical application of what has been covered in each unit.

At the end, you will find a complete set of answer keys to help you check your accuracy.

I have enjoyed writing these books, and I always keep students in mind when I try to decide how and what to write. Italian grammar is complicated, vast, and takes real effort to master. If you take your time, are patient, and are consistent, the results will be very satisfactory.

I am very proud of the students who study Italian. Even though I am a native speaker, I found it quite challenging to go through all the rules and the exceptions of the language when I was in school, so I completely understand the difficulties, the challenges, and the frustrations. Do not give up—you will succeed.

Acknowledgments

I would like to thank Mr. Christopher Brown, my editor at McGraw-Hill, for the opportunity he gave me to write *Advanced Italian Step-by-Step*.

I would like to thank my husband, Robert Tate, for proofreading the book. And I want to give a big thank you again to all the students who study, love Italian, and continue to inspire me to write.

Accent Marks, Stress, and Intonation in Italian

Learning the accents and where to place the stress on a word is very important and makes it easier to know how to say words in Italian. The accent marks in Italian are added to a letter to differentiate it from another one with a similar sound.

There are four orthographic accent marks in Italian:

accento acuto	*acute accent*; used with the vowels **é**, **ó**, and they have a closed sound (**perché**, **affinché**, **cosicché**, **né**, **nonché**, **purché**, **sé**)
accento grave	*grave accent*; used with the vowels **à**, **è**, **ì**, **ò**, **ù**, and they have an open sound (**cioè**, **è**, **città**, **caffè**)
accento circonflesso	*circumflex accent* (**ê**), not used anymore in modern Italian
diaresi	*diaresis or umlaut* (**ë**), used in foreign words

Of these four accents, only the first two are the most commonly encountered: the grave and the acute accents.

In contemporary Italian, it is mandatory to mark the accent only in the following categories:

- With words of two or more syllables that end with a vowel that is stressed: bontà, libertà, città, carità, and però
- With some monosyllable words that could be pronounced as a word with two syllables: più, giù, già, ciò, and so on

- With some monosyllables that need to be recognized from other words:

dà (*to give*)	**da** (*from*)
è (*to be*)	**e** (*and*)
sè (*pronoun*)	**se** (*pronoun and conjunction*)
sì (*adverb of affirmation*)	**si** (*pronoun*)
là (*adverb of location*)	**la** (*article, pronoun, or musical note*)
nè (*conjunction*)	**ne** (*pronoun*)
lì (*adverb of location*)	**li** (*pronoun*)

The number **tre** (*three*) is not accented, but when it is a compound **tre** is accented, so we have **trentatrè** (33), **quarantatrè** (43), and so on. The pronoun **me** is also not accented, but in the word **nontiscordardimè** (*forget-me-not*), it is accented.

Stress

The stress placed on words within a sentence is called **sentence stress**, which is the relative emphasis given to certain syllables in a word. It is typically signaled by increased loudness, vowel length, and changes in pitch.

The terms **stress** and **accent** are sometimes considered the same thing, and they can be when the accent or the stress is on a single-syllable word (**dò, sè**, etc.) or on the end of a two or more syllable word (**città, povertà**, etc.). There are some guidelines to follow to learn where to place the stress on a word. Keep in mind, however, that these are guidelines since people from one part of Italy sometimes pronounce the same word with emphasis on a syllable that differs from the way it is pronounced in another part of the country.

When you are trying to learn how to stress different syllables in Italian, one of the best things that you can do is listen to native Italians. They do it naturally. Nothing is forced. However, you may not have this luxury.

The Golden Rule for Placing Stress

This does not hold up in all situations by any means, but for the most part, the stress is placed on the second-to-last syllable: **bambino, cantare**. When the stress is on the last syllable, an accent mark is mandatory on the last letter of the word: **perché, bontà**, and so on. Knowing this is going to help you with the proper pronunciation of quite a few words in the language. Many words are pronounced with the stress on the third-to-last or fourth-to-last syllable. There is no rule governing the placement of the stress in these cases. As you develop an ear for the language, you will learn which pronunciation sounds better. Here are some examples:

facile *easy*　　　**portabile** *portable*　　**aspettano** *they wait*

mangiamo *we eat*　　**mangiano** *they eat*　　**controllano** *they control*

Some words have a different meaning depending on the position of the accent (stress). The accent, however, is not used. The correct pronunciation of the word is understood only by the context of the phrase. Take a look at the following examples:

Mi **capitano** sempre cose belle.

Beautiful things are always happening to me.

Il **capitano** della nave era molto giovane.

The captain of the boat was very young.

Il marinaio ha gettato l'**ancora**.

The sailor threw the anchor.

Lei vuole vederti **ancora**.

She wants to see you again.

Advanced
Italian
STEP-BY-STEP

1

Nouns, Descriptive Adjectives, and Pronouns

Nouns, articles, adjectives, and pronouns are the first elements usually studied when learning a language. They are very important and quite extensive in Italian, and I feel that they are seldom repeated or reviewed enough, or that there are sufficient exercises to master them. Therefore, I feel it is important to briefly review them again in this advanced book so that students will have additional practice.

Definition and Classification of Nouns

A noun is a word that labels persons, animals, places, things, or concepts. Nouns fall under one of the following classifications:

- Proper nouns (**nomi propri**), which include first names and surnames of people (**Giovanni, Luigi, Maria, Silvia, Ferri, Benedetti**, etc.) and names of places (**Milano, Venezia, Italia, Spagna, Sicilia, Arno**, etc.), must be written with a capital letter.

- Common nouns (**nomi comuni**), which comprise in a generic way every possible individual or class, are divided into common nouns of human beings (**uomo, donna, mamma, figlio**, etc.), common nouns of animals (**cane, gatto, leone, giraffa**), and common nouns of things (**acqua, vino, sedia, tavolo, penna**).

The common nouns are further classified as:

- Collective nouns (**nomi collettivi**), which include a group of things, such as **frutta, verdura, mobili**, or animated beings, such as **gregge, folla, gente**, etc. They are perceived as one unity. These nouns require the accompanying article and the verb to be in the singular form.

1

C'è una grande folla in Piazza San Pietro a Roma. *There is a large crowd in St. Peter Square in Rome.*

- Some common nouns can be enumerated (**nomi numerabili**) (**un bicchiere, due tavoli, tre vasi di fiori**), while others cannot (**nomi innumerabili**) (**il sangue, l'acqua, il vino**). These nouns do not have a plural. One cannot say, **i latti, i sangui, le acque**. In the plural form they change their meanings.

The Gender of Nouns

Nouns are used in everyday speech. Italian has two genders, *masculine* and *feminine*, and two numbers, *singular* and *plural*. Gender is important because it defines the form of the articles and the adjectives that accompany nouns in sentences.

All nouns in Italian end in a vowel. If they end with a consonant, it is because they have foreign origin (**film, sport**, etc.).

Usually a noun's gender is recognized by its ending. There are some indicators that will help identify whether a noun is masculine or feminine. In most cases, nouns ending in **–o** (uom**o**, libr**o**) are masculine, and nouns ending in **–a** (cas**a**, donn**a**) are feminine. Exceptions to the rule include man**o**, fot**o**, and radi**o**, which end in **–o** but are feminine nouns.

Singular and Plural Masculine Nouns

Most nouns ending in **–o** are masculine singular and change to an **–i** in the plural form.

MASCULINE	SINGULAR	MASCULINE	PLURAL
aere**o**	*plane*	**aerei**	*planes*
centr**o**	*center*	centr**i**	*centers*
ciel**o**	*sky*	ciel**i**	*skies*
vent**o**	*wind*	vent**i**	*winds*

Singular and Plural Feminine Nouns

Most nouns ending in **–a** are feminine and change to an **–e** in the plural form.

FEMININE	SINGULAR	FEMININE	PLURAL
bellezz**a**	*beauty*	bellezz**e**	*beauties*
bors**a**	*purse*	bors**e**	*purses*
famigli**a**	*family*	famigli**e**	*families*
ros**a**	*rose*	ros**e**	*roses*

Language Note:

There is a lot of confusion with some words such as **mattina** or **mattino**, **tavolo** or **tavola** and how to use them properly. The following is an attempt to clarify this.

Mattina and **tavola** are feminine, but **mattino** and **tavolo** are masculine.

Mattina or Mattino

Mattina and **mattino** have the same meaning. They are used to indicate the early part of the day. Frequently they are interchangeable.

One can equally say, le 10 del **mattino**, or le 10 della **mattina**; un **mattino** nuvoloso, or una **mattina** nuvolosa.

Some expressions, however, require the specific use of one or the other. **Mattina** is used as follows:

Ogni **mattina**, *every morning*

Domenica **mattina**, *Sunday morning*

Di prima **mattina**, *first thing in the morning*

Dalla **mattina** alla sera, *all day long*

Una bella **mattina**, *a beautiful morning*

Mattino is used with the following expressions:

Sul far del **mattino**, *at dawn*

Di buon **mattino**, *early in the morning*

Il buongiorno si vede dal **mattino**, *from the start of the day one can see how the day will go.*

Il **mattino** ha l'oro in bocca, *the early bird gets the worm.*

Tavolo or Tavola

These two words also are of different gender. They have a similar meaning, but **tavolo** is used most commonly to refer to its generic meaning, and it is often followed by words that indicate its specific use:

Tavolo da biliardo, *billiard table*

Tavolo da ping-pong, *ping-pong table, etc.*

Prenotare un **tavolo**, *to reserve a table*

Comprare un **tavolo**, *to buy a table*

Tavola, instead, is referred to as a wooden plank, but its most common use is for the piece of furniture where people eat their meals. It is used in the following expressions:

Essere a **tavola**, *to be at the table*

Andare a **tavola**, *go to the table*

Mettere in **tavola**, *to put food on the table*

Sedersi a **tavola**, *sit at the table*

Tavola **fredda**, *cold food buffet*

Tavola **calda**, *warm food buffet*

 ## Esercizio 1.1

Complete the following sentences with mattina, mattino, tavolo, tavola as required.

1. Mettete i piatti a _____.

2. Ho comprato un _____ di marmo.

3. Il _____ da ping-pong è molto grande.

4. Tutte le _____ facciamo colazione sulla veranda.

5. Il _____ su cui lavoro è coperto di libri.

6. Mi piace il tuo _____ di cristallo.

7. Mi piace camminare alla _____ _____ presto.

8. Mi alzo di _____ e mi siedo al _____ a leggere il giornale.

9. Quando ritorno dal lavoro, metto subito il cibo in _____.

10. In Italia, pranziamo e ceniamo a _____, non davanti alla televisione.

Nouns Ending in -e

A fairly small group of nouns ending in **–e** can be masculine or feminine. All of them form the plural in **–i** in both genders. There are not many of them, making it easier to memorize them.

Here are a few:

MASCULINE SINGULAR		MASCULINE PLURAL	FEMININE SINGULAR		FEMININE PLURAL
bottone	*button*	bottoni	canzone	*song*	canzoni
generale	*general*	generali	chiave	*key*	chiavi
paniere	*basket*	panieri	stazione	*station*	stazioni
distributore	*distributor*	distributori	nave	*ship*	navi
potere	*power*	poteri	notte	*night*	notti

However, a few nouns ending in **–e** are definitely masculine, and the corresponding feminine ends in **–a.**

MASCULINE SINGULAR		MASCULINE PLURAL	FEMININE SINGULAR	FEMININE PLURAL
camerier**e**	*waiter*	camerier**i**	camerier**a**	camerier**e**
infermier**e**	*nurse*	infermier**i**	infermier**a**	infermier**e**
padron**e**	*owner*	padron**i**	padron**a**	padron**e**
parrucchier**e**	*hairdresser*	parrucchier**i**	parrucchier**a**	parrucchier**e**

Other nouns change from **–e** in the masculine to **–essa** in the feminine.

cont**e**	*count*	cont**i**	cont**essa**	cont**esse**
leon**e**	*lion*	leon**i**	leon**essa**	leon**esse**
princip**e**	*prince*	princip**i**	princip**essa**	princip**esse**

 Esercizio 1.2

Change the following nouns into the plural.

1. generale _____

2. infermiere _____

3. distributore _____

4. asparago _____

5. padrone _____

6. paniere _____

7. conte _____

8. leone _____

9. leonessa _____

10. nave _____

Esercizio 1.3

Complete the sentences below with the common nouns ending in –e.

1. Il (*waiter*) _____ ci porta l'acqua.
2. La nostra (*owner*) _____ è molto gentile.
3. L' (*female nurse*) _____ viene ogni giorno a farmi la puntura.
4. La (*female lion*) _____ guarda i suoi cuccioli.
5. Il (*hairdresser*) _____ è molto bravo.
6. Ci sono molti (*waiters*) _____ in questo albergo.
7. Non so dove sono le (*keys*) _____ della macchina.
8. Devo comprare i (*buttons*) _____.
9. La (*waitress*) _____ lavora in un grande albergo.
10. Mi piace la (*song*) _____ che hai scritto.

Nouns ending in **–tore** change to **trice** in the feminine.

att**ore**	*actor*	at**trice**
pitt**ore**	*painter*	pitt**rice**
imprenditor**e**	*entrepreneur*	imprendi**trice**
scrittor**e**	*writer*	scrit**trice**

Nouns ending in **–co** or **–go,** change to **–i** in the plural when the stress is on the third-to-the-last syllable.

a<u>spa</u>ra**go**	*asparagus*	a<u>spa</u>rag**i**
<u>me</u>di**co**	*doctor*	<u>me</u>dic**i**

Nouns ending in **–co** and **–go** add an **–h** before the final **–i** in order to keep the hard sound of the singular and if they are stressed on the next-to-the-last syllable.

SINGULAR		PLURAL
<u>la</u>g**o**	*lake*	<u>la</u>g**hi**
<u>ba</u>co	*worm*	<u>ba</u>c**hi**
<u>fi</u>**co**	*fig*	<u>fi</u>c**hi**

Exceptions include the following.

a<u>mi</u>**co**	*friend*	a<u>mi</u>c**i**
ne<u>mi</u>co	*enemy*	ne<u>mi</u>c**i**

Nouns ending in **–io** change to **–i** in the plural if the stress is placed on the next-to-the-last syllable.

SINGULAR		PLURAL
da‌zio	*tariff*	da‌zi
fi‌glio	*son*	fi‌gli
vi‌zio	*vice*	vizi

but zio changes to **zii.**

 Esercizio 1.4

Change the following words into the plural.

1. amico _____
2. lago _____
3. asparago _____
4. baco _____
5. attrice _____

6. scrittrice _____
7. fico _____
8. figlio _____
9. vizio _____
10. zio _____

Singular and Plural Nouns

Masculine nouns ending in **–a** form the plural in **–i.**

SINGULAR		PLURAL
acrobata	*acrobat*	acrobati
analfabeta	*illiterate*	analfabeti
astronauta	*astronaut*	astronauti
atleta	*athlete*	atleti
autista	*driver*	autisti
collega	*colleague*	colleghi
eremita	*hermit*	eremiti
fantasma	*ghost*	fantasmi
parassita	*parasite*	parassiti
pirata	*pirate*	pirati
poeta	*poet*	poeti
programma	*program*	programmi

Some nouns are the same in the masculine or the feminine singular but change to **–i** in the masculine plural and to **–e** in the feminine plural.

MASC. AND FEM. SING.		MASC. PL.	FEM. PL.
atlet**a**	*athlete*	atlet**i**	atlet**e**
monarc**a**	*monarch*	monarch**i**	monarch**e**
musicist**a**	*musician*	musicist**i**	musicist**e**
pediatr**a**	*pediatrician*	pediatr**i**	pediatr**e**
tennist**a**	*tennis player*	tennist**i**	tennist**e**

Nouns ending in **–tore, -sore, -ore,** and **–one** are masculine. Their plural form ends in **–i**.

difens**ore**	*defender*	difens**ori**
pall**ore**	*pallor*	pall**ori**
ross**ore**	*redness*	ross**ori**
scrocc**one**	*scrounger*	scrocc**oni**

Nouns ending in **–zione, -trice, -ite,** and **-itudine** are feminine and form their plural in **–i**.

abit**udine**	*habit*	abitudin**i**
artr**ite**	*arthritis*	artrit**i**
corruz**ione**	*corruption*	corruzion**i**
grat**itudine**	*gratitude*	gratitudin**i**
scrit**trice**	*writer*	scrittric**i**
staz**ione**	*station*	stazion**i**

 ## Esercizio 1.5

Change the following nouns into the plural.

1. artrite _____
2. programma _____
3. pallore _____
4. musicista (m.) _____
5. fantasma _____

6. scrittore _____
7. pirata _____
8. corruzione _____
9. musicista (f.) _____
10. atleta (f.) _____

A few masculine nouns ending in **–a** change to **–essa** in the feminine.

du**ca**	*duke*	duch**essa**	*duchess*
profet**a**	*prophet*	profet**essa**	*prophetess*

A few nouns ending in **–i** are feminine and do not change in the plural.

cris**i**	*crisis*	tes**i**	*thesis*
diagnos**i**	*diagnosis*	tis**i**	*tuberculosis*
ipotes**i**	*hypothesis*		

Nouns ending in **–i** that are masculine do not change in the plural.

bistur**i**	*surgeon knife*
brindis**i**	*toast (with a drink)*
bikin**i**	*bikini*
bonsa**i**	*bonsai*

Nouns ending in **–tà** and **–tù** are feminine and do not change endings in the plural. They only change the article, adjective, or pronoun that modifies them.

gioven**tù**	*youth*	bon**tà**	*goodness*
vir**tù**	*virtue*	cit**tà**	*city*
schiavi**tù**	*slavery*		

A few nouns have the same ending as the ones shown above, but they are masculine and do not change in the plural.

podes**tà**	*mayor*
taffe**tà**	*taffeta*
tu**tù**	*tutu*

Generally, all the nouns of

- Trees: abete *pine*, melo *apple*, ulivo *olive*, etc., are masculine. Exceptions are palma *palm tree*, quercia *oak tree*, betulla *birch tree*, etc., which are feminine.

- Months and days of the week: gennaio *January*, marzo *March*, agosto *August*, lunedì *Monday*, martedì *Tuesday* (domenica *Sunday* is an exception).

- Metals and chemical compounds: oro *gold*, argento *silver*, rame *copper*, plutonio *plutonium*.

- Names of seas, rivers, lakes, mountains: Cervino *Matterhorn*, Etna *Etna*, Adriatico *Adriatic sea*, il Po *Po river*, Garda *Garda lake*, Trasimeno

Trasimeno lake. Exceptions include mountain chains and some rivers: Alpi *Alps*, Dolomiti *Dolomites*, Senna *Sein*, and Loira *Loire*.

- Cardinal points: Nord *North*, il Settentrione, Sud *South*, il Mezzogiorno, Est *East*, il Levante, Ovest *West*, l'Occidente.

- Names of fruit are generally feminine: arancia *orange*, mela *apple*, ciliegia *cherry*, pesca *peach*, but limone *lemon*, fico *fig*, ananas *pineapple*, and mango *mango* are masculine.

 ## Esercizio 1.6

Change the following nouns into the plural.

1. albergo _____
2. campo _____
3. amico _____
4. orso _____
5. lago _____

6. nome _____
7. lavoro _____
8. gatto _____
9. film _____
10. programma _____

Esercizio 1.7

Change the following nouns into the plural.

1. classe _____
2. amica _____
3. pioggia _____
4. tartaruga _____
5. anima _____

6. stazione _____
7. valigia _____
8. abitudine _____
9. foto _____
10. città _____

Masculine Nouns with Feminine Plurals

A few nouns, all related to parts of the body, are masculine in the singular and feminine in the plural.

Singular	Plural
1. il braccio *arm*	le braccia
2. il ciglio *eyelash*	le ciglia

3. il dit**o** *finger*	le dit**a**
4. il ginocchi**o** *knee*	le ginocchi**a**
5. il labbr**o** *lip*	le labbr**a**
6. l'orecchi**o** *ear*	le orecchi**e**
7. l'oss**o** *bone*	le oss**a**
8. il sopracciglio *eyebrow*	le sopraccigli**a**

 Note: Most of these nouns have regular masculine plurals that are used with different meanings than the ones referring to a part of the body.

cigli, the plural of ciglio refers to the edge of the road.

ossi, the plural of osso are the bones to make a soup.

diti, the plural of dito refers to the individual fingers while **dita** refers to the 10 fingers.

Nouns ending with a consonant (usually of foreign origin), and nouns with a stressed vowel, have the same form in the plural as in the singular.

Singular	Plural
computer	computer
serie	serie
specie	specie
città	città
caffè	caffè
leader	leader
garage	garage

Nouns with Irregular Plural

The following nouns are masculine in the singular but feminine in the plural.

Singular	Plural
centinai**o** *hundred*	centinai**a**
lenzuol**o** *sheet*	lenzuol**a**
migli**o** *mile*	migli**a**
pai**o** *pair*	pai**a**
uov**o** *egg*	uov**a**

Other Nouns with Irregular Plural

al**a** *wing*	al**i**
arm**a** *weapon*	arm**i**
bo**a** *buoy* boa (the snake)	bo**a**
boi**a** *hangman*	boi**a**
bu**e** *ox*	bu**oi**
di**o** *god*	d**ei**
uom**o** *man*	uom**ini**

Esercizio 1.8

Change the following nouns into the plural.

1. ciglio _____
2. computer _____
3. ginocchio _____
4. uovo _____
5. boia _____

6. virtù _____
7. crisi _____
8. dio _____
9. bue _____
10. ala _____

Language Note:

Plural of Feminine Nouns Ending in –ca, –ga, –cia, –gie

Feminine nouns ending in **–ca** or **–ga** change in the plural to **–che** and **–ghe** (**monaca** *nun*, **collega** *colleague*), by adding an *h* after the *c* and the *g:* monache, colleghe. The masculine plural nouns ending in **–co** and **–go** form their plurals in **–chi** and **–ghi**: **monarca** *monarch* and **collega** *colleague* change to **monarchi, colleghi**. There are many masculine nouns ending in **–co, amico, nemico,** and so on, that change to **–ci** in the plural (**amici, nemici**), and so on. **Belga** (*the inhabitant of Belgium*), however, is an exception and in the masculine plural changes to **belgi**, while in the feminine is **belghe**.

Other nouns that end in **–cia** and **–gia** change to the plural according to the letter preceding the **–c** or the **–g**. If there is a vowel preceding the **–g** or the **–c**, the **i** stays; if there is a consonant the **i** goes.

The words that make the plural keeping the i are as follows.

l'acacia, *acacia*	le acacie
l'audacia, *audacity*	le audacie

la camicia, *shirt*	le camicie
la ciliegia, *cherry*	le ciliegie
la fiducia, *faith*	le fiducie
la socia, *partner*	le socie
la valigia, *suitcase*	le valigie
grigia, *gray (ad.)*	grigie
malvagia, *bad*	malvagie
sudicia, *filthy*	sudicie

but

la bilancia, *scale*	le bilance
la doccia, *shower*	le docce
la goccia, *drop*	le gocce
la mancia, *tip*	le mance
la pioggia, *rain*	le piogge
la spiaggia, *beach*	le spiagge

Another instance where the **–i** remains in the plural is if the accent is on the **–i–** of the last syllable:

la farmacìa, *drug store*	le farmacìe
la filosofìa, *philosophy*	le filosofìe
la nevralgìa, *neuralgia*	le nevralgìe

Esercizio 1.9

Complete the following sentences with the correct plural form of the words in parentheses.

1. Dovrei andare in farmacia, ma oggi è festa e tutte le _____ sono chiuse. (*drug stores*)

2. Oggi vado a comprare delle _____ per mio nonno. (*shirts*)

3. In India vengono le grandi _____. (*rains*)

4. Mi piacciono molto le _____ pulite. (*beaches*)

5. Eric fa quattro _____ al giorno. (*showers*)

6. Le _____ sono degli alberi che hanno fiori molto profumati. (*acacias*)

7. Per le _____ bisogna prendere delle medicine forti. (*neuralgias*)

8. Io aspetto con anticipazione l'estate per mangiare le _____. (*cherries*)

9. Non trovo mai delle _____ buone ed esatte. (*scales*)

10. Stanno scendendo delle _____ di pioggia molto grosse. (*drops*)

11. Le camere in quell'albergo sono veramente _____. (*filthy*)

Prefixes and Suffixes

They are lexical elements added either before (*prefix*) or after (*suffix*) the root of a word. They serve to modify, enrich, and specify the original meaning by creating new words. They are an important factor of the language. The following is not meant to be a comprehensive list, but it is certainly a good start.

Prefixes can originate from nouns, adjectives, or verbs.

Prefixes deriving from nouns include the following:

a/ab:	abrogazione, *abrogation*		
ante/anti:	antenato, *ancestor*	antipasto, *before meal*	anteguerra, *before the war*
bi/bis:	bisnonno, *great grandfather*		
com:	compassione, *compassion*	compaesano, *person from the same town*	
con:	condivisione, *sharing*	contrattacco, *counterattack*	controsenso, *contradiction*
dis:	distrazione, *distraction*	disoccupato, *unemployed*	disagio, *discomfort*
in:	intervento, *intervention*	infedeltà, *infidelity*	incertezza, *uncertainty*
ipo:	ipotermia, *hypothermia*	ipotesi, *hypothesis*	ipoteca, *mortgage*
pos:	posdomani, *the day after tomorrow*		
pre:	preavviso, *forewarning*		
pro:	proposta, *proposal*		
re:	reazione, *reaction*		

s:	sfiducia, *distrust*	
semi:	semicerchio, *semicircle*	
sopra:	soprabito, *overcoat*	
sub:	subtotale, *subtotal*	
trans:	transatlantico, *transatlantic*	
vice:	vicerè, *viceroy*	vicepresidente, *vice president*

Prefixes from adjectives:

ben:	bendisposto, *sympathetic*		
dis:	disordinato, *messy*	disarmato, *disarmed*	
ill:	illegale, *illegal*		
im:	immaturo, *immature*		
in:	incivile, *uncivilized*	insoddisfatto, *unsatisfied*	ingiusto, *unjust*
	infelice, *unhappy*	insufficiente, *insufficient*	incerto, *insecure*
	inesperto, *inexperienced*	incapace, *incapable*	infame, *infamous*
mal:	maleducato, *impolite*	malconcio, *beat up*	
s:	scontento, *unhappy* spensierato, *carefree*	sfortunato, *unfortunate*	spettinato, *disheveled*

 ## Esercizio 1.10

Complete the following sentences with the words suggested in parentheses.

1. Il _____ è vecchio, ma anche molto giovanile.
   (*great grandfather*)

2. Il ragazzo è caduto nel lago gelato e ha sofferto di _____.
   (*hypothermia*)

3. Giovanni deve studiare, non può avere troppe _____.
   (*distractions*)

4. Il padrone ha mandato il _____ di lasciare vuota la casa
   entro la fine di marzo. (*forewarning*)

5. Devo preparare la _____ di lavoro. (*proposal*)

6. Voglio fare una sorpresa alla mamma per il suo compleanno. Voglio vedere
   la sua _____. (*reaction*)

7. Quando avevo 18 anni ho fatto un bel viaggio su un _____.
   (*transatlantic liner*)

8. Negli Stati Uniti è _____ bere alcol se si è sotto i 21 anni.
   (*illegal*)

9. Enrico è sempre _____ e si considera _____.
   (*unhappy, unlucky*)

10. La bambina corre _____ nel prato. (*carefree*)

Prefixes from verbs:

af:	affettare, *to slice* affrettare, *to speed up*	affumicare, *to smoke*	affondare, *to sink*
ag/all:	aggiungere, *to add* allargare, *to widen*	allacciare, *to tie* allungare, *to lengthen*	allegare, *to attach*
as:	astenersi, *to refrain from*	asportare, *to take out*	
av:	avvelenare, *to poison*	avvicinarsi, *to get close*	avverarsi, *to come true*
con:	condividere, *to share* confinare, *to border on*	concentrarsi, *to concentrate* convenire, *to be worthwhile*	concorrere, *to compete* convalidare, *to validate*
dis:	disfare, *to undo*	disperdere, *to scatter*	disobbedire, *disobey*
s:	sfamare, *to feed* svenire, *to faint* scaricare, *to unload*	smarrire, *to lose* svuotare, *to empty* sfiorire, *to fade* (*of flowers*)	sparlare, *to talk behind the back* smacchiare, *to remove stains* scoprire, *to uncover, discover*

 Esercizio 1.11

Complete the following sentences with the verbs suggested in parentheses.

1. Devo _____ un posto a tavola, perchè abbiamo ospiti. (*add*)

2. Voglio _____ i tuoi sogni per il futuro. (*share*)

3. Io faccio la maglia e il mio gattino la _____. (*undo*)

4. Io _____ in Chiesa quando ci sono i gigli perchè hanno un profumo troppo intenso. (*faint*)

5. Devo _____ il tappeto, perchè ho rovesciato il caffè. (*spot*)

6. Devi _____ il biglietto quando sali sull'autobus o prendi la multa. (*validate*)

7. Barbara _____ la legna per fare un gran falò con gli amici. (*unload*)

8. Non _____ le chiavi della macchina. (*lose*)

9. Devo _____ i pantaloni di Isabella perchè sono troppo corti. (*lengthen*)

10. Finalmente si _____ l'arrivo della primavera. (*come close*)

Suffixation from Noun to Noun

Suffixation means adding (affixing) some letters to the stems or the end of a word to obtain a new word. Italian has suffixes for diminutive nouns that emphasize smallness, for augmentative nouns to express largeness or great quantity, or to form new words:

Mangio un pezzetto di dolce.	*I will eat a small piece of cake.*
Ho visto un brutto cagnaccio.	*I saw a big, ugly dog.*

The diminutive suffixes **–ino**, **–ina**, and **–etto** indicate something small, or they can be added to express tenderness and affection.

il vestitino	*cute, little dress*	**la casina**	*small house*
il cagnolino	*small, cute dog*	**la manina**	*small hand*
il gattino	*small cat*	**il panino**	*small sandwich*

A diminutive ending can be added to an adjective:

bello	*beautiful*	**bellino**	*cute*
brutto	*ugly*	**bruttino**	*not very nice looking*

The most common augmentative suffixes are **–one** and **–ona**.

bambinone	*a big baby*	**pigrone**	*very lazy*
ragazzone	*a big boy*	**donnona**	*a big woman*

The suffixes **–occio**, **–occia**, **–olo**, **–ola**, **–uccio**, and **–uccia** are the most common affectionate suffixes in Italian.

Il mio **figlioccio** non abita vicino a me.	*My godson does not live near me.*
Siamo contenti quando i nostri **figlioli** ci visitano.	*We are happy when our children visit us.*
Vorrei una **casuccia** al mare.	*I would like a small house by the seaside.*
Alle lucertole piace il **calduccio** del sole.	*The lizards like the warmth of the sun.*

The most common pejorative suffixes are **–accio** and **–accia**.

Non mi piacciono le persone che dicono **parolacce**.	*I don't like when people say swear words.*
Sto in casa, perchè fuori c'è un **tempaccio** che fa paura.	*I stay inside, because outside the weather is really nasty.*
Non uscire con lei, è una **ragazzaccia**.	*Don't go out with her, she is a real bad girl.*

Esercizio 1.12

Complete the following sentences with the nouns suggested in parentheses.

1. Non uscire. Fuori fa freddo. In casa c'è un bel _____. (*warmth*)

2. Vorrei un _____ con prosciutto e maionese. (*sandwich*)

3. Lui ha un _____ bianco e nero. (*small dog*)

4. È un bel _____. (*big boy*)

5. Le ho comprato un _____ nuovo per andare alla festa. (*small, cute dress*)

6. Giovanni è un _____ grande e grosso, ma è molto gentile. (*big man*)

7. Sei un vero _____. Non fai niente tutto il giorno. (*lazy boy*)

8. Sei una _____. Dormi troppo e non concludi niente. (*lazy girl*)

9. Quel bambino è proprio _____. (*not very nice looking*)

10. Quest'inverno abbiamo avuto un _____ freddo e nevoso. (*really nasty weather*)

Suffixation from Noun to Noun

This form of suffixation forms nouns by adding special endings to certain nouns. They are divided into six types:

1. **Nouns that indicate an activity or a profession**

benzina	benzinaio	*gasoline*	*gas station attendant*
giornale	giornalaio	*newspaper*	*newspaper seller*
fotografia	fotografo	*photo*	*photographer*
biblioteca	bibliotecaio	*library*	*librarian*
milione	milionario	*million*	*millionaire*
proprietà	proprietario	*property*	*owner*
barca	barcaiolo	*boat*	*boatman*
bosco	boscaiolo	*woods*	*lumberjack*
donna	donnaiolo	*woman*	*womanizer*

2. **Nouns changing in the suffix to end in –iere, –ista**

banca	banchiere	*bank*	*banker*
giardino	giardiniere	*garden*	*gardener*
barba	barbiere	*beard*	*barber*
auto	autista	*car*	*chauffer*
bar	barista	*bar*	*bartender*
piano	pianista	*piano*	*pianist*

3. **Nouns that indicate manufacturing, trade, and so on, and the place where such activities take place can be formed with a suffix ending in**

–eria, –ficio, –aio, and, **–ile** (indicate where things or animals are kept)

acciaio	acciaieria	*steel*	*steel mill*
birra	birreria	*beer*	*brewery*
falegname	falegnameria	*carpenter*	*carpenter shop*
orologio	orologeria	*watch*	*clock making or fixing*
pasta	pastificio	*pasta*	*pasta factory*
zucchero	zuccherificio	*sugar*	*sugar refinery*
bagaglio	bagagliaio	*luggage*	*car trunk*

pollo	pollaio	*chicken*	*chicken coop*
porco	porcile	*pig*	*pigpen*
cane	canile	*dog*	*doghouse*

–ato (indicates office, or prestigious position)

console	consolato	*consul*	*consulate*
provveditore	provveditorato	*superintendent*	*superintendent office*

4. **Nouns that indicate the terminology for a tool, an instrument, or a device (form the noun with the suffix –ale, –ario, or –iera)**

braccio	bracciale	*arm*	*bracelet*
dito	ditale	*finger*	*thimble*
schiena	schienale	*back*	*backrest*
lampada	lampadario	*lamp*	*chandelier*
insalata	insalatiera	*salad*	*salad bowl*
tè	teiera	*tea*	*teapot*

5. **Nouns that express a quantity or location (form the noun with the suffix –ata, –eto, –eta, –ame, and –aglia)**

cucchiaio	cucchiaiata	*spoon*	*spoonful*
secchio	secchiata	*bucket*	*bucketful*
scalino	scalinata	*step*	*flight of step*
frutta	frutteto	*fruit*	*orchard*
pino	pineta	*pine*	*pine forest*
bestia	bestiame	*animal*	*livestock*
pelle	pellame	*leather*	*leather*
bosco	boscaglia	*wood*	*brush*
muro	muraglia	*wall*	*high wall*

6. **Below are some of the most common suffixes in science. In medicine, the suffix –ite means acute inflammation, –osi indicates chronic inflammation, and –oma indicates a tumor.**

polmone	polmonite	*lung*	*pneumonia*
artro	artrite	*joint*	*arthritis*
fibra	fibroma	*fiber*	*a benign tumor*

Esercizio 1.13

Complete the following sentences with the suffixes suggested in parentheses.

1. Prima di tagliare gli alberi nel bosco, dobbiamo chiedere il permesso al
   _____. (*lumberjack*)

2. Tua sorella ha fatto la radiografia al polmone e le hanno detto che ha la
   _____. (*pneumonia*)

3. Devo portare il mio orologio dall' _____ per cambiare la
   batteria. (*watchman*)

4. In Italia ci sono molti _____ dove raffinano lo zucchero.
   (*sugar refinery*)

5. La vicina di Roberto era una brava _____. Suonava il piano
   tutte le mattine. (*pianist*)

6. Mi piace andare nel _____ dell'amico di mio padre e
   raccogliere la frutta dagli alberi. (*fruitgrove*)

7. Quando cucio, devo usare il _____ nel dito medio per non
   pungermi. (*thimble*)

8. Il console al _____ italiano cambia spesso. (*consulate*)

9. Avete troppi bagagli, non ci stanno nel _____ della mia
   macchina. (*trunk*)

10. Non abbiamo il _____ per accudire al nostro giardino.
    (*gardener*)

Reading Comprehension

La famiglia

Passare una giornata con la propria famiglia è molto bello, e anche se non ci si
vede spesso dato che abitiamo lontani gli uni dagli altri, siamo molto uniti. Oggi
io e mio marito, andiamo a fare una visita ai nonni. Ci riuniamo tutti gli anni per
il compleanno di mia nonna materna che è molto contenta quando tutti i figli
e i nipoti vanno a trovarla. Di solito ci riuniamo a casa di nostro figlio che ha la
casa capiente e il giardino molto spazioso. Sua moglie, mia nuora, assieme ai
figli, organizzano il pranzo e invitano tutti i componenti della famiglia.

Mia madre e sua sorella, mia zia, si incontrano per organizzare il pranzo e preparano le pietanze favorite della nonna. Dato che la nonna è una vecchietta di buona bocca, preparano sempre dei cibi gustosi e succulenti. Intanto mio padre e mio zio, il marito di mia zia, guardano la partita di calcio alla televisione e discutono animatamente sul gioco e le ingiustizie degli arbitri. Quando guardano la partita di calcio, dimenticano tutto anche che devono ancora scegliere il vino per la festa.

A poco a poco, arrivano tutti i cugini e il fidanzato di mia cugina. Per ultimi, arrivano mio fratello maggiore con sua moglie, mia cognata Luisa e i loro figli, Pietro e Luigi. A me piace molto parlare e giocare a carte con i miei due nipoti e a loro piace stare con me. Camilla, mia nuora, è molto brava in cucina, e prepara sempre la torta preferita della nonna e per questo motivo, le è molto simpatica.

Di solito io arrivo la mattina presto con mio marito e i miei suoceri. Mio suocero è appassionato di vino, e porta sempre le sue bottiglie migliori di cui è molto orgoglioso. Quando tutto è pronto, ci mettiamo a tavola, mangiamo, scherziamo e discutiamo di politica e finiamo la giornata con un brindisi e ci proponiamo di non lasciar trascorrere molto tempo prima di riunirci di nuovo.

I componenti della famiglia

i genitori	parents	**il genero**	son-in-law
il figlio	son	**la nuora**	daughter-in-law
la figlia	daughter	**la cognata**	sister-in-law
il fratello	brother	**il cognato**	brother-in-law
la sorella	sister	**il, la cugino/a**	cousin
il marito	husband	**il parente**	relative
la moglie	wife	**la suocera**	mother-in-law
il, la nipote	nephew, niece	**il suocero**	father-in-law
il, la nipote	grandson, granddaughter	**la zia**	aunt
i nonni materni	mother's parents	**lo zio**	uncle
i nonni paterni	father's parents		

Verbi

riunirsi	get together	**scherzare**	joke
discutere	discuss	**proporsi**	plan
dimenticare	forget		

Nomi

le pietanze	*dish*	**l'arbitro**	*referee*
i componenti	*components*	**il fidanzato**	*fiancée*
l'ingiustizia	*injustice*	**il brindisi**	*toast*

Aggettivi

capiente	*spacious*	**gustoso**	*tasty*
appassionato	*passionate*	**succulento**	*succulent*

Domande e Risposte

After reading the story, answer the following questions in Italian.

1. Dove va la famiglia e perchè?

_____

_____

2. Chi prepara la torta per la nonna?

_____

_____

3. Dove si incontrano e perchè?

_____

_____

4. Quale tipo di vino porta il suocero?

_____

_____

2
Definite and Indefinite Articles

A noun can be used alone but more frequently is preceded by a definite or indefinite article also known as the determiner. The definite article, or determiner, is used more often in Italian than in English. In English the definite article has only one form: *the*. In Italian there are different forms depending on the gender, number, and first letter of the noun or adjective it precedes.

The definite articles in Italian are as follows:

- **Il** (*plural* **i**) is used before masculine nouns beginning with most consonants.

- **Lo** (*plural* **gli**) is used before masculine nouns beginning with **s** + a consonant, **z**, **ps**, **pn**, **gn**, or a vowel. In the last instance, the vowel of the article will be elided as shown below:

Lo psicologo	*psychologist*
Lo scherzo	*joke*
Lo spaventapasseri	*scarecrow*
Lo spirito	*spirit*
Lo gnomo	*elf*
Lo zio	*uncle*
Lo zucchino	*zucchini*

But,

L'uomo	*The man*

Inclusion and Omission of Articles

The definite article is used with:

- Parts of the body (la testa, il ginocchio), with words such as **scorso/a** and **prossimo/a** (il mese **scorso`** la settimana **prossima**)

- In front of geographical names, continents, countries, rivers, and mountains:

  Il Po è il fiume più lungo d'Italia.   *The Po is the longest river in Italy.*

- With dates:

  Oggi è il 25 aprile.   *Today is the 25th of April.*

  Domani è il primo maggio.   *Tomorrow is the first of May.*

- With the days of the week to indicate repeated action:

  La domenica ci riposiamo.   *On Sunday we rest.*

- With parts of the body, clothing, and possessive adjectives that do not precede a noun of a close relative in the singular form:

  I pantaloni sono larghi.   *The pants are big.*

  Le gambe di Isabella sono magre.   *Isabella's legs are thin.*

  La mia bicicletta è nuova.   *My bicycle is new.*

- With titles unless the person mentioned is spoken to directly:

  Il professor Rizzi   *Professor Rizzi*

  Buongiorno, Professor Rizzi   *Good morning, Professor Rizzi.*

- With the seasons:

  La primavera è bella; **l'**estate è calda.   *Spring is beautiful; summer is hot.*

- With nouns that express generalization:

  Gli italiani amano divertirsi.   *Italians love to have fun.*

  Il liceo in Italia è molto difficile.   *High school in Italy is very difficult.*

- Before names of languages, except when the verbs **parlare** *to speak* and **studiare** *to study* directly precede the name of the language. In those cases, the use of the article is optional:

  Parlo **l'**italiano, **il** francese, e **il** tedesco.   *I speak Italian, French, and German.*

  Lei parla italiano e studia francese.   *She speaks Italian and studies French.*

Esercizio 2.1

Insert the correct form of the definite article in front of the following nouns.

1. _____ Sicilia è una bella isola.

2. _____ mese prossimo vado alla festa di laurea di mia nipote.

3. Domani è _____ 10 gennaio.

4. _____ Ferragosto è una grande festa in Italia.

5. Deve comprare _____ pantaloni nuovi.

6. Devo chiamare _____ dottore.

7. _____ americani viaggiano molto.

8. Di solito, _____ lunedì pulisco la casa.

9. _____ anno scorso ho comprato una macchina nuova.

10. _____ mercoledì sera guardo _____ trasmissione della partita di calcio.

The definite article is **not** used:

- When referring to a specific day of the week:

  Lunedì prossimo vado in Florida.   *Next Monday I will go to Florida.*

The English word **on** is not used in Italian before days of the week.

  Giovanni parte lunedì.   *Giovanni will leave **on** Monday.*

- In front of the possessive adjective when referring to a family member in the singular form:

  Mia sorella è molto bella.   *My sister is very beautiful.*

The definite article is used when the family members are referred to in the plural form.

  Le mie sorelle sono brave a scuola.   *My sisters are good in school.*

- When the preposition **in** precedes unmodified geographical nouns:

  Noi viviamo **in** America.   *We live in America.*

  Loro studiano **nella** bella Italia.   *They study in beautiful Italy.*

- Before ordinal numbers with the names of kings, queens, and other rulers:

  Luigi XIV, re di Francia.   *Louis **the** 14th king of France.*

- With expressions of location, especially if introduced by the preposition **in**: **essere in ufficio**, **andare in vacanza**, **vivere in campagna**, but also with the preposition **a**: **andare a tavola**:

  Il capo è **in ufficio**.   *The boss is **in** the office.*

  Suo padre vive **in campagna**.   *His father lives **in** the country.*

- With adverbial expressions: **a torto**, **a ragione**, **in sostanza**, **di fretta**, **di proposito**, **a spasso**:

  In sostanza, non è successo niente.   ***In summary**, nothing happened.*

  Non lavora più, è **a spasso**.   *He does not work anymore; he is unemployed.*

- With some expressions formed by a verb + a noun: **dare fastidio**, **fare penitenza**, **provare pietà**, **cercare lavoro**, **cambiare casa**:

  I bambini cercano di non **dare fastidio** al nonno quando dorme.   *The children try not **to bother** the grandfather while he is sleeping.*

  Non mi piace **cambiare casa** molto spesso.   *I don't like **to change homes** too often.*

- With some expressions introduced by the preposition **senza**: **senza luce**, **senza casa**, **senza soldi**, **senza pace**.

  A causa del temporale eravamo **senza luce**.   *Because of the thunderstorm, we were without electricity.*

  Il mio amico è sempre **senza soldi**.   *My friend is always without money.*

- With expressions preceded by the preposition **da**: sala **da pranzo**, camera **da** letto, carta **da lettera**, fare **da padre**:

  La domenica mangiamo nella **sala da pranzo**.   *On Sunday we eat in the dining room.*

  Lui mi ha fatto **da padre**.   *He was like a father to me.*

 Esercizio 2.2

Rewrite the following sentences in Italian, and insert the correct form of the articles if necessary.

1. My school is far away.

2. Luigi's father is sick.

_____

3. On Monday the stores will be closed.

_____

4. I will go shopping with my sister-in-law.

_____

5. When I return home from school, I will call your aunt.

_____

6. Victor Emanuel the first, King of Italy, was very short.

_____

7. They will go to Australia for a wedding.

_____

8. In Chile there are many earthquakes.

_____

9. The Nile is a very long river.

_____

10. The Tower of Pisa is a constant tourist attraction.

_____

 Esercizio 2.3

Circle the correct form of the article or preposition in parentheses.

1. Giorgio viene a casa (di, con) fretta.
2. Va a mettere il cappotto; è nella camera (del, da) letto.
3. Quel signore si comporta (come, da) gentiluomo.
4. In estate ci piace andare a camminare (in, nella) campagna.
5. I miei nipoti sono molto attaccati allo zio perchè ha fatto (da, come) padre a tutti loro.
6. Oggi restiamo (nella, in) casa perchè abbiamo molte cose da fare.
7. Non posso leggere questa sera perchè siamo (senza, senza la) luce.
8. Provo (la pietà, pietà) per tutti quelli che hanno perso la casa a causa del terremoto.

9. Ha spinto per terra il vecchietto (di, con) proposito.

10. Molti ragazzi oggi si comportano (senza, senza il) pudore.

Reading Comprehension

 Firenze

Firenze è una città nell'Italia centrale, in una regione chiamata Toscana. È una piccola città in una valle, attraversata dal fiume Arno e circondata da montagne chiamate Apennini. Firenze è una città molto importante e conosciuta in tutto il mondo per la sua storia, la sua arte e i suoi musei.

Ogni anno milioni di turisti visitano Firenze e i borghi circostanti e ritornano al loro paese meravigliati dalla bellezza, dalla cultura e dall'arte che strabocca da questa meravigliosa città. Infatti, quelli che vogliono vedere tutta l'arte dei musei fiorentini in pochi giorni, oltre a stancarsi, si rendono conto di non poter assimilare tutto quello che vedono.

Non possiamo ignorare l'eccellente cucina, il vino della regione, ormai molto conosciuto in tutto il mondo, che si può degustare a prezzi modici, e lo stile di vita di grande classe dei fiorentini.

Molti fiorentini capiscono e parlano l'inglese rendendo più piacevole il soggiorno dei turisti che altrimenti si sentirebbero persi.

Firenze è considerata la culla della lingua italiana e i suoi abitanti ne sono molto orgogliosi. Oggetti in pelle, vino e olio di oliva sono alcuni prodotti che si possono acquistare e portarsi a casa. Nessuno va a Firenze e rimane deluso.

Nomi

il borgo	*small villages*
la culla	*cradle*
la merce	*goods*
la regione	*region*

Aggettivi

circostante	*surrounding*
modico/-a	*modest*
fiorentino	*florentine*

Verbi

acquistare	*to buy*
attraversare	*to cross*
circondare	*to surround*
degustare	*to taste and enjoy*
godersi	*to enjoy oneself*
straboccare	*brim over*

Domande e Risposte

After you have read the selection, answer the following questions in Italian.

1. Dov'è Firenze?

_____

2. Perchè è importante Firenze?

_____

3. Chi va a Firenze e perchè?

_____

4. Quali prodotti si possono acquistare a Firenze?

_____

Indefinite Articles

Indefinite articles are words that precede a noun.

Definite articles are used to indicate that a thing is unique in some way. Indefinite articles are used to indicate that a thing is not identified as unique.

The indefinite article is used very much in the same way as its English equivalent. It corresponds to the English *a* and *an*, and it is used with singular nouns.

It is not used in front of nouns of profession, nationality, or religion and after forms of **diventare** and **essere**, when they are not modified:

Suo figlio è ingegnere	*Her son is an engineer.*
Lui vuole diventare **dottore**.	*He wants to become a doctor.*

The indefinite article is used when the noun of profession, nationality, or religion is modified:

Mario è diventato **un** chirurgo famoso.	*Mario has become a famous surgeon.*
Giorgio è un venditore esperto.	*Giorgio is an expert salesman.*

- **Uno** is used before masculine words beginning with **z** or **s + consonants, gn**, **ps**, or **sc**.

- **Un** is used in front of all other masculine words beginning with any other consonant or vowel. No apostrophe is used if the word is masculine and starts with a vowel.

- **Una** is used in front of feminine words beginning with a consonant.

- **Un'** is used in front of feminine words beginning with a vowel.

Ho visto **uno** zaino pieno di libri.	*I saw a backpack full of books.*
C'è **un** cane fuori dalla porta.	*There is a dog outside the door.*
Ho visto **una** ragazza alta.	*I saw a tall girl.*
C'è **un** uccello sull'albero.	*There is a bird on the tree.*
Studio per **un'**ora.	*I study for an hour.*

Combined Prepositions

Sometimes the definite article is used with the simple prepositions **di, a, da, in, su,** forming the combined prepositions. To make it clear, below is the chart of all the definite articles and the various prepositions:

	il	lo	la	i	gli	le	
di	del	dello (dell')	della (dell')	dei	degli	delle	*of the*
a	al	allo (all')	alla (all')	ai	agli	alle	*to the*
da	dal	dallo (dall')	dalla (dall')	dai	dagli	dalle	*from the*
in	nel	nello (nell')	nella (nell')	nei	negli	nelle	*in the*
su	sul	sullo (sull')	sulla (sull')	sui	sugli	sulle	*on the*

The preposition **di** changes to **de**, and **in** changes to **ne**, before combining with the articles.

The preposition **con** is not usually combined with the article except when using **con + il = col**, and **con + i = coi**. When using the other articles, the separate form is preferred. So, we will have **con la**, **con lo**, and so on.

The prepositions **per, tra,** and **fra** remain separate from the article: **per la** strada, **fra la** gente, **tra gli** scogli. (You will learn more about the prepositions later in the book.)

 # Esercizio 2.4

Complete the following sentences with the required combined prepositions.

1. Sono a casa (*of the*) _____ mia amica.

2. Sono arrivata a casa sua (*at the*) _____ 15,30.

3. Sono uscita (*from the*) _____ mia scuola tardi.

4. Sono salita (*on the*) _____ primo autobus che è arrivato.

5. La mia amica mi aspettava vicino (*at the*) _____ portone di casa.

6. Siamo andate (*in the*) _____ giardino _____ (*of the*) sua casa per vedere i fiori.

7. Ho comprato molta frutta (*for the*) _____ mia amica che è ammalata.

8. Ho intravisto tuo fratello (*among the*) _____ gente.

9. La cartella è (*in the*) _____ studio (*of the*) _____ avvocato.

10. Il teatro è vicino (*to the*) _____ autostrada.

The Partitive Article

The following forms of the preposition **di + the articles (del, dello, della, dei, degli,** and **delle)** are often used as partitive articles to indicate a part, or an unspecified quantity.

In the singular, the partitive articles are used meaning **un pò** (*a little, some*), and it is used:

- With nouns indicating an unspecified quantity: ho bevuto **del** vino (*I drank some wine*), devo comprare **del** sale (*I have to buy some salt*).

- With abstract nouns with a figurative meaning: avere **del** fegato (*to be courageous*), provare **dell'**astio (*to feel anger*), avere **dello** spirito (*to have a sense of humor*).

- With nouns that do not have the plural: **dello** zucchero (*some sugar*), **della** legna (*some wood*), **dell'**acqua (*some water*), **del** carbone (*some coal*), and so on.

In the plural, the partitive article is used in place of the nonexistent plural form of the indefinite article, and it means: **alcuni** (*a few*). It is the equivalent of the English *some*.

Singular	Plural
Ho letto una rivista	Ho letto **delle** riviste
Ho vinto una borsa di studio	Ho vinto **delle** borse di studio
Ho ricevuto un pacco	Ho ricevuto **dei** pacchi
Ho visto un bel film	Ho visto **dei** bei film

In the plural, the partitive article is used with nouns that are almost always used in the plural:

Oggi, vorrei mangiare **dei** piselli.   *Today, I would like to eat peas.*

Lei ha piantato **degli** spinaci.   *She planted some spinach.*

When the preposition **di** is part of an expression, such as **bisogno di** *to need*, **aver voglia di** *to feel like*, the partitive is not used:

Ho bisogno **di** soldi.   *I need money.*

Ho voglia **di** pesce.   *I feel like eating fish.*

 # Esercizio 2.5

Complete the following sentences with the missing partitive articles as necessary.

1. Vado a comprare _____ vernice per il balcone.

2. La mia casa ha _____ finestre molto grandi.

3. Va al mercato e compra _____ frutta, _____ patate, _____ piselli e _____ spinaci.

4. Quando sono andata allo zoo abbiamo visto _____ leoni, _____ giraffe e _____ uccelli.

5. Quando vado in libreria compro spesso _____ libri.

6. In quella scuola ci sono solo _____ ragazze e non _____ ragazzi.

7. Vuole mettere _____ zucchero nel caffè.

8. Viene con _____ fiori bellissimi.

9. Spesso la vita ha _____ avventure inaspettate.

10. Ho comprato _____ sci perchè i miei erano vecchi.

Note: The use of the partitive article is mandatory when it is part of the subject or of the direct object: ci sono **dei bambini** (not only bambini) in giardino; ho visto **degli** elefanti (not only elefanti) in Africa.

When the partitive article is part of the indirect object, its use is optional or can be replaced by an equivalent expression: ho viaggiato con **degli** amici; or ho viaggiato **con** amiciho viaggiato **con alcuni** amici, and finally, ho viaggiato **con un gruppo di** amici ho.

Reading Comprehension

Il gioco delle bocce

Nessuno sport, tranne il calcio, è più italiano del gioco delle bocce Questo è un gioco dove un gruppo di uomini italiani si riunisce alla domenica per trascorrere qualche ora assieme. Di solito le persone di mezza età sono quelle che trovano nel gioco delle bocce, un momento ricreativo e distensivo da trascorrere fuori dalle pareti domestiche con persone della loro età. Era considerato da molti anni, un gioco pacifico e dove gli uomini si incontravano per trascorrere qualche ora divertendosi e lasciandosi dietro alle spalle le preoccupazioni della vita quotidiana.

Pur essendo in un'atmosfera competitiva, formavano amicizie durature. Inizialmente il gioco delle bocce veniva delimitato in uno spazio rettangolare da quattro assi, su un terreno sabbioso ben levigato e generalmente in luoghi ombreggiati o vicino alle chiese.

Il gioco delle bocce oppone due giocatori o due squadre. L'obiettivo è di avvicinare il più possibile le bocce al pallino dell'avversario. La prima squadra, lancia il pallino e gioca la prima boccia e la squadra avversaria la seconda. Quando una squadra non ha più bocce, l'altra gioca tutte le sue.

Una partita può essere giocata uno contro uno, di solito con quattro bocce per giocatore, due contro due con due bocce ciascuno, tre contro tre, ecc. Di solito le bocce sono di legno, di materiale sintetico o di metallo. I giocatori oggi organizzano competizioni che generalmente vengono giocate alla domenica pomeriggio, ma rimane sempre un gioco divertente e di gruppo dove gli amici competono, ma anche si divertono

Nomi

l'asse	board	l'obiettivo	purpose
l'avversario	adversary	la parete	wall
la boccia	boccie ball	la partita	game
la competizione	competition	la squadra	team
il giocatore	player		

Verbi

incontrarsi	to meet	trascorrere	to spend time
lanciare	to throw	trovare	to find
lasciare	to leave	competere	to compete
opporre	to oppose		

Aggettivi

ricreativo	recreational	sabbioso	sandy
distensivo	relaxing	levigato	smooth
duraturo	lasting	ombreggiato	in the shade

Espressioni

Lasciarsi dietro alle spalle	leaving behind

3

Descriptive Adjectives

An adjective is a word used which modifies a noun or a pronoun. Descriptive adjectives provide information and specify the quality of the noun they accompany. They agree in gender and number with the noun they modify.

Most Italian descriptive adjectives end in −o in the masculine singular, in −a in the feminine singular, in −i in the masculine plural, and in −e in the feminine plural.

Adjectives Ending in −o

Descriptive adjectives ending in −o have four forms: masculine singular, feminine singular, masculine plural, and feminine plural.

	SINGULAR		PLURAL
Masculine	un viso bello	*a beautiful face*	i visi belli
	il cielo azzurro	*the blue sky*	i cieli azzurri
	lo sport faticoso	*strenuous sport*	gli sport faticosi
Feminine	una rosa rossa	*a red rose*	le rose rosse
	la casa antica	*the antique house*	le case antiche

The plurals of adjectives whose stems end in −c or −g have spelling or sound changes.

MASCULINE SINGULAR	MASCULINE PLURAL	FEMININE SINGULAR	FEMININE PLURAL
sporco *dirty*	sporchi	sporca	sporche
bianco *white*	bianchi	bianca	bianche
romantico *romantic*	romantici	romantica	romantiche
lungo *long*	lunghi	lunga	lunghe
ligio *faithful*	ligi	ligia	ligie

Adjectives ending in –e in the singular have only two forms: a singular form ending in –e and a plural form ending in –i. These forms are used for both the masculine and the feminine.

Masculine	un ragazzo arrogante *an arrogant boy*	dei ragazzi arroganti
	il film interessante *an interesting movie*	i film interessanti
	l'albero sempreverde *evergreen tree*	gli alberi sempreverdi
Feminine	una persona triste *a sad person*	delle persone tristi
	la serata piacevole *a pleasant evening*	le serate piacevoli
	la donna affascinante *fascinating woman*	le donne affascinanti

Some descriptive adjectives have three different endings: one in common for the masculine and the feminine singular –a, one for the masculine plural ending in –i, and one for the feminine plural ending in –e.

SINGULAR	PLURAL
un uomo egoista *a selfish man*	degli uomini egoisti
una donna egoista *a selfish woman*	delle donne egoiste
un prodotto insetticida *an insecticidal product*	dei prodotti insetticidi
una pomata insetticida *an insecticidal cream*	delle pomate insetticide
una ricerca batteriologica *bacteriological research*	delle ricerche batteriologiche

More of the same are:

altruista *altruist*

femminista *feminist*

razzista *racist*

Invariable Adjectives

The adjectives in this category do not change the gender or number. They are:

pari *even*

dispari *odd*

impari *uneven, one sided*

Some adjectives that indicate a color:

amaranto *amaranth*	rosa *pink*
lilla *lilac*	viola *violet*

Note: The adjectives arancione *orange* and marrone *brown* can also be used in the plural changing to: arancion**i** and marron**i**.

L'aggettivo **arrosto** is always used in the singular:

La zia Maria faceva sempre delle ottime patate arrost**o**. *Aunt Maria used to make excellent roasted potatoes.*

The adjectives ending with an accented vowel and those of foreign origin also do not change:

blu *blue*	snob *snob*
indù *Indian*	chic *chic*

Generally unchanged are the adjectives formed by an adjective of color + an element of comparison:

verde bottiglia *bottle green*

rosso fuoco *fire red*

verde smeraldo *emerald green*

bianco panna *cream white*

bianco sporco *dirty white*

giallo ocra *ochre yellow*

verde militare *military green*

 ## Esercizio 3.1

Complete the following sentences with the required adjectives:

1. La sua casa non è pulita, è _____. (*dirty*)

2. Ho tante rose _____. (*pink*)

3. A lei piacciono gli sport _____. (*tiring*)

4. La vita delle persone ricche è _____. (*pleasant*)

5. Luigi è un ragazzo _____ e _____. (*handsome, romantic*)

6. Il cassetto è _____. (*empty*)

7. I cassetti sono _____. (*empty*)

8. La strada per andare a casa mia è _____. (*narrow*)

9. La pista per sciare è _____. (*steep*)

10. Il cavallo ha le zampe molto _____. (*frail*)

Esercizio 3.2

Complete the following sentences with the required adjectives.

1. Giovanna ha gli occhi _____. (*emerald green*)

2. Luisa ha un vestito _____. (*bottle green*)

3. La macchina di Marco è _____. (*fire red*)

4. La giacca di Lisa è _____. (*cream white*)

5. La macchina di Giovanni è _____. (*military green*)

6. Il cane ha le macchie _____. (*brown*)

7. I miei colori preferiti sono il _____, il _____ e _____. (*pink, violet, amaranth*)

8. È un bambino _____. (*Vietnamese*)

9. Mario è un uomo _____. (*selfish*)

10. Lisa fa delle ricerche _____. (*bacteriological*)

Esercizio 3.3

Change the following sentences from masculine into feminine using the words suggested in parentheses.

1. Il ragazzo arrogante (*ragazza*)

_____

2. Il maglione sporco (*maglia*)

_____

3. Il teatro italiano (*lingua*)

_____

4. Caffè amaro (*cioccolata*)

_____

5. Lo zio brasiliano (*zia*)

_____

6. Un paese tranquillo (*città*)

_____

7. Un monumento famoso (*chiesa*)

_____

8. Un fratello biondo (*sorella*)

_____

9. Uno sport faticoso (*partita*)

_____

10. Un vino rosso (*sciarpa*)

_____

 ## Esercizio 3.4

Change the following sentences into the plural, taking care of the agreement of the adjectives.

1. Il formaggio cremoso _____

2. Il vestito elegante _____

3. L'impermeabile bagnato _____

4. La gonna marrone _____

5. La tragedia romana _____

6. Il profumo francese _____

7. La città caotica _____

8. L'uovo fresco _____

9. Lo specchio rotto _____

10. L'automobile moderna _____

Position of the Adjectives

Italian adjectives usually follow the nouns they modify and have specific meanings:

una baita rustica	*a rustic hut*
un uomo stanco	*a tired man*

When the speaker implies that the quality denoted by the adjective is well known, then the adjective may be placed in front of the noun:

La deliziosa pizza italiana	*The delicious Italian pizza*

Here are some more rules about the placement of adjectives. Adjectives follow the noun:

- When they specify color, shape, material, nationality, or political affiliation:

il cielo **azzurro**	*the blue sky*
le donne **cinesi**	*the Chinese ladies*
la religione **cattolica**	*the Catholic religion*
il partito **comunista**	*the communist party*

- When specifying a category:

La rivoluzione **americana**	*The American Revolution*
Il liceo **linguistico**	*Linguistic High School*

- With suffixes such as **–ino**, **–etto**, **–otto**, or **–one**:

una bambina **pallidina**	*a pale girl*
le scarpe **vecchiotte**	*the old shoes*
un uomo **poveretto**	*a poor man*
una casa **piccolina**	*a small house*
una donna **chiacchierona**	*a chatty lady*

- When the stem comes from the present participle and the adjective ends in **–ante** or **–ente**:

il campanile **barcollante**	*the unsteady church tower*
la torre **pendente**	*the leaning tower*

• When the adjectives derive from a regular past participle and end in **–ato**, **–uto**, or **–ito**:

il ponte **ghiacciato**	*the frozen bridge*
la casa **pulita**	*the clean house*
l'animale **cornuto**	*the animal with horns*

 ## Esercizio 3.5

Answer the following questions with the missing adjectives.

1. C'è il sole oggi? Sì, c'è un bel cielo _____.

2. Come è il ponte in inverno? Il ponte è _____.

3. Dove compri queste sciarpe? Le compro al mercato dalle donne

    _____.

4. Parla molto la tua amica? Sì, è una donna _____.

5. Dove va a scuola tuo fratello? Va al liceo _____.

6. Che cosa fai oggi? Vado a comprare le scarpe _____.

7. Perchè non vai in chiesa domenica? Perchè c'è il tetto

    _____.

8. Ti piace pulire la casa? No, ma mi piace la casa _____.

9. Che cosa studi? Al liceo _____ studio le lingue

    _____.

10. Quali scarpe metti? Voglio indossare le scarpe _____.

Descriptive Adjectives

ammalato, /–a	*sick*
affamato, /–a	*hungry*
arrabbiato, /–a	*angry*
audace	*audacious*
bello, /–a	*beautiful*
delizioso, /–a	*delicious*
caotico, /–a	*chaotic*
contento, /–a	*happy*

esuberante	*exuberant*
intelligente	*intelligent*
pulito, /–a	*clean*
sporco, /–a	*dirty*
vanitoso, /–a	*vain*

Some adjectives change their meaning according to whether they precede or follow the noun they modify. Following is a list of some adjectives that change their meaning depending on whether they are placed before or after the noun:

un **alto** ufficiale	*a high-ranking officer*
un ufficiale **alto**	*a tall officer*
una **buona** amica	*a good (real) friend*
un'amica **buona**	*a kind friend*
diversi giorni	*several days*
giorni **diversi**	*different days*
una **leggera** ferita	*a slight wound*
una valigia **leggera**	*a light suitcase*
una **sola** donna	*the only woman*
una donna **sola**	*a woman alone*
l'**unico** figlio	*the only son*
un figlio **unico**	*unique son*
un **vecchio** amico	*an old friend* (meaning: *a friend of many years*)
un amico **vechio**	*an elderly friend*
una **vera** tragedia	*quite a tragedy*
una tragedia **vera**	*a true tragedy*
un **povero** uomo	*an unfortunate man*
un uomo **povero**	*a poor man*
una **vera** notizia	*a truly important piece of news*
una notizia **vera**	*a newstory that is true*
una **semplice** persona	*just one person*
una persona **semplice**	*a naïve person*
un **grande** amico	*a good friend*
un amico **grande**	*a large friend*

una casa **cara**	*an expensive house*
una **cara** zia	*a dear aunt*
una **vera** amica	*a true friend*
una pietra **vera**	*an authentic stone*

 ## Esercizio 3.6

Translate the following sentences in Italian. Pay special attention to the agreement of the adjectives.

1. This is a unique opportunity for him.

   _____

2. This is the only show that we can watch together.

   _____

3. Several people want to study Italian, but there is only one class, and it is full.

   _____

4. I live in a small neighborhood in a chaotic city.

   _____

5. It is difficult to hear real news on television.

   _____

6. The only ones to come were my parents.

   _____

7. It was the only chance I had to travel.

   _____

8. In Brazil, one can find authentic stones for a low price.

   _____

9. The only friends I have are Italian.

   _____

10. I am writing a new book.

    _____

Irregular Adjectives

Some irregular adjectives that usually precede the noun have irregular forms. They are: **buono, bello, grande,** and **santo.**

The adjective **buono** (*good*) follows the same pattern of the indefinite article when it stands immediately before a noun. So we will have:

MASCULINE SINGULAR	MASCULINE PLURAL	
buono	**buoni**	before **s** + consonant
buon	**buoni**	before all other consonants

FEMININE SINGULAR	FEMININE PLURAL	
buona	**buone**	before consonants
buon'	**buone**	before vowels
un gelato	il **buon** gelato	i **buoni** gelati
uno studente	il **buono** studente	i **buoni** studenti
una pizza	la **buona** pizza	le **buone** pizze
un'oca	la **buona** oca	le **buone** oche

Adjectives That Precede a Noun

As we have said before, most adjectives in Italian follow the noun they modify. Below is a list of the most common adjectives that precede the nouns they modify:

bello/a	*beautiful*	grande	*large, big*
bravo/a	*good, able*	lungo/a	*long*
brutto/a	*ugly*	nuovo/a	*new*
buono/a	*good*	piccolo/a	*small, little*
caro/a	*dear*	stesso/a	*same*
cattivo/a	*bad*	vecchio/a	*old*
giovane	*young*	vero/a	*true, real*

Silvia è una cara amica.	*Silvia is a dear friend.*
Anita è una brava casalinga.	*Anita is a good housewife.*

The Adjective *bello*

When the adjective **bello** (*beautiful, handsome*) precedes the noun it modifies, its forms may change depending on the noun that follows. It retains its full form when if follows the noun it modifies or the verb **essere**:

È un uomo **bello**.   *He is a handsome man.*

MASCULINE SINGULAR	MASCULINE PLURAL	
bello	**begli**	before **s** + consonant or **z**
bel	**bei**	before all other consonants
bell'	**begli**	before a vowel

FEMININE SINGULAR	FEMININE PLURAL	
bella	**belle**	before all consonants
bell'	**belle**	before a vowel
il ragazzo	un **bel** ragazzo	i **bei** ragazzi
lo scoiattolo	un **bello** scoiattolo	i **begli** scoiattoli
l'arredamento	un **bell'**arredamento	i **begli** arredamenti
la barca	una **bella** barca	le **belle** barche
l'anitra	una **bell'** anitra	le **belle** anitre

The adjective **grande** is shortened to **gran** when it precedes a masculine singular noun. Optional is the use of **grande** in front of words beginning with **s** + consonant or **z**:

un **gran** castello

un **grande** spazio

The plural form **grandi** is used before all plural nouns:

I **grandi castelli** del passato sono quasi tutti rovinati.	*Almost all the great castles of the past are ruined.*
Le **grandi** attrici di un tempo erano molto glamorose.	*The great actresses of the past were very glamorous.*

When referring to saints, **Santo** changes to **San** before masculine nouns starting with a consonant. But **Santo** and **Santa** become **Sant'** before names starting with a vowel.

San Tommaso

Sant'Antonio

Santa Maddalena

Sant'Agnese

When the name of the saint starts with **s** + consonant, **Santo** is used:

Santo Stefano

Esercizio 3.7

Complete with the correct form of the adjective.

Example: buono/formaggio → un buon formaggio

1. buono/amico _____
2. grande/casa _____
3. buono/pianoforte _____
4. buono/fratello _____
5. bello/ragazzo _____
6. buona/idea _____
7. grande/uomo _____
8. santo/Francesco _____
9. bella/amica _____
10. bello/concerto _____

Esercizio 3.8

*Complete the following sentences with the correct form of **bello/a/i/e**.*

1. Nella tua _____ casa, ci sono sempre molti ospiti.
2. Il _____ spettacolo, è piaciuto a tutti.
3. Le _____ foglie autunnali, sono quasi tutte cadute.
4. Il tuo amico è intelligente, ma anche molto _____.
5. La tua amica ha dei _____ occhi.
6. Nel tuo giardino ci sono molti _____ fiori.
7. Al museo si possono vedere tanti _____ quadri.

8. Quel quadro è _____ e interessante.

9. Mia sorella fa una _____ vita e si circonda sempre di
   _____ gente.

10. Nel parco ci sono tanti _____ uccelli e molte _____
    aiuole di fiori.

Adjectives That Express Quantity

molto, –a, –i, –e (*much, a lot of, man*)

Io faccio **molto** rumore.	*I make a lot of noise.*
Lui ha **molti** soldi.	*He has a lot of money.*
Lei ha **molta** paura.	*She is very afraid.*
Loro hanno **molte** borse.	*They have many purses.*

poco, pochi, poca, poche (*a little bit, a few*)

Io ho **poco** tempo.	*I have a little bit of time.*
Noi abbiamo **pochi** giornali.	*We have a few newspapers.*
Lei ha **poca** frutta.	*She has a little fruit.*
Lui compra **poche** scarpe.	*He buys few shoes.*

tutto, –i, –a, –e (*all, every*)

Giovanna porta **tutto** il cibo.	*Giovanna brings all the food.*
Riccardo mangia **tutti** i dolci.	*Riccardo eats all the sweets.*
Isabella mangia **tutta** l'anguria.	*Isabella eats all the watermelon.*
Io chiamo **tutte** le mie amiche	*I call all my friends.*

altro (*other, another*), **–i, –a, –e**

Lui sta cercando un **altro** lavoro.

Maria compra un'**altra** casa.

Mi piacciono le case delle **altre** persone.

Erica deve studiare per **altri** due mesi.

Esercizio 3.9

Complete the sentences with the right forms of the adjectives of quantity.

1. Non posso venire alla festa perchè ho _____ lavoro. (*a lot*)

2. Ho visto _____ uccelli nel bosco. (*many*)

3. Ci sono _____ bambini al parco perchè piove. (*a few*)

4. I fuochi pirotecnici attraggono _____ persone. (*many*)

5. Giacomo dirige un' _____ orchestra. (*another*)

6. Il padre di Giacomo conosce bene _____ le opere. (*all*)

7. Non ci sono _____ studenti che studiano _____ lingue straniere. (*many, many*)

8. Questo inverno _____ uccelli sono venuti a mangiare nel nostro giardino. (*a few*)

9. A me fanno molta pena _____ gli animali nello zoo. (*all*)

10. Irene è venuta a lavorare in America per _____ tre mesi. (*another*)

 Esercizio 3.10

Translate into Italian the following sentences:

1. He is always complaining because he has a lot of work.

   _____

2. Not too many people like winter and snow.

   _____

3. This year we did not see many sparrows eating our bird food.

   _____

4. I see many high school students smoking early in the morning.

   _____

5. She is very afraid when she has to walk alone in the evening.

   _____

6. In Italy, every high school student has to take a very difficult test at the end of the fifth year.

_____

7. The days in fall are very beautiful. The colors in the morning are enchanting.

_____

8. This is a long movie.

_____

9. I will come to your beautiful house and you (*singular*) will show me the garden where you have many exotic flowers

_____

10. Many young girls have beautiful, long hair.

_____

Adjectives That Express *Next, Only,* and *Last*

prossimo, –a, –i, –e (*next*)

La **prossima** settimana vado al campeggio.
Next week I will go camping.

Il **prossimo** mese avrò tanti ospiti a casa mia.
Next month I will have many guests at my house.

Verranno molte persone alle **prossime** cene.
Many people will come to the next dinners.

Nei **prossimi** giorni farà molto caldo.
In the next few days, it will be very warm.

ultimo, –i, –a, –e (*last, finally*)

L'**ultimo** capitolo del libro era molto noioso.
The last chapter in the book was very boring.

Ho raccolto gli **ultimi** fiori nel giardino.
I gathered the last flowers in the garden.

L'**ultima** volta che l'ho vista, non stava bene.
The last time I saw her, she was not feeling well.

Non ho sentito le sue **ultime** parole.
I did not hear his last words.

Esercizio 3.11

Complete the sentences with the correct forms of the adjectives in parentheses.

1. Il _____ anno non andrò a fare un viaggio. (*next*)

2. Il _____ contratto verrà firmato fra due giorni. (*next*)

3. Gli _____ anni sono passati molto rapidamente. (*last*)

4. Maria è l' _____ di dodici figli. (*last*)

5. Lui vuole sempre mangiare l' _____ ciliegia. (*last*)

6. Il _____ anno non sarà un anno bisestile. (*next*)

7. Piero è sempre l' _____ studente ad arrivare in classe. (*last*)

8. A lei piace mettere i vestiti all' _____ moda. (*last*)

9. Nei _____ anni ci saranno molti cambiamenti nella mia vita. (*next*)

10. La _____ volta che vieni a casa mia ti farò vedere le fotografie dei miei nonni. (*next*)

Adjectives Related to the Five Senses

Smell

Adjectives that describe types of odors:

acre	*sour*	inebriante	*inebriating*
aromatico	*aromatic*	penetrante	*penetrating*
delicato	*delicate*	pungente	*pungent*
fragrante	*fragrant*	ripugnante	*repulsive*
gradevole	*pleasant*	sgradevole	*unpleasant*

Verbs connected with odors include annusare (*to smell*), fiutare (*to sniff*), odorare (*to smell*).

Taste

Adjectives that describe taste:

acido	*acid*	delicato	*delicate*
agro	*sour*	aspro	*acid*

amaro	*bitter*	forte	*strong*
dolce	*sweet*	dolciastro	*fairly sweet*
insipido	*insipid*	guasto	*rotten*
piccante	*spicy*	appetitoso	*appetizing*
salato	*salty*	sgradevole	*unpleasant*
saporito	*tasty*	gustoso	*tasty*

Verbs connected with the sense of taste:

abbuffarsi	*to stuff oneself, to gorge oneself*
assaggiare	*to taste*
assaporare	*to savor*
inghiottire	*to swallow*
leccare	*to lick*

Touch

Adjectives related to the sense of touch:

A sticky surface:

appiccicosa	*sticky*	ondulata	*wavy*
gelatinosa	*grimy*	pelosa	*hairy*
grinzosa	*creased*	ruvida	*rough*
irregolare	*irregular*	squamosa	*scaly*
ispida	*hispid, ragged*	unta	*greasy*
levigata	*smooth*	vellutata	*velvety*
liscia	*slick*	viscida	*slimy*

Material can be:

duro	*hard*	morbido	*soft*
elastico	*elastic*	sodo	*solid*
flessibile	*flexible*	rigido	*rigid*
bollente	*boiling*	ghiacciato	*icy*
caldo	*warm*	rovente	*very hot*
freddo	*cold*	tiepido	*lukewarm*

Verbs connected with the sense of touch:

accarezzare	*to caress*	toccare	*to touch*
afferrare	*to grab*	stringere	*tighten*

Sight

Adjectives related to the sense of sight:

They describe shape:

affilato	*sharp*	deforme	*deform*
allungato	*stretched*	piramidale	*pyramidal*
appuntito	*pointed*	proporzionato	*proportioned*
circolare	*circular*	tondeggiante	*roundish*

They describe colors:

azzurro	*light blue*	scuro	*dark*
brillante	*brilliant*	sgargiante	*bright*
chiaro	*light*	tenue	*soft, faint*
cupo	*dark, gloomy, sullen*	vivace	*vibrant, sharp*
grigio	*gray*	viola	*violet*
intenso	*intense*	vivo	*bright, sharp*
pallido	*light, pale*		

They describe position:

davanti	*in front*	dietro	*behind*
di fianco	*next*	in fondo	*at the end*

Verbs connected with the sense of sight:

ammirare	*to admire*	osservare	*to observe*
guardare	*to look at*	vedere	*to see*

Hearing

Nouns related to the auditive sense:

(note that the following are nouns)

baccano	*noise*	rombo	*bang*
cigolìo	*creak*	ronzio	*buzzing, rumbling*
fischio	*whistle*	scroscio	*downpour*
fragore	*crash, rumble*	sibilo	*hiss*
fruscìo	*rustle, swish*	squillo	*ring*

Verbs connected with the auditive sense:

bisbigliare	*to whisper*
cantare	*to sing*
cigolare	*to squeak*
fischiare	*to whistle*
ronzare	*to buzz*
squillare	*to ring (as of the telephone)*
urlare	*to scream*

Esercizio 3.12

Complete the following sentences with the adjectives suggested in parentheses, which are related to the senses.

1. Questi fiori mi fanno venire il mal di testa perchè hanno un profumo
   _____ e _____. *(penetrating, nauseating)*

2. L'incenso ha una fragranza _____. *(unpleasant)*

3. La bambina fa le smorfie quando mangia della frutta _____ e
   _____. *(sour, acid)*

4. Questa torta è _____. *(exquisite)*

5. La pioggia viene giù a _____. *(downpour)*

6. La sua pelle è _____ e _____. *(rough, wrinkly)*

7. La pelle del serpente è _____. *(slimy)*

8. Preferisco il _____ al _____. *(salty, sweet)*

9. Durante l'estate sugli autobus e sulle metropolitane affollate c'è un odore
   _____. (*repugnant*)

10. In Africa, si mangiano spesso pietanze molto _____. (*spicy*)

Comparison of Adjectives, Adverbs, Nouns, and Verbs

Italian uses the comparative construction to express *more than, less than,* and *the same as.* In Italian the comparative of superiority or majority is expressed by using **più . . . di, più . . . che** (*more than*); the comparative of minority or inferiority is expressed by using **meno . . . di** or **meno . . . che** (*less than*).

Più + adjective + **di** and **meno** + adjective + **di** are used when two different objects or subjects are compared. These forms are also used with numbers:

L'anguria è **più** dolce **delle** pesche.	*Watermelon is sweeter than peaches.*
Antonietta è **più** alta **di** me.	*Antonietta is taller than me.*
Oggi fa **meno** caldo **di** ieri.	*Today is less warm than yesterday.*
Ho speso **più di** $200 per le piante.	*I spent more than $200 for the plants.*

Più + adjective + **che,** and **meno** + adjective + **che,** are used when the comparison is made between two prepositions, two nouns, two verbs in the infinitive, or two adjectives that refer to the same subject.

Prepositions:

Ci sono più chiese **a** Roma **che a** New York.	*There are more churches in Rome than in New York.*
Vado più spesso **al** cinema **che a** teatro.	*I go more often to the movies than to the theatre.*
Maria è **più** intelligente **che** bella.	*Maria is more intelligent than pretty.*
Giovanni gioca **meno al** tennis **che** al golf.	*Giovanni plays less tennis than golf.*

Infinitives:

È **più** facile sciare **che** pattinare.	*It is easier to ski than to skate.*
È **meno** stancante camminare **che** correre.	*It is less tiring to walk than to run.*

Adjectives:

Antonio è **più** carino **che** bello.	*Antonio is nicer than handsome.*
Lucia è **meno** saggia **che** studiosa.	*Lucia is less wise than studious.*

Comparative of Equality

Italian has two constructions to relay the comparison of equality:

Così + adjective + **come** and **tanto** + adjective + **quanto**.

Il nostro viaggio era **tanto** interessante **quanto** il vostro.	*Our trip was as interesting as yours.*
La macchina è **tanto** piccola **quanto** comoda.	*The car is as small as it is comfortable.*
La mia vita è **cosi** movimentata **come** la tua.	*My life is as chaotic as yours.*
La sua casa è **tanto** pulita **come** la tua.	*Her house is as clean as yours.*

Così and **tanto** are often omitted.

La sua casa è pulita **quanto** la tua.	*Her house is as clean as yours.*
Il teatro è interessante **come** l'opera.	*The theatre is as interesting as the opera.*

Comparative of Adverbs

Adverbs are compared like adjectives:

Luigi lavora **più regolarmente di** Mario.	*Luigi works more regularly than Mario.*
Luisa studia **più diligentemente di** Nadia.	*Luisa studies more diligently than Nadia.*

 ## Esercizio 3.13

Complete the sentences below with the missing comparative forms as required.

1. La mia casa è _____ lontana _____ la tua.

2. Erica è _____ studiosa _____ sua sorella.

3. La primavera è _____ calda _____ inverno.

4. Preferisco leggere _____ andare in palestra.

5. La nostra vita è _____ caotica _____ quella della tua amica. *(less)*

6. Lei è più grassa _____ alta.

7. L'edicola ha _____ giornali _____ riviste.

8. A Giovanna piace _____ parlare _____ pensare.

9. Noi guardiamo _____ televisione _____ loro. (*less*)

10. Io faccio _____ viaggi _____ mio fratello. (*as many as*)

Esercizio 3.14

Complete the following sentences with the required form of the comparative.

1. Lei impara l'italiano _____ facilmente _____ suo marito. (*more . . . than*)

2. Mia sorella va a visitare la mamma _____ di un tempo. (*more regularly*)

3. La bambina deve parlare _____ alla sua maestra. (*more kindly*)

4. Lei deve parlare _____ gentilmente alle sue amiche _____ a sua mamma. (*as . . . as*)

5. Il nonno non sente _____ facilmente _____ la nonna. (*as . . . as*)

6. Roberto scrive _____ rapidamente al computer _____ a mano. (*more . . . than*)

7. Barbara lavora _____ sodo _____ te. (*less . . . than*)

8. Luisa corre _____ rapidamente _____ Antonio. (*less . . . than*)

9. Antonio vende le macchine _____ facilmente _____ Stefano. (*as . . . as*)

10. Lei è _____ bella _____ intelligente. (*as . . . as*)

Esercizio 3.15

Combine the two sentences to compare the two elements. Follow the example.

ESEMPIO: LUIGI È BUGIARDO. / GIOVANNI È PIÙ BUGIARDO.
GIOVANNI È PIÙ BUGIARDO DI LUIGI.
LUIGI È MENO BUGIARDO DI GIOVANNI

1. Maria è magra. / Silvia è più magra.

_____

_____

2. Lara è studiosa. / Erica è più studiosa.

_____

_____

3. Roma è pulita. / Bologna è più pulita.

_____

_____

4. Gloria è ambiziosa. / Lia è più ambiziosa.

_____

_____

5. Il leone è feroce. / La tigre è più feroce.

_____

_____

6. Mario è affamato. / Matteo è più affamato.

_____

_____

7. Marco è irrequieto a scuola. / La sorella di Marco è più irrequieta a scuola.

_____

_____

Superlative Adjectives

The superlative structure in English as well as in Italian expresses the most or the least. Italian has two forms of superlative: relative superlative and absolute superlative. In the superlative, the noun is generally used with the definite article:

Questa strada è **la più panoramica**   _This road is most scenic._

The superlative adjectives in Italian agree in gender and number with the noun they modify.

The relative superlative is formed by using the definite article + noun + **più/meno** + adjective + **di** + the object compared:

Gino è **il ragazzo più atletico**   _Gino is the most athletic boy in_
  della famiglia.   _the family._

| Gino è **il ragazzo meno atletico della famiglia**. | *Gino is the least athletic boy in the family.* |

The superlative absolute is the equivalent of the English *very* + *adjective*, an *adjective* + *–est*, or *most* + *adjective*. In Italian this can be expressed in several ways:

- By placing **molto/tanto**, **parecchio** or **assai** in front of the adjective:

| La sua casa è **molto** bella. | *His house is very beautiful.* |
| Il cielo è **assai** nuvoloso oggi. | *The sky is very cloudy today.* |

- By adding **–issimo**, **–a**, **–i**, **–e** at the end of an adjective:

| Le ciliegie sono **dolcissime** quest'anno. | *Cherries are very sweet this year.* |
| La grammatica italiana è **difficilissima**. | *Italian grammar is very difficult.* |

- By using the prefix **–arci**, **–stra**, **–super**, **–ultra**:

Dopo la palestra, ritorno a casa **arcistanca**.	*After the gym, I return home very tired.*
Quella casa è **stravecchia**.	*That house is very old.*
Quel monumento è **ultramoderno**.	*That monument is ultramodern.*
I nuovi treni sono **superveloci**.	*The new trains are very fast.*

- By using special expressions:

| Ci sono delle persone che sono **ricche sfondate**. | *There are some people in the world who are filthy rich.* |
| Isabella ritorna da scuola **stanca morta**. | *Isabella comes back from school dead tired.* |

 ## Esercizio 3.16

Complete the following sentences with the correct form of the superlative using the words suggested in parentheses.

1. Mio fratello è _____ (*very intelligent*), ma è anche
   _____. (*very stubborn*)

2. La vita dei soldati che combattono in guerra è _____.
   (*very dangerous*)

3. Quella modella è _____. (*very beautiful*)

4. L'avvocato di mio figlio è _____. (*very expensive*)

5. L'acqua dell'Oceano Indiano è _____ (*very deep*) e
   _____. (*very cold*)

6. Voglio comprare un vestito nuovo per la festa perchè questo è
   _____. (*very old*)

7. Il mio padrone di casa è _____. (*filthy rich*)

8. Ci piace viaggiare con il treno ad alta velocità perchè è
   _____. (*very fast*)

9. La situazione politica in alcuni paesi è _____. (*very difficult*)

10. La ragazza ha paura degli esami perchè è _____. (*very shy*)

Irregular Comparatives and Superlatives

Some Italian adjectives have irregular comparative forms:

buono →	**migliore** *better,*	**il migliore**	*the best*
cattivo →	**peggiore** *worse,*	**il peggiore**	*the worst*
grande →	**maggiore** *bigger*	**il maggiore**	*the biggest*
piccolo →	**minore** *younger,*	**il minore**	*the youngest*

Il gelato italiano è **migliore del** gelato americano.	*Italian gelato is better than American ice cream.*
Mia sorella **minore** è più alta di me.	*My younger sister is taller than me.*

Note: Often **più grande** and **più piccolo** are the preferred forms in place of *older* and *younger*:

Mio fratello **più grande** si è sposato l'anno scorso.	*My older brother got married a year ago.*
Tua sorella **più piccola** è bellissima.	*Your younger sister is very beautiful.*

The adjectives **grande** and **piccolo** have irregular superlative forms:

grande → **massimo** *biggest, greatest*

piccolo → **minimo** *smallest, least*

Two Italian adverbs have irregular comparative and superlative forms:

bene	**meglio**	*better, best*
male	**peggio**	*worse, worst*

Questa agenzia pulisce bene, ma quella pulisce **meglio**.	*This cleaning agency cleans well, but that one cleans better.*

Esercizio 3.17

Complete the following sentences with the superlative, using the prefixes –arci, –stra, –ultra, and –super.

1. La strada era _____ perchè la gente è andata a vedere i fuochi d'artificio. (*very crowded*)

2. L'autobus era _____ di passeggeri. (*overloaded*)

3. Il supermercato era _____ a causa delle feste natalizie. (*very crowded*)

4. Lei viene da una famiglia _____. (*very wealthy*)

5. La borsa di Maria è sempre _____. (*very full*)

6. Le sue giornate sono _____. (*very boring*)

7. Lui è una persona _____. (*very conservative*)

8. Il nuovo presidente è _____. (*very liberal*)

9. Alla _____ dei bambini non piace fare il pisolino pomeridiano. (*big majority*)

10. Mario è un chirurgo _____ in tutto il mondo. (*very well known*)

 Esercizio 3.18

Change the following sentences by adding the suffix –issimo/–a/–i and –e to the adjectives.

1. La sua macchina è _____. (*very new*)

2. L'albero davanti a casa di Pamela è _____. (*very tall*)

3. Questo esercizio è _____, quello di matematica è _____. (*very easy, very difficult*)

4. È venuta _____ neve. (*very much*)

5. Erica è _____ a scuola. (*very good*)

6. Il giocatore di football deve essere _____. (*very fast*)

7. Le giornate estive sono _____. (*very warm*)

8. Per la nipotina, il nonno è _____. (*very tall*)

9. Il film era _____ e _____. (*very long, very boring*)

10. Giovanni pensa di fare una vita _____. (*very normal*)

Reading Comprehension

Al ristorante

La maggior parte degli italiani è buongustaia, o almeno crede di esserlo, e si delizia nell'andare al ristorante. Tutti cercano sempre di scegliere e di andare in posti belli, ma specialmente dove si mangia bene e non si spende molto. Molti preferiscono andare nei ristoranti a gestione famigliare dove il cibo di solito è semplice, ma delizioso perchè curato dalla famiglia proprietaria del locale.

Amano i ristorantini dove possono rilassarsi, ammirare il panorama e la gente che passeggia, e staccarsi dalla solita vita quotidiana gustando del buon cibo. Il cibo italiano è molto regionale, quindi da una regione all'altra c'è molta differenza e tutti sono molto orgogliosi dei tipi di mangiare che provengono dal luogo dove sono nati o cresciuti.

Gli italiani considerano andare al ristorante una forma di passatempo, perciò ci restano per delle ore e pranzano o cenano senza fretta, senza abbuffarsi e correre a casa per poi sedersi davanti alla televisione. Preferiscono soffermarsi nel ristorante dove socializzano e si divertono. Finito il pasto, continuano a stare a sedere e a parlare con gli amici o con i famigliari. Mangiano il dolce, sorseggiano il caffè e quando sono pronti, chiedono il conto.

Ci sono molti tipi di ristoranti: dai più modici ai più eleganti, sofisticati e cari. Secondo i gusti, o le necessità del momento, uno può andare in trattoria, al self service, alla tavola calda, in pizzeria, in paninoteca o al fast food. La lista dei buoni ristoranti in Italia è immensa, c'è solo l'imbarazzo della scelta.

Nomi

il cibo	*food*
il conto	*bill*
la differenza	*difference*
il dolce	*dessert*
i famigliari	*family members*

la gestione famigliare	*family-owned restaurant*
il gusto	*taste*
l'imbarazzo	*problem*
la paninoteca	*place for sandwiches and beverages*
il passatempo	*entertainment*
la tavola calda	*restaurant without table service*
la trattoria	*originally intended for the consumption of wine and where you can eat simple dishes*
il panorama	*view*

Aggettivi

buongustaia	*good mouth*
immense./–a	*immense*
modico,/–a	*inexpensive*
orgoglioso./–a	*proud*
semplice	*simple*
sofisticato,/–a	*sophisticated*

Verbi

abbuffarsi	*to stuff oneself*
gestire	*to run, manage*
scegliere	*to choose*
sorseggiare	*sip*

Domande e Risposte

After reading the selection, answer the following questions in Italian.

1. Che cosa piace fare agli italiani?

   _____

2. Che cosa fanno gli italiani al ristorante dopo che hanno finito di mangiare?

   _____

   _____

3. Quali tipi di ristoranti ci sono in Italia?

_____

_____

Suffixes of Adjectives

Suffixes are represented by a group of letters that is added to the end of a word to change its meaning or form a different word. Following are some of the suffixes of adjectives and what they mean.

Adjectives ending in **–abile**, **–ibile**, **–ubile** indicate something possible such as: navigabile (*navigable*), leggibile (*legible*), solubile (*soluble*), and so on.

Adjectives ending in **–aceo**, **–spro**, **–igno**, indicate a tendency to be violaceo (*mauvish, violaceus*), biancastro (*whitish*), aspro (*sour*), and so on.

Adjectives ending in **–ale**, **–ano**, **–are**, **–ario**, **–ico**, **–iero**, **–ile**, **–istico**, **–ivo**, **–izio**, indicate a tendency to be or do something: provinciale (*provincial*), montano (*in the mountains*), immobiliare (*real estate*), ferroviario (*for the train*), toracico (*thoracic*), guerriero (*combative*), femminile (*feminine*), prolifico (*prolific*), attivo (*active*), redditizio (*profitable*):

> **–ale**, indicate the cause: mortale (*mortal*)
>
> **–ale**, indicate a mass, a mode: monumentale (*monumental*)
>
> **–are**, indicate a shape: triangolare (*triangular*)
>
> **–uto**, puts something in evidence: occhialuto (*wearing glasses*), capelluto (*hairy*)
>
> **–evole**, inclination: favorevole (*favorable*)

There are also many suffixes of adjectives deriving from proper nouns of people or places. Following are some of the most common:

–acco	polacco	*from Poland*
–ano	africano	*from Africa*
	siciliano	*from Sicily*
	italiano	*from Italy*
–ardo	sardo	*from Sardinia*
–asco	comasco	*from Como*
–ate	urbinate	*from Urbino*
–ense	parmense	*from Parma*

—eo	europeo	*European*
—gino	parigino	*from Paris*
—iano	israeliano	*from Israel*
—olo	spagnolo	*from Spain*
—ita	vietnamita	*from Vietnam*
—ese	milanese	*from Milan*
	bolognese	*from Bologna*

 Esercizio 3.19

Complete the sentences with the adjectives suggested in parentheses.

1. Il fiume è gelato; non è _____ fino a quando il ghiaccio si sarà sciolto. (*navigable*)

2. La sua casa è così fredda che le sue mani sono color _____. (*purple*)

3. Per lui tutto è troppo complicato e _____. (*monumental*)

4. È un piccolo paese _____. (*in the mountains*)

5. La barca a vela va velocemente se il vento è _____. (*favorable*)

6. È un uomo _____ e _____. (*with glasses, hairy*)

7. Prima di partire dovete consultare l'orario _____. (*railway*)

8. La ragazza è stata coinvolta in un incidente _____. (*deadly*)

9. Kyria è nata in Francia, a Parigi. È una vera _____. (*Parisian*)

10. È una persona molto rustica e _____. (*provincial*)

Adjectives and Possessive Pronouns

A possessive adjective in Italian consists of the definite article and a possessive adjective form. The possessive adjective agrees in gender and number with the following noun. In Italian the definite article usually precedes the possessive adjective, and both are repeated before each noun: **la mia** casa (*my house*), il **mio** cappello (*my hat*). The possessive adjectives are as follows:

ENGLISH	BEFORE A MASCULINE SINGULAR NOUN	BEFORE A MASCULINE PLURAL NOUN	BEFORE A FEMININE SINGULAR NOUN	BEFORE A FEMININE PLURAL NOUN
my	il mio	i miei	la mia	le mie
your	il tuo	i tuoi	la tua	le tue
his/her	il suo	i suoi	la sua	le sue
His/Her	il Suo	i Suoi	la Sua	le Sue
our	il nostro	i nostri	la nostra	le nostre
your	il vostro	i vostri	la vostra	le vostre
their	il loro	i loro	la loro	le loro
your (formal plural)	il Loro	i Loro	la Loro	le Loro

In Italian, **il suo, la sua, i suoi,** and **le sue** can be rather ambiguous. To resolve this ambiguity, you may replace the possessive with **di lui** when referring to a masculine possessor, or **di lei** when referring to a feminine possessor:

La casa di Luigi è grande.	*Luigi's house is big.*
La sua casa è grande. (*ambiguous; refers to Luigi's*)	*His house is big.*
La casa **di lui** è grande. (*not ambiguous*)	*His house is big.*
La borsa di Maria è pesante.	*Maria's purse is heavy.*
La sua borsa è pesante. (*ambiguous; refers to Maria's purse*)	*Her purse is heavy.*
La borsa **di lei** è pesante. (*not ambiguous*)	*Her purse is heavy.*

When a family noun in the singular form has no diminutive or augmentative suffix, the article is never used with a possessive adjective. **Mamma** e **papà,** are treated as diminutives; therefore, they can take an article with a possessive adjective, although it is not uncommon to omit the article.

Mia mamma ha sempre molto da fare.	*My mother is always very busy.*
La mia mamma è una brava cuoca.	*My mother is a good cook.*
Mio papà è un uomo molto buono.	*My dad is a very good man.*
Il mio papà adora i miei figli.	*My dad loves my children.*

Babbo instead of **papà** is used in many areas of Italy.

The article is used before the possessive adjective if the family noun is plural, is modified by a noun, another adjective, or has a diminutive suffix.

Le mie nipoti vogliono mangiare il gelato.	*My granddaughters want to eat ice cream.*
Dove abita **il tuo nonno materno**?	*Where does your maternal grandfather live?*
Le mie nipoti hanno fatto la festa.	*My granddaughters had a party.*
Dove abita **il tuo cognato dottore**?	*Where does your brother-in-law who is a doctor live?*
Come sta **il tuo nonnino**?	*How is your little grandfather?*

The masculine plural possessive **i miei**, **i tuoi**, and **i suoi** may be used as a noun, and it means *my parents*, *your parents*, and *his* or *her parents*, respectively:

Passo il Natale con **i miei**.	*I will spend Christmas with my parents.*
Come stanno **i tuoi**?	*How are your parents?*
I miei stanno bene, ma **i suoi** non tanto.	*My parents are fine, but his/her parents are not very well.*

The definite article in front of the possessive adjectives may be replaced by an indefinite article, a demonstrative adjective, or a number:

Un mio parente viveva in America.	*A relative of mine used to live in America.*
Ha venduto **due** quadri **suoi** alla mostra.	*He sold two of his pictures at the art show.*
Queste nostre idee sono molto grandiose.	*These ideas of ours are very grandiose.*

The adjective **proprio** (*one's own*) is used to reinforce a possessive adjective, in the same way as in English:

L'ho alzato con **le mie proprie forze**.	*I lifted it with my own strength.*

In order to avoid ambiguity from third person possessive adjectives, the third person possessive adjective is replaced by **proprio** to specify that the possessor is the same person as the subject.

Giovanni ha pulito **la sua** camera.	*Giovanni cleaned his room.*

This could be interpreted as if he cleaned his own room or somebody else's room. The third person possessive is replaced by **propria** to specify that he cleaned his own room:

Giovanni ha pulito **la propria** camera.   *Giovanni cleaned his own room.*

 ## Esercizio 3.20

Complete the following sentences with the correct possessive adjective forms.

1. Le _____ chiavi. Chi ha visto le _____ chiavi? (*my*)

2. Una ricerca dimostra che la gente passa molto tempo a cercare le _____ chiavi. (*his own*)

3. Io metto sempre le _____ chiavi nello stesso posto, così non devo perdere tempo a cercarle. (*my*)

4. Mio figlio invece, perde sempre le _____ chiavi. Si dimentica dove le mette. (*his*)

5. I _____ amici sono sinceri e generosi. (*my*)

6. _____ sorella si sposa fra un mese e _____ sorella si sposerà l'anno prossimo. (*my, your*)

7. C'è un proverbio italiano che dice: "Natale con i _____, Pasqua con chi vuoi". (*yours*)

8. La _____ casa si trova in collina, ma la _____ casa è vicino al mare. (*our, your*)

9. La _____ sorellina ha sei anni, ma sa già leggere bene e le piace sfogliare i _____ libri. (*my, my*)

10. La _____ vita è stata piena di avventure. Alcune belle, altre spaventose. (*our*)

Esercizio 3.21

Complete the following sentences with the correct form of the possessive adjectives.

1. Ho lasciato un messaggio nella _____ segreteria telefonica. (*his*)

2. È venuto al cinema con la _____ ragazza. (*his*)

3. Per la festa tutti hanno portato la _____ specialità. (*their*)

4. I _____ genitori hanno fatto un viaggio interessante. I
   _____ genitori vogliono sempre stare a casa. (*our, your*)

5. _____ zio è andato in pensione l'anno scorso. _____
   mamma fa l'insegnante in una scuola privata, _____ papà fa il
   medico e le _____ sorelle frequentano l'università. (*my, my, my, my*)

6. I _____ affari vanno bene, ma la _____ attività non è più
   molto profittevole. (*our, your*)

7. Le _____ amiche si trovano in difficoltà e i _____ genitori
   vogliono aiutarle. (*our, our*)

8. _____ cognata conosce tutte le _____ amiche e i
   _____ parenti. (*your, your, my*)

9. Le _____ scarpe sono nuove e costose, ma le _____
   scarpe sono belle e non costose. (*your, her*)

10. Questa non è la _____ macchina, è la macchina della ditta. (*our*)

Omission of Possessive Adjectives

Possessive adjectives are used less in Italian than in English. They are omitted
when the possessor is clear:

Dove hai messo **le chiavi**?	*Where did you put your keys?*
Dove hai lasciato **la bicicletta**?	*Where did you leave your bike?*

In Italian an indirect object pronoun may refer to a person, but in English a
possessive adjective is used:

Mi hanno rubato la borsa.	*They stole my purse.*
Il figlio **gli** ha rovinato la macchina.	*His son ruined his car.*
Ha rinnovato la (sua) patente.	*She renewed her driver's license.*

Possessive adjectives are not used after reflexive verbs with parts of the body:

Mi lavo **i capelli** tutti i giorni.	*I wash my hair every day.*
I bambini si lavano **le** mani prima di mangiare.	*The children wash their hands before eating.*

In Italian, to express aspects and conditions of parts of the body, **avere** +
article is more common than a possessive:

Ha **le** gambe lunghe e magre.	*Her legs are long and thin.*
Lei ha **il** viso rugoso.	*Her face is wrinkled.*
Isabella ha **i** capelli biondi.	*Isabella's hair is blond.*

Esercizio 3.22

Translate the following sentences into Italian, paying attention to the lack of possessive adjectives in Italian.

1. Gloria dyes her hair once a month.

   _____

2. Erminia broke her ankle getting out of the car.

   _____

3. She never brushes her teeth.

   _____

4. Close your mouth when you eat, and don't talk with the mouth full.

   _____

5. She doesn't like to wear her glasses at work.

   _____

6. I close my eyes when I am afraid.

   _____

7. Every Saturday I wash my car.

   _____

8. I need to go to have my hair cut.

   _____

9. I put on my coat, get my purse, and I am ready.

   _____

10. She put on her scarf and her gloves because it was cold.

    _____

Reading Comprehension

 Le api

Con la primavera e l'estate vediamo nei giardini e nei prati le api che volano di fiore in fiore, soffermandosi solo per qualche attimo. In quel momento, l'ape fa un lavoro molto importante per la vita degli esseri umani, degli animali e delle piante sulla terra. Con il pungiglione estrae il nettare dai fiori, ma nello stesso tempo impollina altri fiori che a loro volta producono la frutta. Senza le api e senza l'impollinazione, la vita sulla terra sparirebbe.

Le api sono insetti sociali e vivono in colonie chiamate alveari e la loro casa è l'arnia. In un alveare ci sono le api operaie che compiono diversi compiti secondo la loro età. Prima dei 21 giorni dopo la nascita, le api operaie si occupano di mantenere puliti i favi e tutto l'alveare, di produrre la pappa reale. Producono la cera e costruiscono i favi. Ricevono il cibo e lo collocano nei favi, sorvegliano la porticina d'ingresso dell'alveare per non lasciare entrare operaie di altri alveari e sbattono le ali generando una corrente d'aria che mantiene stabile la temperatura all'interno dell'alveare.

Dopo i 21 giorni, le api escono dall'alveare per raccogliere il nettare, il polline, la propoli e l'acqua. Di solito il ciclo di vita delle api operaie è di 50 giorni in primavera e in estate e di 180 giorni in inverno. Le operaie che escono dall'alveare in cerca di nettare, comunicano alle altre la fonte e la distanza a mezzo di una danza chiamata danza dell'ape.

Le api operaie sono molto riverenti nei confronti dell'ape regina. L'ape regina può essere riconosciuta perchè ha il corpo più grosso e allungato delle altre api. In un alveare può esserci solo una regina. Nel caso ce ne fossero due, una esce dall'alveare con il suo seguito e forma un'altra colonia. Il compito dell'ape regina è di deporre le uova.

Le api hanno una vista molto sviluppata che serve loro per la raccolta e la localizzazione del nettare. Le api sono fra gli insetti più fragili e sensibili all'inquinamento e spesso sono vittime di insetticidi e fertilizzanti chimici e di altri insetti che le danneggiano e ne causano la morte prematura. Oggi, in tutto il mondo, è iniziata una campagna per salvare le api.

Nomi

l'alveare	*behive*	**la morte**	*death*
la danza	*dance*	**il nettare**	*nectar*
il favo	*hive*	**la pappa reale**	*royal jelly*
l'ingresso	*entrance*	**il propoli**	*propolis*
l'inquinamento	*pollution*	**il pungiglione**	*stinger*
la localizzazione	*localization*	**la raccolta**	*harvest*

Verbi

compiere	*to complete*	**sbattere**	*to beat*
costruire	*to build*	**succhiare**	*to suck*
deporre	*to lay*		

Domande e Risposte

After you have carefully read the selection, answer the questions in Italian in full sentences.

1. Perchè sono importanti le api?

    _____

    _____

    _____

2. Che cosa fanno le api operaie nei primi 21 giorni di vita?

    _____

    _____

    _____

3. Che cosa fanno le api operaie dopo i primi 21 giorni?

    _____

    _____

    _____

4. Che cosa succede quando ci sono due api regine in un alveare?

    _____

    _____

    _____

5. Che cosa danneggia le api?

    _____

    _____

    _____

4

Possessive Pronouns

Italian possessive pronouns have the same forms as possessive adjectives, but the noun following the adjective is omitted. The possessive pronouns tell who possesses the noun it is replacing:

> *Your house is big;* **mine** *is small.*

Mine is used instead of *my house* and is a possessive pronoun, because it replaces the noun *house* and tells who is the possessor.

Formation and Uses of Possessive Pronouns

A possessive pronoun agrees in number and gender with what one possesses:

Il mio cappello è rosso, **il tuo** è bianco.	*My hat is red, yours is white.*
La tua macchina è nuova, **la mia** è vecchia.	*My car is new, yours is old.*

A possessive pronoun is similar to the possessive adjective. In most sentences and questions, it is used with the definite article:

Questo è il tuo libro. Quello è **il mio.**	*This is your book. That one is mine.*

Nouns of family members that take possessive adjectives without the article, use the article when replaced by a possessive pronoun:

Tua madre e **la mia** sono belle.	*Your mother and mine are beautiful.*
Tuo figlio e **il mio** sono bravi ragazzi.	*Your son and mine are good young men.*

Possessive pronouns are commonly used in comparatives:

Il tuo giardino è più bello del **mio.**	*Your garden is more beautiful than mine.*
I tuoi genitori sono più giovani **dei suoi.**	*Your parents are younger than his.*

The definite article is often omitted before the possessive pronoun when the possessive pronoun is followed by a form of **essere:**

Le scarpe nuove sono **mie.**	*The new shoes are mine.*
Il vestito da sposa è **suo.**	*The wedding dress is hers.*
La casa all'angolo è **nostra.**	*The house on the corner is ours.*
Il libro sul tavolo è **tuo.**	*The book on the table is yours.*

il mio, la mia, i miei, le mie	*mine*
Il mio gatto è nero, **il tuo** è grigio.	*My cat is black, yours is gray.*
La mia casa è piccola, **la tua** ha quattro camere.	*My house is small, yours has four rooms.*
I miei amici sono allegri, **i tuoi** sono musoni.	*My friends are happy, yours are grumpy.*
Le mie finestre sono grandi, **le tue** sono piccole.	*My windows are big, yours are small.*

il tuo, la tua, i tuoi, le tue	*yours*
Non ho la macchina, posso usare **la tua?**	*I don't have a car, may I use yours?*
Il mio vestito è moderno, **il tuo** è fuori moda.	*My dress is modern, yours is out of fashion.*

il suo, la sua, i suoi, le sue	*his, hers*
Mio figlio è molto alto, **il suo** è basso.	*My son is very tall, his is short.*
Mi piace la mia casa, ma non mi piace **la sua.**	*I like my house, but I do not like hers.*
Io ho perso i miei occhiali, devo usare **i suoi.**	*I have lost my glasses, I have to use his.*
Le sue scarpe non hanno i tacchi alti, **le sue** sì.	*My shoes don't have high heels, hers do.*

Keep in mind that the third person possessive pronouns, both singular and plural, are often ambiguous.

Compro la sua could be translated as: *I buy his, I buy hers, I buy yours.* This can be clarified by phrasing it this way: **Compro la casa di lui / di lei / di Lui, /di Lei.**

il nostro, la nostra, i nostri, le nostre — *ours*

Il tuo volo è in ritardo. **Il nostro** è puntuale. — *Your flight is late. Ours is on time.*

La tua valigia è nuova, **la nostra** è vecchia. — *Your suitcase is new, ours is old.*

I tuoi gatti sono belli. **I nostri** sono gatti randagi. — *Your cats are beautiful. Ours are stray cats.*

Le sue giornate sono caotiche. **Le nostre** sono tranquille. — *His days are chaotic. Ours are calm.*

il vostro, la vostra, i vostri, le vostre — *yours*

Il mio oroscopo predice prosperità. **Il vostro** predice felicità. — *My horoscope predicts prosperity, yours predicts happiness.*

La nostra città è molto pulita, **la vostra** è abbastanza sporca. — *Our city is very clean, yours is fairly dirty.*

I nostri figli studiano molto, **i vostri** non hanno molta voglia di studiare. — *Our kids study a lot, yours are not very studious.*

Le nostre amiche sono giovani, **le vostre** sono abbastanza attempate. — *Our friends are young, yours are fairly advanced in age.*

il loro, la loro, i loro, le loro — *theirs*

Il nostro lavoro va bene, **il loro** è molto duro. — *Our job is fine, theirs is very hard.*

La vostra storia è interessante, **la loro** è noiosa. — *Your story is interesting, theirs is boring.*

Il nostro ombrello è nuovo. **Il loro** è rotto. — *Our umbrella is new. Theirs is broken.*

I miei figli sono educati, **i loro** sono maleducati. — *Our children are polite, theirs are impolite.*

 Esercizio 4.1

Complete the following sentences with the correct possessive pronoun.

1. Questo libro è_____. Quello è _____. *(mine, yours)*

2. Mia zia ha avuto una vita lunga _____ ha avuto una vita corta. *(yours)*

3. La frutta nel frigorifero è _____. *(mine)*

4. Il suo cane è vecchio e ammalato, il_____ è ancora un cucciolo. *(ours)*

5. Le vostre piante sono rigogliose. Le _____ hanno bisogno di essere trapiantate. *(hers)*

6. Le scarpe di Luisa sono nuove. Le_____ sono vecchie, ma comode. (*mine*)

7. La rivista di Maria ha tante notizie da leggere, _____ non ha niente di interessante. (*mine*)

8. Nostra zia legge molti libri, la_____ guarda la televisione. (*his*)

9. Il mio libro è sul tavolo. Dov'è il _____? (*yours*)

10. Il nostro calendario ha illustrazioni dell'Italia. Il _____ ha illustrazioni della Francia. (*theirs*)

Esercizio 4.2

Complete the following sentences with the possessive adjectives or possessive pronouns as required.

1. Erica non rinuncia alla _____ indipendenza.

2. Questo lavoro non mi aggrada. Mi sembra troppo monotono per i _____ gusti.

3. Spero di essere presente alla _____ festa di compleanno. Anche i _____ genitori ti manderanno un regalo.

4. Tutti i _____ progetti sono andati in fumo. Dovremo ricomnciare daccapo.

5. Amico _____, con le _____ idee non riuscirai mai a farti strada.

6. Le _____ automobili sono molto vecchie, ma le _____ sono belle e nuove.

7. Gino pensa solo ai _____ interessi.

8. Quando avevo bisogno di un _____ consiglio, ti sei rifiutato di darmelo.

9. Mia sorella è dedita alla casa, ama intensamente _____ marito e passa gran parte della giornata con i _____ figli

10. I _____ nipoti sono già adulti, i _____ sono ancora piccoli.

Reading Comprehension

Capodanno in famiglia

Dialogo: Paola e Silvia si incontrano in palestra. Silvia racconta alla sua amica come ha passato il Capodanno.

Paola: Come hai passato il Capodanno?

Silvia: Molto bene, grazie. Sono stata da Vittoria.

Paola: Vittoria chi?

Silvia: È mia cugina, la figlia del fratello di mia madre.

Paola: Ti sei divertita? C'erano molte persone?

Silvia: Sì, mi sono divertita un mondo. C'erano circa quaranta persone fra parenti e amici. C'era una confusione pazzesca.

Paola: E tua madre che non sopporta i rumori forti, come ha potuto resistere a tutto quel baccano?

Silvia: Tutto sommato piuttosto bene. Prima di pranzo ha lavorato molto per avere tutto pronto, e nel pomeriggio prima che arrivassero gli ospiti è andata a riposarsi.

Paola: Sono venuti anche i tuoi nonni?

Silvia: Come no! È venuta persino la mia bisnonna che è stata circondata da tutti i nipoti. Lei si è gongolata molto nel ricevere tutte le attenzioni dei parenti, vecchi e giovani!

Paola: Immagino che tutti si siano dati molto da fare perchè tutto riuscisse bene e tutti potessero divertirsi.

Silvia: Proprio così. Tutti hanno partecipato, chi nel preparare la tavola, chi nel comprare gli ingredienti per il cenone di Capodanno, chi nel pensare agli svaghi per tutti: grandi e piccoli. Ognuno aveva un compito da svolgere. A mezzanotte, dopo essere rimasti a tavola per molte ore, abbiamo mangiato il panettone che, come sai, è un dolce caratteristico italiano e non manca mai alle feste di Natale. Al tocco dell'anno nuovo, abbiamo brindato con lo spumante italiano. Avevamo le stelle filanti che i bambini si sono divertiti a buttare in aria e fra i capelli degli ospiti.

Paola: Immagino che tutti fossero molto eleganti. Agli italiani piace sfoggiare abiti nuovi quando vanno alle feste. A che ora è finita la festa? Avevate anche la musica per ballare?

Silvia: Sì, tutti avevano degli abiti bellissimi e all'ultima moda e facevano a gara a chi aveva l'abito più costoso e bello. Noi giovani, passata la mezzanotte, siamo andati in piazza dove c'era molta gente che festeggiava e che guardava i fuochi pirotecnici. Quando la folla si è dissipata, abbiamo incontrato degli amici e siamo andati in discoteca. Siamo ritornati a casa quando era già l'alba e stava sorgendo il sole. La casa era silenziosa e tutti dormivano, così anche noi ci siamo coricati e ci siamo alzati nel tardo pomeriggio. È stata una serata meravigliosa e indimenticabile. Ma tu che cosa hai fatto?

Paola: Niente perchè ero ammalata. Sono stata a letto tutto il giorno e ho dormito per molte ore. Non mi sono neppure accorta che un anno finiva e un altro iniziava.

Silvia: Mi dispiace. Adesso stai meglio?

Paola: Sì, sì. Mi sono rimessa abbastanza in fretta. Vuoi andare al bar a prendere un caffè o una cioccolata calda?

Silvia: No, devo correre a casa e aiutare mia madre a preparare la cena. Certo che dopo tutti i pranzi e le cene fatte in questo periodo, non ho neppure più voglia di parlare di cibo, ma mio padre e i miei fratelli sono sempre pronti ad accomodarsi a tavola davanti ad un appetitoso piatto di pasta asciutta e trangugiarlo avidamente come se non avessero mangiato da molto tempo.

Paola: Allora, ciao. Ci vediamo.

Silvia: Va bene, ciao. A presto. Salutami i tuoi genitori e spero che l'anno prossimo potremo trascorrere il Capodanno insieme.

Nomi

l'alba	dawn	**i fuochi**	fireworks
il baccano	loud noise	**pirotecnici**	
il cenone	special dinner for New Year's Eve	**gli ospiti**	guests
		la pasta	pasta with
il cibo	food	**asciutta**	sauce
la confusione	confusion	**le stelle filanti**	streamers
la folla	crowd	**lo svago**	entertainment

Verbi

accomodarsi	make himself comfortable	**gongolare**	to gloat
		prendere	to get
accorgersi	to realize	**rimettersi**	to feel better
brindare	to make a toast	**riuscire**	to have success
coricarsi	lay down to sleep	**sorgere**	to rise
dissipare	squander	**trangugiare**	to gulp down

Aggettivi

appetitoso/a	*appetizing*	**pazzesco/a**	*crazy*
caratteristico/a	*typical*	**tardo/a**	*late*
meraviglioso/a	*wonderful*		

Espressioni

tutto sommato	*all in all*	**divertirsi**	*to have lots*
avere voglia di	*to feel like*	**un mondo**	*of fun*
fare a gara	*to compete*		

Domande e Risposte

After having read the selection, answer the questions in full sentences in Italian.

1. Chi è andato a casa di Silvia? Perchè?

   _____

   _____

2. Chi ha preparato la festa?

   _____

   _____

   _____

3. Che cosa hanno fatto i giovani dopo la mezzanotte?

   _____

   _____

   _____

4. Perchè Paola non è andata alla festa?

   _____

   _____

   _____

5. A Capodanno ti piace dare una festa a casa tua? O preferisci andare alle feste a casa degli amici?

   _____

   _____

   _____

Relative Pronouns

Relative pronouns are the linking words used to introduce a relative clause. They provide additional information about the preceding noun or pronoun. In English the relative pronouns are *whom, which,* and *that.* They can be omitted in English, but never in Italian. The Italian relative pronouns are **che, cui,** and **il, la, i, le quali.**

Che (*which, who, whom*) can be used to replace either a person or a thing. **Che** does not have gender or number differentiation:

La donna insegna qui.	*The lady teaches here.*
La donna **che** insegna qui è molto brava.	*The woman who teaches here is very good.*

(**che** refers to **la donna** and is the subject of its clause.)

When **che** is the subject of a verb in the present perfect conjugated with **essere,** the participle agrees in gender and number with the noun that **che** replaces:

I ragazzi **che sono andati** in Italia, sono bravi studenti.	*The boys who went to Italy are good students.*
Le valigie **che non sono arrivate** sono di mio fratello.	*The suitcases that did not arrive belong to my brother.*

 ## Esercizio 4.3

Answer the following questions with a relative phrase as shown in the example.

EXAMPLE: QUALE MACCHINA VUOI COMPRARE?
              VOGLIO COMPRARE LA MACCHINA CHE NON COSTA MOLTO.

1. Quale partita vuoi vedere? (La partita verrà giocata fra due settimane.)

   _____

2. Quali ristoranti ti piacciono? (I ristoranti hanno cibo italiano.)

   _____

3. Quale computer usi? (I miei genitori mi hanno regalato il computer.)

   _____

4. Da quale barbiere va tuo marito? (Il barbiere ha il negozio sulla strada principale del paese.)

   _____

5. Quali riviste leggi? (Le riviste trattano di moda e di politica.)

_____

6. Quale professore preferisci? (Il professore insegna spagnolo e tedesco.)

_____

7. Quale casa vuoi comprare? (La casa è vicino al fiume.)

_____

8. Quale coppia vuoi conoscere? (La coppia si è sposata due mesi fa.)

_____

9. Quale casa ti piace? (La casa ha un giardino spazioso e una grande piscina.)

_____

10. Quali piante vuoi comprare? (Le piante hanno tanti fiori e resistono al caldo estivo.)

_____

The Relative Pronoun *cui*

The relative pronoun **cui** (*which, whom, of which*) also does not have gender differentiation. It is often preceded by a preposition, or an article is used after prepositions. The relative pronoun **cui,** can replace both singular and plural masculine or feminine nouns and can refer to people or things:

Abbiamo viaggiato **su un aereo** nuovo.	*We traveled on a new plane.*
L'aereo **su cui** abbiamo viaggiato era nuovo.	*The plane (that) we traveled on was new.*
Le ho parlato **del nuovo esperimento.**	*I spoke to her of the new experiment.*
L'esperimento **di cui** le ho parlato è nuovo.	*The experiment (that) I spoke to her about is new.*
Mio marito lavora **per una grande azienda**.	*My husband works for a large firm.*
L'azienda **per cui** lavora mio marito è grande.	*The firm (that) my husband works for is big.*
Ho dato la lettera **al postino.**	*I gave the letter to the mailman.*
L'uomo **a cui** ho dato la lettera è il postino.	*The man I gave the letter to is the mailman.*

In literary style, **a cui** may be replaced by **cui** omitting the preposition:

La persona **cui** ho lasciato il mio   *The person to whom I left*
cane non è affidabile.   *my dog cannot be trusted.*

 ## Esercizio 4.4

Rewrite the sentences substituting the underlined words with the pronoun **cui***.*

1. Mi è piaciuto il libro; fra le righe <u>del libro </u>ho trovato tante parole nuove.

   _____

2. L'albero è troppo alto per salirci; sulla cima <u>dell'albero</u> c'è un nido di passerotti.

   _____

3. Ho un calcolatore. L'uso <u>del calcolatore</u> non è permesso in classe.

   _____

4. Hanno scalato le montagne più alte; sulle cime <u>delle montagne </u>nessuno era mai salito.

   _____

5. La ragazza sarà certamente molto riconoscente. <u>All'educazione </u>della figlia, i genitori si sono dedicati per tanti anni.

   _____

   _____

6. Hanno scalato le montagne più alte; sulle cime <u>delle montagne </u>c'era molta neve.

   _____

7. La casa è spaziosa; abbiamo abitato <u>nella casa spaziosa</u> delle mie amiche.

   _____

8. Ti ho parlato <u>di una bella signora</u>. La bella signora è mia cognata.

   _____

9. Ti interessi <u>di nuove automobili.</u> Le nuove automobili non consumano molta benzina

   _____

10. I figli dei signori Bianchi vivono ad Ancona. Ci hai parlato <u>dei figli</u> dei signori Bianchi.

    _____

Il quale, la quale, i quali, le quali

Il quale, la quale, i quali, le quali (*that which*) can be used in place of **che** and **cui. Quale** agrees with the noun it refers to and therefore avoids ambiguity. It can only be used as the subject of a sentence:

che	il quale, la quale, i quali, le quali
a cui	al quale, alla quale, ai quali, alle quali
con cui	con il quale, con la quale, con i quali, con le quali
da cui	dal quale, dalla quale, dai quali, dalle quali
di cui	del quale, della quale, dei quali, delle quali
per cui	per il quale, per la quale, per i quali, per le quali
su cui	sul quale, sulla quale, sui quali, sulle quali

La signora **che** viene a lezione di italiano è molto intelligente. — *The lady who comes to the Italian class is very intelligent.*

La signora **la quale** viene a lezione di molto intelligente. — *The lady who comes to the Italian class is very intelligent.*

Chi (*who*) does not have gender differentiation and is only used to refer to unspecified people or the masculine and feminine singular. It is commonly used in both spoken and written Italian:

Chi dorme non piglia pesci. — *He who sleeps late does not catch any fish.*

Non so **chi** ha bussato. alla porta — *I don't know who knocked at the door.*

 ## Esercizio 4.5

*In each sentence, replace the relative pronoun **che** with the appropriate form of **quale**. Follow the example:*

EXAMPLE: HO CONOSCIUTO UNO STUDENTE **CHE** VIENE DALLA CINA E CHE NON CAPISCE L'INGLESE.

HO CONOSCIUTO UNO STUDENTE IL QUALE VIENE DALLA CINA E IL QUALE NON CAPISCE L'INGLESE.

1. Tutti invidiano i vostri amici che sono molto ricchi.

   _____

2. Gli studenti stranieri che sono arrivati e non avevano il passaporto sono ripartiti.

   _____

3. Ho visitato un museo che ha molti quadri molto importanti.

_____

4. I nostri amici hanno comprato una casa che ha molto spazio.

_____

5. Mi piacciono i libri che hai letto e che mi hai imprestato.

_____

6. Il ladro che ha derubato la banca è stato arrestato e messo in prigione.

_____

7. La gente che va nei negozi il giorno dopo Natale, trova molta confusione.

_____

8. La ragazza che ha vinto il torneo di tennis, è molto giovane.

_____

9. Non hanno capito le ragioni che li hanno convinti a partire di mattina presto.

_____

10. Le poesie che ha scritto tuo zio sono molto commoventi.

_____

In Italian there are also relative pronoun phrases that are used to refer to specific people or objects. These pronouns must agree in gender and number with the noun to which they refer. **Tutto quello che** and **tutto ciò che** (_everything, all that_) are such pronoun phrases. They are interchangeable. **Tutti quelli che** (_all those who_) refers to a specific group of people. **Quello che, quella che, quelli che,** and **quelle che** (_those which, whichever_) are used to refer to a specific group of people or objects:

Quel ragazzo fa **tutto quello** che suo padre gli chiede.	_That boy does everything his father asks him._
Tutti quelli che giocano a pallacanestro devono essere molto alti e agili.	_All those who play basketball must be very tall and limber._
Quale vuoi? Questo o quello? Quello che vuoi.	_Which one do you want? This or that? Whichever you want._

Esercizio 4.6

Fill in the blanks with the appropriate relative pronoun.

1. Noi abbiamo raccolto _____ che è caduto per terra.

2. Lasciamo un po' di cibo per _____ vengono dopo di noi.

3. Noi vogliamo aiutare _____ che sono senza cibo o senza tetto.

4. Ho scritto sulle cartoline di Natale_____ abbiamo fatto durante l'anno.

5. Quante cose porti in viaggio? _____ che stanno in valigia.

6. Quale vestito vuoi comprare? _____ che ti ho fatto vedere nel negozio.

7. Non sappiamo _____ che volete fare e dove volete andare l'estate prossima.

8. Se fossi ricca ti regalerei _____ che vuoi.

9. Ci è piaciuto _____ che abbiamo visto in Italia.

10. _____ che vogliono partecipare alla maratona, devono fare allenamento.

Relative Pronouns with piacere, servire, and mancare

As previously shown, relative pronouns in English are not always used in the same way in Italian. There are sentences in English that show the subject of a relative clause as *who*, but the same sentence in Italian expresses that thought by using the indirect object *to whom*. The expressions **piacere a** (*to be pleasing to*), **servire a** (*to be necessary to, to need to*), and **mancare a** (*to be lacking in*) are used in these cases. **A cui** must be used with these verbs:

Invito gli amici **a cui** piace fare la torta di mele.	*I will invite the friends who like to make an apple pie.*
Sono persone **a cui** non manca niente.	*They are people who lack nothing.*
Questa è la ragazza **a cui** servono le medicine.	*This is the girl who needs the medicines.*

 Note: In Italian how you say *whose* depends on whether *whose* refers to the subject or the object of the sentence. If it refers to the subject, it may be expressed with a definite article + cui making it **il cui, la cui, i cui, le cui,** or it can be expressed by using **di + il quale (del quale), la quale (della quale), i quali**

(dei quali), le quali (delle quali). Both forms are interchangeable, but when there is ambiguity, the use of **del quale, della quale,** and so on, is preferred:

Mio fratello, la cui casa è in vendita, si
    sposerà presto.

My brother, whose house is for
    sale, will get married soon.

Mio fratello, la casa **del quale** è in vendita,
    si sposerà presto.

My brother whose house is being
    sold will get married soon.

When *whose* + noun is the object of the verb in a relative clause, **di cui** is placed before the verb. The definite article and the noun follow it:

È la casa **di cui** conosco tutti gli angoli.

It is the house whose corners I
    know well.

When *whose* is used as an interrogative pronoun, **di chi** is used in the sentence.

 ## Esercizio 4.7

*Fill in the blanks using the pronoun **cui** or **quale** (or **both**), preceded by the appropriate preposition or definite article.*

1. La città che preferisco è quella _____ _____ vivono i
    miei parenti.

2. Il vestito _____ _____mi hai parlato
    non è della mia taglia.

3. I signori _____ _____ abbiamo parlato sono i genitori
    della mia amica.

4. Il paesaggio _____ _____ hai scritto, sembra moltobello.

5. Il professore _____ _____ abbiamo telefonato, non può
    venire oggi.

6. Il campionato _____ _____ abbiamo partecipato era molto
    importante.

7. Il giornale _____ _____ ho letto le notizie, era vecchio.

8. La frutta _____ _____ non conosci il nome, è molto
    buona.

9. Le ragazze _____ _____ sei andata al cinema, sono
    molto belle.

10. Il libro _____ _____ sono molto interessata, è un libro
    di storia.

Demonstrative Pronouns

Demonstrative pronouns are the same as demonstrative adjectives in that they refer to people or things. They agree in gender and number with the noun they replace. The demonstrative pronouns **questo** and **quello** have four forms.

MASCULINE SINGULAR	FEMININE SINGULAR		MASCULINE PLURAL	FEMININE PLURAL	
questo	questa	*this one*	questi	queste	*these ones*
quello	quella	*that one*	quelli	quelle	*those ones*

Quale giornale vuoi leggere?	*Which newspaper do you want to read?*
Voglio leggere **quello** di oggi.	*I want to read today's.*
Voglio leggere **questo**.	*I want to read this one.*

For emphasis, **questo/–a/–i/–e** and **quello/–a/–i/–e** may be followed by **qui** (*here*) and **lì** (*there*). **Qui** is used with **questo** and **lì** is used with **quello**.

Quale comperi?	*Which one will you buy?*
Quello lì in vetrina.	*That one in the window.*
Qual'è la tua casa?	*Which one is your house?*
Questa qui a destra.	*This one on the right.*

Quello is often followed by **che**, and it means: ***the one who*** or ***the one that***:

La bicicletta che ho comperato è **quella che**	*The bicycle I bought is the one*
costava meno delle altre.	*that cost less than the others.*

When the pronoun **quello** is followed by **di** (**quello di, quella di, quelli di,** and **quelle di**), it is used to express possession:

I fratelli di Carlo, giocano al calcio,	*Carlo's brothers are playing soccer,*
quelli di Giovanni giocano a tennis	***Giovanni's*** *play tennis, and*
e **quelli di** Paolo giocano a pallacanestro.	***Paolo's*** *play basketball.*

 Esercizio 4.8

Translate the following sentences into Italian using the appropriate demonstrative adjectives and pronouns.

1. This is my husband, and these are my children. _____

2. These shoes are mine, and those are Isabella's. _____

3. Who are those men? _____

4. That one is a famous singer, and this one is a writer. _____

5. This orchid is white, and that one is purple. _____

6. These flowers are fresh, but those are wilted. _____

7. These students come from Africa, but those come from
   Russia._____

8. Those dresses are modern, but these are very outdated. _____

9. This glass is clean, and that one is smelly and dirty. _____

10. That movie is very violent, but this one is very romantic. _____

Ciò che (*that, what*) is an invariable demonstrative pronoun. It is used more in writing than in colloquial Italian:

Mi ha detto **ciò che** pensava.   *He told me what he was thinking.*

Ha speso **tutto ciò che** aveva guadagnato.   *He spent all he had earned.*

Esercizio 4.9

*Translate the following paragraph into Italian, using **ciò che** where the demonstrative is needed.*

I don't know what you did yesterday. You told me, but I did not understand what you said. It is difficult to know and to remember what you and your friends did and what you wanted to do. We would like you to write down what you did and where you went. This way, we will not forget, and we will not have to ask you to repeat what you already told us.

_____

_____

_____

_____

_____

Esercizio 4.10

Fill in the blanks with the appropriate demonstrative pronouns or adjectives.

1. Vorrei un chilo di patate. _____ (*These*) sono migliori di
   _____. (*those*)

2. Vorrei anche delle fragole. _____ (*those*) vicino alle mele sono più mature di _____ (*these*) in prima fila.

3. Per favore mi dia anche due angurie. _____ (*these here*) sembrano più belle di _____ (*those*) nella cassetta.

4. Se i pomodori sono maturi, prendo due chili di _____ (*these*) alla mia sinistra.

5. Se non sono maturi, prendo _____ (*those*) ancora un po' verdi da insalata.

6. Sì, _____ (*those*) vanno bene.

7. Da dove vengono le mele? _____ (*those*) vengono dal Trentino, ma _____ (*these*) sono appena arrivate dalla Spagna.

8. Quali sono migliori: _____ (*these*) o _____ (*those*)?

9. Secondo me _____ (*these ones here*) sono preferibili a _____ (*those ones there*).

10. Vorrei un sacchetto di plastica per favore. _____ (*This one here*) è abbastanza pesante. Me ne occorre uno che sia abbastanza robusto per il peso che devo portare.

Interrogative Pronouns

Interrogative pronouns are used when asking a question. In written Italian there is no special word order for asking a question, and in spoken Italian it is the speaker's tone of voice that determines if the speaker is asking something or not. Interrogative pronouns can be used in direct or indirect questions and for those questions expressing doubt. The following list shows the various interrogative pronouns:

Chi?	*Who?*	Refers only to people, used only in the singular masculine and feminine forms
Di chi?	*Whose?*	Refers to people only
Che cosa?	*What?*	Generally used for things
Quale, quali?	*Which?*	Used for people and things
Quanto/quanti?	*How much/ how many?*	Used for people and things
Chi aspetti?	*Who are you waiting for?*	
Di chi è questa giacca?	*Whose jacket is this?*	
Che cosa fai per Natale?	*What will you do at Christmas time?*	
Quale macchina hai scelto?	*Which car did you choose?*	
Quanto costa il tacchino?	*How much does the turkey cost?*	

Esercizio 4.11

Translate the following questions into Italian.

1. Who is getting into the car with her sister?

_____

2. Whose shoes are in the middle of the room?

_____

3. What do you want the children to do after school?

_____

4. Which is the team that won the soccer competition?

_____

5. How much wine do you think your guests will drink?

_____

6. How many children does your brother have?

_____

7. Who is the fastest runner of the team?

_____

8. Which are the sweetest tangerines?

_____

9. What do you want the cleaning lady to do?

_____

10. Who is marrying that beautiful fashion model?

_____

Indefinite Pronouns

Indefinite pronouns are used to express an indefinite quantity or number of people or objects:

Ci sono **molte** persone al cinema.	There are many people at the movies.
Alla festa non ho visto nessuno che conoscevo.	I did not see anybody I knew at the party.

The following list shows some of the most commonly used indefinite pronouns:

alcuni, alcune	*some, any, a few*	poco, poca	*a little*
chiunque	*anyone, anybody*	qualcosa	*something, anything*
gli altri, le altre	*the others*		
l'uno/a . . . l'altro/a	*the one . . . the other*	qualcuno	*someone, somebody*
gli uni . . . gli altri, le une . . . le altre	*some . . . the others, either one*	tanti, tante	*many*
molti, molte	*many*	troppi, troppe	*too many*
molto, molta	*much*	troppo, troppa	*too much*
nessuno, nessuna	*no one, nobody*	tutti, tutte	*everyone*
ognuno, ognuna	*each, everyone*	tutto, tutta	*everything*
parecchi, parecchie	*a lot, several*	un altro, un'altra	*another*
pochi, poche	*a little, a few*	uno, una	*a/any person*

Uno/a is used mostly in the singular and refers exclusively to people. It is often used to generalize. **Uno** refers to a person or any person. English uses the term *someone* or *one*. When used in the impersonal form, **uno** is always used as a masculine pronoun:

Quando **uno** è multilingue può parlare con persone di diverse nazioni.	*When one is multilingual, one can speak with people of different nations.*

Uno/a is also used to refer to a person who is of little importance to the speaker, or when little or nothing at all is known about him/her:

Ho aiutato **una** che non conoscevo.	*I helped someone whom I didn't know.*
C'è **uno** alla porta che ti vuole vendere delle caramelle.	*There is **someone** at the door who wants to sell you candies.*

Sometimes **uno** is followed by **altro** or **altra**. In this case it can be used in the masculine or feminine form in both singular or plural and the article is placed before it. When used this way, it means *either one*:

Non ho visto nè l'**uno,** nè l'**altro.**	*I didn't see either one.*
Sia **gli uni** che **gli altri** devono adattarsi.	***Either one*** *has to adapt.*

Ognuno/a (*each, everyone*) is used only in the singular for people or things and will always agree with the noun in gender. **Ognuno di noi/di voi/di loro** means *all* or *everyone of.* It is used with a singular verb:

Ognuno di voi deve pensare al proprio futuro.	*Each one of you has to think about the future.*

Esercizio 4.12

Fill in the blanks with the appropriate forms of the indefinite pronouns.

1. La mamma dice sempre che suo figlio non ha voglia di studiare. Ne ha veramente _____.

2. Non avere paura. So mantenere un segreto. Non lo dico a
_____.

3. Non disturbiamolo ha _____ per la testa.

4. _____ ha bussato alla porta. Sono andato ad aprire e non c'era _____.

5. Anch'io sostengo che _____ contesteranno la decisione del governo.

6. Ha guadagnato _____ all'estero, ma con il gioco d'azzardo ha perso _____.

7. _____ di voi vuole esprimere la sua opinione, ma _____ ascolta.

8. C'è un proverbio italiano che dice: "Chi _____ vuole, nulla stringe."

9. Quali scarpe hai comprato? Nè _____, nè _____. Erano _____ piccole.

10. Quanti libri hai letto durante le vacanze? Ne ho letti _____.

Qualcuno/a or **qualcheduno/a** (*someone, any, anybody*) is used only in the singular, even if it refers to plural nouns. It is used with people and less frequently with objects. When it refers to a plural persons or things, **alcuni/e** and a plural verb can be used:

Mi ha telefonato **qualcuno** che vuole parlare con te.	*I received a call from someone who wants to talk to you.*

Qualcuno is the pronoun equivalent to **qualche**. It is always singular even when used with a plural noun:

Qualcuno di noi verrà ad aiutarti a traslocare.	*One of us (someone) will help you to move.*
Qualcuna di voi vuole andare a nuotare?	*Would one of you (someone) want to go swimming?*

When **qualcuno** is followed by **altro/a**, the final vowel **–o** must be omitted (**qualcun altro**) but no apostrophe is needed. The apostrophe is needed only when the feminine form **altra** follows **qualcuno** (**qualcun'altra**):

Mario non l'ha visto, **qualcun altro** l'ha visto.   *Mario did not see him,*
                                                              ***somebody else** did.*

Chiunque, *anyone, whoever, no matter who*, is invariable, and therefore is the same for the masculine as well as the feminine forms. It refers exclusively to people and is generally followed by a subjunctive verb:

Chiunque venga, non voglio vederlo.   ***Whoever** will come, I don't*
                                                  want to see him.

 # Esercizio 4.13

Fill in the blanks with the appropriate indefinite pronouns.

1. _____ è venuto nel negozio, ma non ha comprato niente.

2. Se sei stanca devi far venire _____ ad aiutarti.

3. _____ di voi sa dove sono le forbici?

4. Non mandate la bambina al mercato, mandate _____.

5. _____ voglia portare fuori la spazzatura, mi farà un gran piacere.

6. _____ di voi potrebbe aiutarmi a muovere il frigorifero?

7. Lei pensa di sapere tutto, ma _____ ne sa più di lei.

8. Spero che _____ mi ceda il posto sull'aereo.

9. Se _____ lo incontra, ditegli che vogliamo parlargli.

10. _____ voglia aiutarci, ne saremo molto grati.

Niente and **nulla** give origin to many expressions. For example:

buono a niente/nulla	*good for nothing*
cosa da niente	*nothing much*
cosa da nulla	*nothing much*
non fa niente	*it doesn't matter*
per niente	*not at all*

fare finta di niente	*to pretend nothing is happening, going on*
Non ti fidare di quell'uomo, è un **buono a niente**.	*Don't trust that man, he is good for nothing.*
Per fortuna l'incidente era **una cosa da niente**.	*The accident was nothing much.*
Quando la chiamo, **fa finta di niente**.	*When I call her, she pretends nothing is going on.*

Nessuno/a, *no one, nobody, not any,* is used only in the singular form and refers to people and objects.

Nessuno è venuto a scuola.   *Nobody came to school.*

Note: When **nessuno** precedes a verb, it is treated as a singular noun, and it has a regular placement within the sentence. When **nessuno** follows the verb, **non** must be placed before the verb, creating a double negative. Unlike in English, double negatives are very commonly used in Italian:

Nessuno ha visto la partita di calcio.	*Nobody saw the football game.*
Non l'ha vista **nessuno**.	***Nobody** saw it.*

 Esercizio 4.14

Translate the following sentences into Italian, using the appropriate indefinite pronoun as needed.

1. Nobody saw or talked to him.

   _____

2. I didn't receive any call from them.

   _____

3. None of her grandchildren go to visit her or call her.

   _____

4. She doesn't hear anything, but she says she hears everything.

   _____

5. Nobody is feeling well today, and nobody wants to eat the dinner that we prepared.

   _____

6. I don't like either one of those girls, but I enjoy their sisters.

   _____

7. It doesn't matter. She will return when she wants to see me.

_____

8. Nobody wants to sell their home and move to another city.

_____

9. Nobody wants to go swimming, but everybody wants to go to the beach.

_____

10. Nobody wants to go to the beach to see the sunset, so I will go by myself.

_____

Molto/a, _much,_ **poco/a** _a little,_ **troppo/a,** _too much,_ **parecchio/a,** _a few,_ are all used in the singular form and refer to people and objects:

Agli italiani piace la pasta e ne mangiano **molta.**	_Italians like pasta, and they eat a lot of it._

Tutto/a and **tutti/e** are used in a general sense to mean _everything_ and _everyone._ They agree in gender and number with the noun to which they refer:

So **tutto** quello che fanno quando i genitori non sono a casa.	_I know everything they do when the parents are not at home._
Alla partenza c'erano **tutti.**	_Everybody was at the departure._

Note: When a form of **tutto** is followed by a number (two, three, etc.), the word **e** (_and_) is always placed between the pronoun and the number:

Studiano l'italiano **tutti e due.**	**_Both_** _are studying Italian._
Ho imparato a memoria **tutte e due** le poesie.	_I learned **both** poems by heart._

When using **tutto quanto, tutta quanta** (_every single one_), both words must agree with the noun to which they refer:

Il bambino ha visto **tutti quanti** i cartoni animati.	_The little boy saw every one of the cartoons._

 ## Esercizio 4.15

Translate the following sentences into Italian.

1. I still have many places I want to see.

_____

2. Do you speak many languages? Yes. Do you speak French? Yes, just a little.

_____

3. She doesn't have any chairs for the guests.

_____

4. She works all the time. She doesn't sleep a lot.

_____

5. You think you know everything that people want to know.

_____

6. I like many houses, but I think mine is the best.

_____

7. You will find everything you want in the small store at the corner.

_____

8. This week everybody attended class and took all the exams.

_____

9. Everyone is planning a trip this summer, and everybody is very excited.

_____

10. Nobody is going to climb the mountain because of the snow.

_____

Alcuno (_some, a few_) is mostly used in the plural and is mostly used with people. **Alcuno** is replaced by **qualcuno** in questions:

Ho bisogno di comprare **alcune** piante.	_I need to buy a few plants._
Avete visto **qualcuno** che conoscevate alla riunione?	_Did you see someone you knew at the reunion?_

We have already covered how **qualcuno** is used with **altro**. Here are a few more indefinite pronouns that are used with **altro**. They are **nessun altro,** _nobody else_, **qualcos'altro,** _something else_, and **nient'altro,** _nothing else_:

Non è rimasto **nessun altro** allo stadio.	_Nobody else is left at the stadium._
Vorrei **qualcos'altro** da fare.	_I would like something else to do._
Non voglio vedere **nessun altro,** e non voglio fare **nient'altro.**	_I don't want to see anybody else and I don't want to do anything else._

Note that **altro** becomes **gli altri** and **le altre** after **tutti/e** to mean *all the others, everyone else*, but to say *everything else*, **il resto** and not **altro** follows **tutto**:

Tutti gli altri hanno già finito la partita.

Everyone else has already finished the game.

Quando c'è l'unità in famiglia, **tutto il resto** non è importante.

As long as there is unity in the family, nothing else is important.

 ## Esercizio 4.16

Translate the following sentences into Italian using the appropriate indefinite pronouns.

1. Do you have many coats? No, only a few.

   _____

2. Do you take many pictures when you travel? No, only a few pictures, but many movies.

   _____

3. Each one of you needs to write a thank you letter to the grandparents for the gifts they sent.

   _____

4. Would you like to talk about something else, or do you have more to say?

   _____

5. Would you like to buy something else for the party?

   _____

6. No, thank you. We do not need anything else, but if we do, somebody else can go to get it.

   _____

7. Tomorrow we will leave to go on vacation. Everybody else already left two days ago.

   _____

8. The school is empty. There is no one else inside. Everybody has gone home.

   _____

9. Nobody remembered to put a stamp on the letter. It will certainly return to the sender.

   _____

10. I am still hungry and thirsty. I would like something more to eat and to drink.

    _____

Language Note:

The following chart shows the indefinites used as adjectives and as pronouns.

MASCULINE—SINGULAR	FEMININE—SINGULAR	MASCULINE—PLURAL	FEMININE PLURAL
alcuno	alcuna	alcuni	alcune
altro	altra	altri	altre
certo	certa	certi	certe
ciascuno	ciascuna	ciascuni	ciascune
diverso	diversa	diversi	diverse
molto	molta	molti	molte
nessuno	nessuna		
parecchio	pareccchia	parecchi	parecchie
poco	poca	pochi	poche
tale	tale	tali	tali
tanto	tanta	tanti	tante
troppo	troppa	troppi	troppe
tutto	tutta	tutti	tutte
vario	varia	vari	varie

altro, may signify "**diverso**" ne parleremo un'altro giorno; or "**anteriore**": è successo l'altra settimana (*It happened last week*). As a pronoun it is used in the masculine singular and without an article. It means: altra cosa, altre cose. Desidera **altro?** (*Would you like anything else?*) Posso fare altro per te? (*Can I do anything else for you?*)

certo has different meanings. In the singular it is used with the indefinite article, and it means "**somewhat**"; un quadro **di un certo valore** (*A painting somewhat valuable*). In the plural it means **a few, some**: ho conosciuto **certi** ragazzi molto simpatici (*I met a few very nice boys*).

ciascuno, has the feminine, but not the plural.

diverso, means "**a long**," and it is used in front of the noun. Non ci vediamo da **diverso tempo** (*We have not seen each other for a long time*). If used as a descriptive adjective, it must be placed after the noun. When used as an indefinite adjective, it goes in front of the noun.

tale, in the singular is usually preceded by the article, and it indicates a person who does not want to be identified. C'è **un tale** che ti vuole vedere. (*There is someone who wants to see you*). When used with **quale**, it indicates a similarity with someone: Maria è **tale e quale** suo padre (*Maria looks exactly like her father*).

Reading Comprehension

**Luca studia a Monaco**

Luca è uno studente di 19 anni. È figlio unico e studia lingue all'Università di Roma. Ora è a Monaco dove segue un corso trimestrale di tedesco. È a Monaco da due settimane e telefona ai suoi genitori per dare loro qualche dettaglio sulla sua nuova sistemazione e per sapere come sta il padre.

Luca scopre che il padre è in viaggio e ritornerà fra tre giorni. Luca è dispiaciuto perchè voleva parlargli dato che il padre aveva avuto la bronchite ed era stato male per tre settimane. Luca racconta alla mamma come vanno le cose. Le dice che a Monaco fa un freddo cane, che c'è molta neve, però la casa dove vive lui è ben riscaldata e così pure la scuola. Gli spazzaneve spalano la neve appena si accumula di qualche centimetro perchè vogliono rendere la viabilità dei mezzi pubblici sicura e normale.

Luca dice a sua mamma che la famiglia con cui vive è gente per bene, molto alla mano e lo trattano bene. Lo considerano parte della famiglia. Racconta che ha fatto gli spaghetti alla carbonara per tutta la famiglia, dato che era il compleanno della figlia e tutti volevano assaggiare un piatto italiano. È stato un grande successo ed è stato gustato da tutta la famiglia.

La mamma di Luca chiede come va la scuola e se è soddisfatto della sua esperienza in Germania. Il ragazzo risponde che la scuola che frequenta è molto buona, sta imparando molto e il professore che insegna il tedesco agli studenti stranieri è molto simpatico, giovane, comprensivo e bravo.

La mamma vuole sapere se Luca ha già fatto la conoscenza di giovani tedeschi e se si è fatto degli amici. Sì, Luca ha conosciuto diversi giovani studenti, ma non ha ancora nessun amico con cui uscire alla sera dopo la scuola. Preferisce stare a casa, studiare o guardare la televisione che è molto utile per imparare la lingua. Luca assicura la mamma che chiamerà di nuovo non appena avrà qualche notizia interessante da dare ai genitori. La mamma è soddisfatta anche se è un pò triste perchè il figlio è lontano da casa, solo, in un paese straniero.

Nomi

la bronchite	*bronchitis*	**lo spazzaneve**	*snowplow*
il dettaglio	*detail*	**la viabilità**	*road conditions*
la sistemazione	*accomodation*		

Verbi

accumulare	*accumulate*	**frequentare**	*to attend (a*
assaggiare	*to taste*		*class course)*
assicurare	*to ensure*	**gustare**	*to taste, to enjoy*
considerare	*to take into*		*the taste*
	consideration	**scoprire**	*to uncover*
		spalare	*to plough*

Aggettivi

trimestrale	*quarterly*
sicuro/a	*safe*
soddisfatto/a	*satisfied*

Espressioni italiane

freddo cane	*very cold*
gente alla mano	*easygoing people*
gente per bene	*sophisticated people*

Domande e Risposte

After reading the selection, answer the questions in Italian with full sentences.

1. Dove studia Luca e che cosa studia?

   _____

   _____

   _____

2. Dove va Luca e perchè?

   _____

   _____

   _____

3. Perchè telefona ai genitori?

   _____

   _____

   _____

4. Che cosa dice Luca sul tempo a Monaco?

_____

_____

_____

5. Che cosa gli chiede la madre?

_____

_____

_____

_____

6. Alla sera, Luca esce con i ragazzi che ha conosciuto nella nuova scuola?

_____

_____

_____

5

Prepositions

Prepositions link nouns, pronouns, or infinitives to verbs or to other words in a sentence to express time, location, cause, manner, purpose, or possession. To know how and when to use prepositions correctly is not easy in any language, and Italian is no exception. This chapter deals with prepositions used with nouns and pronouns and their most common rules. Verbs followed by a preposition will be covered in a separate section of the book.

Prepositions have a wide variety of uses in Italian, and they have various meanings in different contexts. There are eight simple or basic prepositions in Italian. All of them except **per, tra**, and **fra** can form a word with a definite article, becoming prepositions.

The simple prepositions are:

a	*to, in, at*	su	*on, onto*
in	*in, into, at, to*	per	*for*
da	*from, by, at*	con	*with*
di	*of, from*	tra/fra	*among, between*

Simple prepositions combine with the definite articles and look as follows:

PREPOSITION		+ il	+ lo	+ l'	+ la	+ i	+ gli	+ le
a	*to, at*	al	allo	all'	alla	ai	agli	alle
in	*in, to, at, into*	nel	nello	nell'	nella	nei	negli	nelle
da	*from, by, at*	dal	dallo	dall'	dalla	dai	dagli	dalle
di	*of, from*	del	dello	dell'	della	dei	degli	delle
su	*on, onto*	sul	sullo	sull'	sulla	sui	sugli	sulle

The prepositions **con** and **per** used to contract with the article. The forms **col** and **coi** may still be found in written Italian, but **con il** and **con i** are the forms used today.

 Note: In and **di** change to **ne** and **de** when they combine with the article to form a combined preposition. We now take a detailed look at the use of each simple preposition.

The Preposition *a*

A and **di** are the most commonly used prepositions in Italian. The preposition **a** connects many verbs to an infinitive complement. In addition, the preposition **a**:

- Expresses location and direction in space:

essere a scuola	*to go to school*
andare a scuola	*to go to school*

- Expresses location and direction with names of cities but not with names of countries, provinces, and large islands:

Arriviamo a Firenze alle otto.	*We will be arriving in Florence at eight o'clock.*
Giovanna abita a Bologna.	*Giovanna lives in Bologna.*

- Expresses location in time:

a mezzogiorno	*at noon*	a ventun anni	*at twenty-one*
a gennaio	*in January*	una volta alla settimana	*once a week*

- Expresses place, position, motion, and direction:

accanto a	*next to, beside*	a nord di	*north of*
all'entrata	*at the door*	ai piedi di	*at the foot of*
all'uscita	*at the exit*	a sinistra	*on the left*

- Is found with the following expressions:

a buon mercato	*at a good price*	a mani vuote	*empty-handed*
a causa	*because*	a metà	*half, halfway*
a forza di	*by, by means of*	a pagina	*on page*
a letto	*in bed*	a poco a poco	*little by little*
a memoria	*by heart*	a prima vista	*at first sight*
all'aperto	*in the open air, outdoors*	al posto di	*instead of*
		a terra	*on the ground*
all'estero	*abroad*		

- Expresses distance in space and time:

Gioco nel campo a cento metri   *I play in the field a hundred meters from*
  da qui.   *here*

Bologna è a due ore da Milano.   *Bologna is two hours from Milan.*

- Expresses figurative and notional direction and location:

Domani mando un messaggio a Giovanna. *Tomorrow I will send her a message.*

- Expresses manners and means:

comprare a rate	to buy something in installments	andarci a piedi	to go there on foot
vendere all'ingrosso	to sell wholesale	cuocere al vapore	to steam
vendere al dettaglio	to sell retail	bistecca alla fiorentina	Florentine-style steak
una barca a motore	a motorboat	una camicetta a maniche corte	a short-sleeved blouse
una barca a vela	a sailboat	una gonna a pieghe	a pleated skirt

- Labels measurements:

Il treno va a 300 chilometri   *The train travels at 300 kilometers an*
  all'ora.   *hour.*

Il posto dove lavoro mi paga   *The place where I work pays me $8 an*
  otto dollari **all'ora**.   *hour.*

Usciamo uno a uno.   *We go out one by one.*

poco a poco   *little by little*

- Combines with other prepositions:

| davanti a | in front of | vicino a | near, next to |
| dirimpetto a | facing | sopra a | above to, on |

- Is used with nouns deriving from verbs and with some infinitives to replace a subordinate clause:

Ci vediamo **al** tuo arrivo.   *We'll see each other when you get there.*

Al mio ritorno rinnoverò   *When I return, I will renew the passport.*
  il passaporto.

A sentirlo parlare, sembra   *When we hear him talk, we think he is*
  molto intelligente.   *very intelligent.*

There are many expressions that use the preposition **a**. Following are some of them:

Manner

a braccia aperte	open armed	rimanere a bocca asciutta	to be left empty-handed
a ragione	rightfully	ad ogni modo	at any rate
alla buona	simply	calzare a pennello	fit like a glove
a mani vuote	empty-handed		
a malincuore	reluctantly	a rovescio	inside out
a metà	halfway	a strisce	striped
ad ogni costo	by all means	a tempo pieno	full time
a mano a mano	little by little	a tutta velocità	at full speed
fatto a mano	handmade	a vicenda	in turn
a bocca aperta	openmouthed	a voce alta	with a loud voice
rimanere a bocca aperta	to be dumbfounded	a voce bassa	in a soft voice

Price and Purpose

a bruciapelo	point blank	a prezzo di costo	at cost
a buon mercato	inexpensive	pagare a peso d'oro	to pay through the nose for something
a lungo andare	in a long run		
a volontà	at will		

Exclamations and Interjections

Alla vostra salute!	To your health!	a capo	new line (used in dictation)
a proposito	by the way	a mio avviso	in my opinion
mettere a posto	to clean up		

Place

al buio	in the dark	a sinistra	on the left
a destra	on the right		

Time

all'alba	at dawn	a cominciare da	beginning with
al mattino	in the morning	a momenti	at any moment, sporadically
alla sera	in the evening		
al tramonto	at sunset	a ogni morte di papa	once in a blue moon
a mezzogiorno	at noon		
a mezzanotte	at midnight		

Esercizio 5.1

Translate the following sentences into Italian.

1. Will she return home early or late tonight?

   _____

2. I arrived late at home because of a bad accident on the highway.

   _____

3. You like it when the children bring you breakfast in bed.

   _____

4. In school we had to learn poetry by heart.

   _____

5. I believe in love at first sight.

   _____

6. On summer nights, we like to eat outdoors on the deck behind our house.

   _____

7. To get to my house, go straight until you get to the roundabout, then take the first street on the left.

   _____

8. Little by little she is getting better. When she goes home, her friends will be waiting for her with open arms.

   _____

9. By all means, I would like to purchase a woolen and handmade sweater when I go to Ireland.

   _____

10. Next week I will reluctantly leave and go home where the climate is cold, dreary, and depressing.

    _____

The preposition **a** is also used with the following expressions of time:

a partire da	*from . . . on*	a volte	*at times*
a quest'ora	*at this time, at this hour*	allo stesso tempo	*at the same time*
a un tratto	*all of a sudden*		

Most adverbs and adjectives are followed by the preposition *a* **before an infinitive**:

abituato a	*used to*	lento a	*slow to*
attento a	*careful to*	pronto a	*ready to*
bravo a	*good at*	solo a	*only (one) to*
disposto a	*willing to*	ultimo a	*last (one) to*
facile a	*easy to*		

The preposition **a** is used to express time and duration, meaning *until* or *to*:

La palestra è aperta tutti i giorni dal lunedì **al** venerdì.	*The gym is open every day from Monday to Friday.*
I negozi in centro aprono dalle 9 alle 19,30.	*The stores downtown are open from 9 a.m. to 7:30 p.m.*

It is also used to express how many times something is repeated. In English it translates to *per*:

Eric fa la doccia tre volte **al** giorno dopo che finisce di giocare a tennis.	*Eric takes a shower three times **per** day after he stops playing tennis.*

It is also used to express descriptions:

una coperta **a** fiori	*a flowered blanket*
un gelato alla nocciola	*hazelnut ice cream*
Il mio gelato preferito è il gelato **al**la nocciola.	*My favorite ice cream is the hazelnut-flavored ice cream.*

 Esercizio 5.2

*Fill in the blanks with the preposition with the necessary expressions preceded or followed by the preposition **a**.*

1. Non sono abituata _____ andare _____ ristorante da sola. (*to be used to*)

2. Mi hanno ricevuta _____, ma _____ si sono stancati di me. (*with open arms, in a long run*)

3. Non mi chiamano spesso, solo _____. (*once in a blue moon*)

4. Per il compleanno di Isabella abbiamo acquistato molti articoli, ma tutti _____. (*at low cost*)

5. A mio marito non piacciono i vestiti _____, gli piacciono solo quelli _____. (*flowery, solid colored*)

6. _____ mano _____ mano che cresce, impara _____ fare la maglia, perchè le piacciono le cose _____. (*handmade*)

7. La bambina ha voluto comprare un cucciolo _____, ma non le piace accudirlo. (*by all means*)

8. È molto _____ scrivere e a leggere. (*slow to*)

9. Mia madre sta sempre _____ perchè vuole risparmiare elettricità. (*in the dark*)

10. Volevamo andare alla spiaggia _____, ma non ci siamo svegliati in tempo, così siamo andati solo _____. (*at dawn, at sundown*)

The Preposition *in*

The preposition **in** is often used:

- Just as the English preposition *in*:

  Roma è **in** Italia.   *Rome is in Italy.*

  Noi viviamo **in** un paese freddo.   *We live in a cold country.*

- To express going or being in a place:

  I miei parenti sono **in** campagna.   *My relatives are in the country.*

  Loro vogliono andare **in** Sud Africa.   *They want to go to South Africa.*

- To express *by* when used with means and manners:

andare **in** bicicletta	*to go by bicycle*	mangiare **in** fretta	*to eat fast*
andare **in** macchina	*to go by car*	parlare **in** dialetto	*to speak in dialect*
viaggiare **in** aereo	*to go by plane*	finire **in** un baleno	*to finish something in a flash*

- To express quantities:

  In quanti venite alla festa?   *How many of you will come to the party?*

  Veniamo **in** venti.   *There will be 20 of us.*

  Siamo **in** quattro gatti.   *There are just a few of us.*

- To express idiomatic expressions:

  farsi **in** quattro per qualcuno   *to bend over backward for someone*

- To express motion within a space:

  Passeggiano **in** centro.   *They stroll in the park.*

- To express direction and location with names of countries, provinces, and large islands. When the definite article is used with a geographical name, the contracted form of **in** + article is used before it:

  Molti americani lavorano **in** Italia.   *Many Americans work in Italy.*

  Vogliono comprare una casa   *They want to buy a home in Switzerland.*
    in Svizzera.

  Ai cinesi piace venire a   *Chinese people like to come to study in*
    studiare **negli** Stati Uniti.   *the United States.*

The preposition **in** is used along with **di** with the material of which something is made of:

  il tavolo **in** legno   *a wooden table*

  stoviglie **in** acciaio inossidabile *stainless steel silverware*

- With expressions of time:

  arrivare **in** anticipo   *to arrive early*

  andare **in** primavera   *to go in spring*

- To express figurative location:

  Quella donna è brava **in** tutto.   *That lady is good at everything.*

- To express location in time:

  Clara ha venduto cinque case   *Clara sold five homes in a week.*
    in una settimana.

  Ci piace andare **in** vacanza   *I like to go on vacation in fall.*
    in autunno.

  In che anno siete venuti   *In what year did you come to America?*
    in America?

Note: With the definite article before an infinitive, **in** indicates the moment when an action occurs:

  Nel leggere le istruzioni ho   *When I read the directions, I understood*
    capito come funziona.   *how it works.*

  Nel guardarla mi sono   *When I looked at her, I recognized her.*
    ricordata di lei.

The preposition **in** is used in some expressions without the article:

in affitto	*for rent*	in grado di	*capable of*
in alto	*high*	in mezzo alla	*in the middle of*
in arrivo	*incoming*	strada	*the road*
in aumento	*on the increase*	in montagna	*in the mountains*
in bianco e nero	*in black and white*	in nessun/	*nowhere,*
in cambio	*in exchange*	ogni luogo	*everywhere*
in campagna	*in the country*	in orario	*on time*
in chiesa	*in church*	in ordine	*neat*
in città	*in the city*	in pericolo	*in danger*
in corso	*underway*	in piedi	*standing up*
in disordine	*untidy*	in piazza	*in the town square*
in gamba	*smart*	in realtà	*in reality*
		in rovina	*in ruins*

Other expressions with *in*:

in caso di	*if necessary*	in quanto a	*as far as*
bisogno		in altre parole	*in other words*
in caso di	*if necessary*	in piena notte	*in the middle of*
necessità			*the night*
in confronto a	*compared with*		
in tutto il mondo	*all over the world*		

 Esercizio 5.3

Translate the following sentences into English.

1. Non abbiamo problemi in confronto a quelli dei paesi del terzo mondo.

    ———————————————————————————————

2. L'autoambulanza è arrivata in un baleno sul luogo dell'incidente.

    ———————————————————————————————

3. Il freddo polare è in arrivo negli stati del nord.

    ———————————————————————————————

4. È salito su una scala in legno molto traballante.

    ———————————————————————————————

5. In piazza, per la festa del paese, eravamo solo in quattro gatti.

    ———————————————————————————————

6. Ho lavorato tanto per mettere la casa in ordine.

_____

7. È un bravo medico specializzato in medicina dello sport.

_____

8. Nella nostra città c'è l'università più grande degli Stati Uniti.

_____

9. Quando mi siedo a tavola, mangio sempre di fretta perchè non ho mai molto tempo.

_____

10. Ci piace andare al mare, ma preferiamo andare in montagna.

_____

The Preposition *di*

The Italian preposition **di** (*of*) conveys the meaning of possession, specification, and definition.

The preposition **di**:

- Indicates origin:

essere **di** Bologna	*to be from Bologna*
i vini **d'**Italia	*the wines of Italy*

- Indicates a topic:

Parliamo spesso **di** politica.	*We often talk about politics.*
Non ha parlato **del** salario.	*He didn't talk about the salary.*

- Indicates possession:

le strade **di** Roma	*the streets of Rome*
la casa **di** Luigi	*Luigi's house*
la borsa **di** Maria	*Maria's purse*

- Indicates cause or reason:

morire **di** fame/sete/sonno	*to be dying of hunger/thirst/sleepiness*
stanco/a **di** guardare la partita	*tired of watching the game*

- Indicates a main ingredient:

il brodo **di** pollo	*chicken broth*
un'insalata **di** pomodoro	*a tomato salad*

- Indicates the material with which something is made:

un vestito **di** lana	a *woolen dress*
un orologio **d'**oro	a *gold watch*
un tavolo **di** vetro	a *glass table*

- Indicates the author, composer, or artist:

La *Divina Commedia* **di** Dante	*Dante's Divine Comedy*
Le poesie **di** Pascoli	*Pascoli's poetry*
La *nona sinfonia* **di** Beethoven	*the Ninth Symphony of Beethoven*

- Is used in time expressions:

di giorno	*during the day*	**di** notte	*at night*
di pomerigggio	*in the afternoon*	**di** rado	*seldom*
di sera	*in the evening*	**di** tanto in tanto	*from time to time*

- Labels measurements:

una maratona **di** dieci chilometri	a *10K marathon*
una cassa **di** cinque chili	a *five kilogram box*

- Combines with other prepositions:

a causa **di**	*because*	**di** male in	*from bad to worse*
dopo **di**	*after*	peggio	
invece **di**	*instead of*	**di** nascosto	*secretly*
prima **di**	*before*	**di** nuovo	*again*
senza **di** (me, te,	*without (me, you,*	**di** solito	*usually*
lui, lei, etc.)	*him, her, etc.)*	**di** troppo	*in excess, too much*
di cattivo umore	*in a bad humor*		

The following adjectives are always followed by the preposition **di**:

ansioso **di**	*anxious to*	triste **di**	*sad to*
capace **di**	*capable of*	Sono ansioso **di**	*I am anxious to watch*
contento **di**	*happy with*	vedere la partita **di**	*the football game.*
certo **di**	*certain of*	pallone.	
felice **di**	*happy to*	È felice **di** vedere tutti	*She is happy to see*
sicuro **di**	*sure of*	i nipoti.	*all the grandchildren.*
stanco **di**	*tired of*		

Di is also used in combination with a definite article to express the partitive *any, some,* or *(one) of the:*

Abbiamo comprato **delle** fragole dolcissime.

We bought some very sweet strawberries.

Questa è una **delle** squadre di canotaggio che ha vinto la gara.

This is one of the rowing teams that won the race.

 Esercizio 5.4

Translate the following sentences into Italian.

1. We were happy to be able to go on the trip to South America.

2. Are you sure to know the entire poem by heart?

3. In my town it is hot during the day, and it is cold at night.

4. I am sad to see that you are not reading a lot.

5. She is wearing a beautiful silk dress.

6. There are some flowers with a beautiful fragrance and some others with no fragrance.

7. On Friday, I will go to the market to buy some fruit, some vegetables, and some cheese.

8. I would like a piece of cheese, a kilogram of bread, and three bottles of sparkling water.

9. She has gone out secretly. Usually she asks her parents before leaving the house.

10. I like to read all I can about Michelangelo's *Pietà*.

Esercizio 5.5

*Complete each sentence with the preposition **a** or **di**.*

1. Oggi le mie amiche sono _____ casa, domani andranno _____ Roma.
2. _____ solito facciamo un pisolino _____ pomeriggio, ma oggi abbiamo lavorato.
3. Mi piacciono le cose fatte _____ mano e anche i vestiti _____ seta, ma sono costosi.
4. Non conosco bene la signora che vive sopra _____ me, la conosco solo _____ vista.
5. _____ studenti cinesi non piacciono le lezioni _____ inglese. Le trovano troppo difficili.
6. Per il mio compleanno, mio marito mi ha regalato un orologio _____ oro e un anello _____ diamanti.
7. Per arrivare _____ spiaggia devi girare _____ sinistra _____ secondo semaforo e poi girare _____ destra e _____ fine _____ strada, troverai il parcheggio per la macchina.
8. Il marito della mia amica lavora _____ notte e dorme _____ giorno.
9. _____ che colore sono gli occhi di tua sorella?
10. Era in ritardo ed è dovuta andare alla fermata dell'autobus _____ corsa.

The Preposition *da*

The preposition **da** means *from* in English. The following list shows some of the most common uses for **da** in Italian. When **da** expresses movement or origin, it translate as *from, by, to,* and *through a place:*

Vengo **da** Roma.	*I come from Rome.*
Luisa non sta bene, deve andare **dal** dottore.	*Luisa is not feeling well. She needs to go to the doctor.*
La gattina è uscita **dalla** porta di dietro.	*The cat went out through the back door.*

The preposition **da** expresses purpose, intentions, and scope:

Ho comprato un bel vestito **da** sera.	*I bought a nice evening dress.*
La bambina non ha una camicia **da** notte.	*The little girl doesn't have a nightgown.*
La signora ha delle belle tazze **da** tè inglesi.	*The lady has nice English tea cups.*

The preposition **da** is used before an infinitive and after **molto, poco, troppo, qualcosa,** and **niente/nulla**:

Le madri italiane fanno sempre troppo **da** mangiare.	*The Italian mothers always cook too much food.*
Non possiamo andare in spiaggia. Abbiamo troppo **da** fare.	*We cannot go to the beach. We have too much to do.*

The preposition **da** is used to indicate a role or an attitude:

Abbiamo mangiato **da** re.	*We ate like a king.*
Ti ho trattato **da** amico.	*I treated you as a friend.*
È vestito **da** pagliaccio.	*He is dressed as a clown.*

The preposition **da** is also used to express time and age:

Non ci vediamo **da** dieci anni.	*We haven't seen each other for 10 years.*
Conosciamo Luisa **da** molto tempo.	*We have known Luisa for a long time.*

The preposition **da** is used after a noun or an adjective to describe the physical characteristics of a person. English uses *with* for this purpose:

È un ragazzo **dalle** gambe lunghe.	*He is a boy with long legs.*
È un uomo **dai** capelli grigi.	*He is a man with gray hair.*

It is used to express *as* when it is the equivalent of *when*:

Da giovane giocava bene a tennis.	*When he was young, he played tennis well.*
Da piccola avevo paura del buio.	*When I was small, I was afraid of the dark.*

It is used after a noun to describe value, worth, and price/cost of items:

Ho mangiato un gelato **da** cinque euro.	*I ate an ice cream that cost 5 euros.*
Ho comprato una casa **da** pochi soldi.	*I have bought a cheap house.*

Da means *since* or *for* in time expressions when the verb of the sentence is in the present indicative in the imperfect indicative tense:

Vive in America **da** molti anni.	*He has lived in America for many years.*
Non la vedo **da** tanto tempo.	*I have not seen her for a long time.*

When the preposition **da** is used with a disjunctive pronoun such as **me, te, sè** (*sing.*), **noi, voi,** and **sè** (*pl.*) it means *by myself, by yourself, by himself/herself,* *by ourselves*, *by yourselves*, *by themselves*. The subject of the sentence and the disjunctive pronoun always refers to the same person:

Isabella ha fatto il compito tutto **da sè**.	*Isabella did the homework all by herself.*
Tu hai preparato la cena tutta **da** te.	*You prepared dinner all by yourself.*

- Expresses the agent in passive constructions:

L'acquedotto è stato costruito. **dagli** antichi romani	*The aqueduct was built by the ancient Romans.*
La lettera è stata tradotta **dalla** mia amica.	*The letter was translated by my friend.*

- Indicates the purpose of an infinitive:

Mia madre ha sempre molto **da** fare.	*My mother always has a lot to do.*
Vorrei qualcosa **da** bere.	*I would like something to drink.*
Quando l'ho vista mi è venuto **da** ridere.	*When I saw her, I felt like laughing.*
Al cinema mi è venuto **da** piangere.	*At the movies, I felt like crying.*
Mi era venuto **da** gridare dalla paura.	*I felt like screaming in fear.*

Da is used with the preposition **a** or **in** to express starting and ending points in space and time:

La banca è aperta **dal** lunedì **al** sabato.	*The bank is open from Monday to Saturday.*
Io vado **da** Milano **a** Parigi **in** treno.	*I go from Milan to Paris by train.*

 Esercizio 5.6

Translate the following sentences into Italian.

1. She needs three stamps worth 2 euros each.

   _____

2. Sometimes he behaves as a grown-up person; sometimes he behaves as a child.

   _____

3. As a young person, I was afraid of water.

_____

4. I am not getting better. I neeed to go to the doctor.

_____

5. I am going to the store. Do you need anything to drink?

_____

6. We have a lot to do to get ready to leave for our month-long vacation.

_____

7. This train is leaving from the main station.

_____

8. They have bought a racing horse.

_____

9. Maria has a $2 bill and a 50-cents coin.

_____

10. He likes to get dressed as Santa Claus.

_____

✐ Esercizio 5.7

*Complete the following sentences with the prepositions **di**, **da**, or **in**, as required.*

1. _____ quando metti gli occhiali per leggere?

2. Giovanna è andata _____ sua madre ad aiutarla a pulire la casa.

3. Ho comprato una pelliccia _____ ermellino.

4. Questo è un vestito _____ quattro soldi.

5. Maria oggi non parla con nessuno, è _____ cattivo umore.

6. Mi piacciono molto le mostre _____ orchidee.

7. I ragazzi si vedono _____ nascosto.

8. Ho male a un orecchio. Devo andare _____ dottore.

9. Questa è una vita _____ poveretti. Non hanno soldi per fare niente.

10. L'aereo è partito _____ un aeroporto grande ed è arrivato _____ un aeroporto piccolo.

The Preposition *con*

The Italian preposition **con** is used to express *with* when it:

- Conveys being or going *with* someone:

Partono **con** le loro amiche italiane.	*They leave with their Italian girlfriends.*
Roberto ha un appuntamento **con** il dottore.	*Robert has an appointment with the doctor.*

- Conveys description, manner, or means of transportation:

Isabella scrive **con** una matita senza punta.	*Isabella writes with a broken pencil.*
Bisogna avere molta cautela **con** la gente che non si conosce bene.	*One must be very cautious with people one doesn't know well.*
Arrivano stasera **con** l'ultimo aereo.	*They will arrive tonight with the last plane.*

- Means *despite* or *with*:

Con tutto quello che ha studiato, non è stata promossa.	*Despite all the time she has spent studying, she did not pass the exams.*
Con tutta la neve che è caduta, le strade saranno pericolose.	*With all the snow that fell, the roads will be slick.*

- Expresses a characteristic:

la donna **con** i capelli lunghi	*the lady with long hair*
una camera **con** vista sul mare	*a room with a vew of the sea*

- Forms adverbial phrases **of manner** with **nouns**:

con amore	*with love*	con gioia	*with joy*
con cautela	*with caution*	con precisione	*with precision*
con convinzione	*with conviction*	con rabbia	*with anger*
con determinazione	*with determination*	con stupore	*in amazement*
con entusiasmo	*with enthusiasm*	con tristezza	*sadly, with sadness*
con esitazione	*with hesitation*		

Sometime the preposition **con** is combined with the definite article becoming: **col**. This usage is more frequent in spoken language than in written Italian:

Con l'andare del tempo ha dimenticato gli amici.	*With the passing of time, he forgot his friends.*
Ha cominciato **col** parlare della sua vita.	*He started by talking of his life.*

- Is used in comparisons:

Mi sento sempre a confronto **con** gli altri studenti.

I always feel compared to other students.

Perchè paragoni la mia vita **con** la tua?

Why do you compare my life with yours?

 ## Esercizio 5.8

Translate into Italian the following sentences.

1. Despite all he eats, he doesn't gain weight.

   _____

2. My husband does his job with great caution.

   _____

3. I have an appointment with the dentist.

   _____

4. We are all going together. They are leaving with us.

   _____

5. Gabriella was writing with a red pen.

   _____

6. The man with the long beard was scaring the children.

   _____

7. My friend does everything with enthusiasm.

   _____

8. You will get fat eating so much every day.

   _____

9. She cut the paper with the scissors.

   _____

10. Whom did your cousin marry?

    _____

The Preposition *su*

Su is equivalent to the English *on*. This preposition:

- Expresses location, on or above a surface:

Le posate sono **sul** tavolo.

The silverware is on the table.

C'è un ponte molto lungo **sul** lago Michigan.

There is a very long bridge on lake Michigan.

- Expresses *by* or *near*:

I nostri amici hanno la casa **sul** lago.	Our friends have a house on the lake.
Loro abitano in un villaggio **su** una montagna.	They live in a village on a mountain.

- Expresses approximation:

Il parmigiano buono, costa **sui** 20 euro al chilo.	Good parmesan cheese costs around 20 euros per kilogram.
Una donna **sulla** sessantina.	a lady about 60 years old
Il pacco pesa **sui** cinque chili.	The package weighs about five kilograms.

- Expresses manner:

una paio di pantaloni fatti **su** misura	a pair of pants made to order
produrre **su** richiesta	produce on request

- Is used in common expressions:

dare **sul** (mare, lago, ecc.)	with a view (of the sea, lake, etc.)
Su!	Come on!
Su e giù	up and down

- Expressions with the preposition **su**:

dire **sul** serio	to talk seriously
parlare **sul** serio	be serious
essere **su** di giri	to be upset
uno **su** dieci	one out of ten

Su becomes **su di** before a stressed pronoun:

Le persone di questo paesino, sanno tutto **su di** tutti	People in this small town know everything about everybody.

 ## Esercizio 5.9

Translate the following sentences into English.

1. Uno studente su venti oggi studia tecnologia.

_____

2. Mio figlio non parla mai sul serio.

_____

3. Gli impiegati hanno iniziato corsi di ginnastica per dimagrire su richiesta dei dirigenti.

_____

4. Il presidente ha autorità sulla popolazione del suo paese.

_____

5. I bambini non stanno mai fermi. Vanno sempre su e giù per le scale.

_____

6. È una donna pettegola, sa tutto su di tutti.

_____

7. Il giovane uomo ha sparato sulla polizia.

_____

8. Mi piace andare dalla sarta a farmi fare i vestiti su misura.

_____

9. I giornali e le riviste hanno scritto molto su questo incidente.

_____

10. I miei nonni contavano sui miei genitori.

_____

The Preposition *sotto*

The basic meaning of the preposition **sotto** is *under*:

Il cane è sdraiato **sotto** il tavolo.	*The dog is laying under the table.*
Una rondine ha fatto il nido **sotto** il tetto.	*A swallow built her nest under the roof.*

Sotto as **su** is followed by **di** before a pronoun:

Non voglio lavorare **sotto di** te.	*I don't want to work under you.*

Sotto has figurative uses:

Quando ero giovane mi piaceva uscire **sotto** la pioggia.	*When I was a child, I liked to go out in the rain.*
In gennaio abbiamo sempre temperature **sotto** zero.	*In January, we always have temperatures below zero.*

The Prepositions *fra* and *tra*

The prepositions **tra** and **fra** are generally interchangeable. Their basic meaning is *among* and *between*.

Mi siedo **fra** te e tua figlia.	*I am sitting between you and your daughter.*
Ha tirato la palla **fra** i cespugli.	*He threw the ball in the bushes.*

The prepositions **tra** and **fra** express positions, time, and space. They mean *between, in, within, among,* or *of.* Their meaning is determined by phonetic sound more than by exact rules. So it is preferable to say **tra le foglie** rather than **fra le foglie** (*among the leaves*) or **fra Trento** e **Trieste** rather than **tra Trento** e **Trieste** (*between Trento and Trieste*).

The prepositions **tra** and **fra**:

- Express an interval **of time** or **space**:

Partiremo **fra** le dieci e le undici.	*We will leave between 10 and 11.*
Finirò il libro **fra** due settimane.	*I will finish the book in two weeks' time.*

The prepositions **tra** and **fra** are often followed by **di** before a pronoun:

Ti dico un segreto, ma deve rimanere **fra** di noi.	*I will tell you a secret, but it must remain between us.*
Non c'è più niente **tra** noi.	*There is nothing between us anymore.*

Expressions using **tra** and **fra**:

Penso **fra** me e me.	*I am thinking to myself.*
Che rimanga **fra** di noi.	*Let's keep it between us.*
Che rimanga **tra** me e te.	*Let's keep it between you and me.*
Tra poco vado a dormire.	*I will go to bed shortly.*

The Preposition *per*

The preposition **per** is usually translated in English with *for.* It is used to:

- Express intentions or destinations:

Ha acquistato questa macchina **per** te.	*He bought this car for you.*
Mia mamma ha fatto l'impossibile **per** me e mio fratello.	*My mother did the impossible for me and my brother.*

- Express destination in space and time:

L'autobus parte **per** Chicago alle otto.	*The bus will leave for Chicago at eight.*
I giocattoli sono **per** i bambini poveri.	*The toys are for the poor children.*
La riunione delle insegnanti è fissata **per** lunedì.	*The teachers' meeting is set for Monday.*

- Convey *because of, out of, by means of, for fear of*:

Per la neve, le scuole erano chiuse.	*Because of snow, schools were closed.*
Per paura di non arrivare in tempo è uscito molto presto.	*For fear of not arriving on time, he left very early.*
Mandatemi il documento **per** posta.	*Send me the document via mail.*

- Express motion through space or time:

La strada principale passa **per** il centro.	*The main road goes through downtown.*
Non so che cosa gli passi **per** la testa.	*I don't know what goes through his head.*

- Express location in some phrases:

Non ha un letto, così dorme **per** terra.	*He doesn't have a bed, so he sleeps on the ground.*
Ho perso il mio anello **per** la strada.	*I lost my ring on the street.*

- Express cause:

Si lavora **per** vivere, non si vive **per** lavorare.	*We work to live, not live to work.*
Ammiro tuo padre **per** la sua intelligenza.	*I admire your father for his intelligence.*
L'hanno arrestato **per** possesso d'armi.	*They arrested him for possessing arms.*

- Express time, measure, and distribution:

Ha comprato il vestito **per** trenta dollari.	*She bought the dress for $30.*
Il sessanta **per** cento dei giovani oggi è scontento.	*Sixty percent of young people today are unhappy.*

- Express *to be about to*:

Stavamo **per** partire quando hanno cancellato il volo.	*We were about to depart when the flight was canceled.*

The preposition **per** is also used in many idiomatic expressions. Here are some of them:

per caso	*by chance*	per conto mio/	*as far as I am/you are/*
per errore	*by mistake*	tuo/suo, ecc.	*etc. concerned*
Per favore!	*Please!*	per di più	*in addition*
per esempio	*for example*	per farla breve	*to make a long story*
per iscritto	*in writing*		*short*
per legge	*by law*	per filo e per	*to the letter*
per niente	*for no reason*	segno	
per ora	*for the time*	giorno per giorno	*day by day*
	being	per mezzo di	*by means of*
per sbaglio	*by mistake*	per modo di dire	*so to speak*
per sempre	*forever*	per quanto mi	*as far as I am*
Per carità!	*Gosh!*	riguarda	*concerned*
		prendere lucciole	*to misunderstand*
		per lanterne	

 ## Esercizio 5.10

Complete the following sentences with **di**, **a**, **da**, **in**, **co**, **su**, **per**, **tra**, *or* **fra**. *You may need to use the compound prepositions.*

1. _____ grande vorrei fare la pediatra.

2. Non è uscita. È rimasta _____ casa tutto il giorno.

3. Noi siamo stati _____ Florida _____ due settimane _____ nostro figlio.

4. Le ho chiesto _____ aiutarmi, ma mi ha risposto _____ un rifiuto.

5. Le ho regalato un maglione _____ lana pura fatto _____ mano.

6. Tanti anni fa vivevo _____ Italia, adesso vivo _____ Stati Uniti.

7. La giovane coppia vive _____ casa _____ i genitori _____ ragazzo.

8. _____ conto nostro, ha sbagliato a non andare _____ Università.

9. Non mangia molto _____ paura _____ ingrassare.

10. Sembra molto giovane, ma è un uomo _____ settantina.

Other Useful Prepositions

attraverso, *through, across*:

È scappato attraverso il bosco.	*He escaped through the woods.*
Vedo i miei vicini attraverso i vetri della cucina.	*I see my neighbors through the kitchen windows.*

contro, *against*:

L'atleta ha sbattuto la testa contro il muro.	*The athlete hit his head against the wall.*
Si è sposato contro il volere della famglia.	*He got married against the will of his family.*

davanti a, *in front of*:

La fermata della metropolitana è davanti al Duomo.	*The Metro stop is in front of the Duomo.*
La signora è seduta davanti a me.	*The lady is sitting in front of me.*

dietro, *behind*:

La tua amica è seduta dietro sua figlia.	*The lady is sitting behind her daughter.*

dietro di, *behind* (with stressed pronouns):

Sei in fila dietro di me.	*You are in line behind me.*

di fronte, *in front of*:

La banca è di fronte alla chiesa.	*The bank is in front of the church.*
La donnina è seduta su una panca di fronte all'ufficio dell'avvocato.	*The little lady is sitting on a bench in front of the lawyer's office.*

dopo, *after*:

Dopo la lezione andiamo in gelateria.	*After the lesson, we'll go to a gelateria.*
Sei nata dopo di me.	*You were born after me.*

entro, *within*:

Il bambino della mia amica, nascerà entro due mesi.	*My friend's baby will be born within two months.*

intorno, *around*:

Ho visitato un paesino con pochi abitanti, intorno ai tremila o poco più.	*I visited a small town of around three thousand or so inhabitants.*

prima di, *before*:

Prima di conoscerla, non gli piaceva viaggiare.	*Before meeting her, he did not like traveling.*
Andremo a visitarli prima. di Natale	*We will go to visit them before Christmas.*

verso, *toward, around*:

Stiamo andando verso casa.	*We are going toward home.*
Il treno arriva verso le nove.	*The train will arrive around nine o'clock.*

fuori, or **fuori di,** *outside of, out of* is used in many different ways. Here are some of them:

Mio padre non c'è, è fuori casa.	*My father is not here. He is out.*
I genitori l'hanno mandata fuori di casa.	*The parents sent her out of the house.*
La mia amica è fuori di sé per la morte del suo cane.	*My friend is beside herself for the death of her dog.*
Lia si veste bene, non è mai fuori moda.	*Lia is always well dressed, never out of fashion.*
Loro abitano fuori del paese.	*They live out of town.*
L'amica di Luca è fuori pericolo.	*Lucas' friend is out of danger.*
Il rubinetto dell'acqua è rotto, è fuori uso.	*The water faucet is broken. It is out of order.*

Following is a list of other common prepositions:

a causa **di,** *because of*	**vicino a,** *near*
accanto a, *next to*	**secondo,** *according to*
durante, *during*	**nonostante,** *in spite of*
lontano da, *far from*	**lungo,** *along*
assieme a, *together with*	**malgrado,** *in spite of*
in compagnia di, *in the company of*	**per mezzo di,** *by means of*

 Note: The prepositions are difficult in any language, and Italian's prepositions are complicated as well. They need to be studied and used.

Esercizio 5.11

Complete the following sentences with the suggested prepositions in parentheses.

1. _____ della neve, le scuole erano chiuse,
   _____ le strade fossero state spalate. (*because, in spite of*)

2. Noi abitiamo _____ dal centro, ma _____ ai
   campi da tennis. (*far from, near*)

3. Il figlio di Patrizia ha avuto un incidente con la macchina, ma è già
   _____. (*out of danger*)

4. Erica era _____ quando ha ricevuto la bella notizia
   della sua promozione. (*beside herself*)

5. È difficile vedere la gente vestita _____ in Italia. (*out of
   fashion*)

6. _____ avesse studiato molto, gli esami non sono andati
   bene. (*in spite of*)

7. Quando mio figlio aveva diciotto anni, è andato a vivere
   _____. (*away from home*)

8. Mi dispiace molto vivere _____ miei figli e nipoti. (*far
   from*)

9. Quando andiamo al mare, alla sera andiamo a fare una passeggiata
   _____ la spiaggia. (*along*)

10. È molto bello quando possiamo passare del tempo _____
    tutta la famiglia. (*together with*)

Reading Comprehension

Maria Montessori

Maria Montessori era una dottoressa e pedagogista italiana, la cui fama
sopravvive nelle scuole che portano il suo nome in tutto il mondo. Nacque
nel 1870 in una piccola città italiana e all'età di cinque anni la famiglia si
spostò a Roma. L'anno successivo cominciò ad andare a scuola. A quei tempi
le bambine imparavano a leggere e scrivere, ma specialmente a cucire e a
cucinare. A Maria interessavano sopratutto la matematica, le scienze e le
lingue.

Quando raggiunse l'età della scuola media, Maria cominciò a frequentare un istituto tecnico per seguire corsi più avanzati. A 16 anni andò all'università dove studiò la biologia, la scienza delle piante e degli animali. A questo punto Maria disse ai genitori che voleva diventare una dottoressa. I genitori furono molto sorpresi e preoccupati perchè nessuna ragazza a quei tempi studiava medicina. Volevano che Maria diventasse una maestra come tutte le altre ragazze per bene della sua età. Maria non si arrese.

Dopo essere stata rifiutata molte volte, finalmente venne accettata nella Scuola di Medicina all'Università di Roma. Non fu facile tollerare gli sgarbi degli altri studenti che non potevano accettare una donna fra di loro, ma all'età di 26 anni diventò la prima donna a laurearsi in medicina. I genitori furono molto orgogliosi e fieri di lei.

Maria lavorò come dottoressa con molti bambini che non vedevano bene, non sentivano bene e avevano difficoltà motorie. Osservò che i bambini imparavano meglio e producevano di più quando gli era permesso di fare attività manuali e quando lavoravano in gruppo. Nelle scuole, a quell'epoca, i bambini dovevano stare seduti e fermi per ore, scrivere, leggere, ascoltare la maestra e seguire regole molto rigide che non permettevano di esplorare, di giocare, di creare e di muoversi.

Maria decise di aprire una sua scuola e di utilizzare i metodi educativi da lei sperimentati con bambini con normali capacità di apprendimento e la chiamò "Casa dei Bambini" per studenti da 0 a 18 anni. Il suo metodo si basa sul principio che i bambini imparano meglio giocando, lavorando e facendo attività educative in gruppo.

Con il metodo Montessori, i bambini non devono rimanere seduti immobili per ore, ma possono girare per la classe, partecipare in varie attività fra cui: fare le pulizie, preparare la tavola, prendersi cura degli animali, oltre che imparare a leggere, scrivere e la matematica. La dottoressa Montessori istituì corsi di formazione e tirocinio per gli insegnanti interessati ad aprire scuole in Italia, in Europa e in altre parti del mondo.

Visse fino a 81 anni e continuò a lavorare con insegnanti e studenti anche in tarda età. Viaggiò in tutto il mondo per incoraggiare la pace e non la guerra. Dopo la sua morte, il metodo Montessori venne seguito dal figlio e dai nipoti. Fortunati sono quei bambini che frequentano una scuola Montessori dove imparano a vivere in gruppo, a condividere le loro capacità intellettuali e ad essere socievoli fin dalla tenera età oltre che a imparare competenze utili nella vita quotidiana.

Nomi

l'apprendimento	*learning*	la fama	*fame*
la biologia	*biology*	il mobile	*furniture*
la capacità	*ability*	la scienza	*science*
la competenza	*skill*	lo sgarbo	*rudeness*
il corso	*course*	il tirocinio	*training*

Verbi

accettare	*to accept*	prevenire	*prevent*
cucinare	*cook*	raggiungere	*reach*
cucire	*sew*	sopravvivere	*survive*
diventare	*become*	spostare	*move*
istituire	*institute*	tollerare	*tolerate*
prendersi cura	*to take care*	utilizzare	*utilize*

Aggettivi

fermo/a	*still*	orgoglioso/a	*proud*
fiero/a	*proud*	rigido/a	*rigid*
motorio/a	*motory (as in the muscular system)*	tarda	*advanced (of age)*

Espressioni

soprattutto	*mainly*
dato che	*since*
ragazze per bene	*well-mannered girls*

Domande e Risposte

After reading the selection, answer the following questions in full sentences in Italian.

1. Che cosa piaceva a Maria Montessori?

_____

_____

_____

2. Che cosa voleva studiare Maria Montessori?

_____

_____

_____

3. In quale Università italiana ha studiato Maria Montessori?

_____

_____

_____

4. Che cosa realizzò la Dottoressa Montessori?

_____

_____

_____

5. Che cosa fondò Maria Montessori?

_____

_____

_____

6. Dove sono le scuole che usano il metodo Montessori?

_____

_____

_____

6

Adverbs

Adverbs modify an adjective, a verb, or another adverb. In Italian they usually follow the verb they modify, but they precede the adjectives.

Formation of Adverbs

Adjectives ending in **–o** form the adverb adding **–mente** to the feminine singular. Adverbs ending in **–e** also form the adverb by adding **–mente**. Adverbs do not change number and gender. The suffix **–mente** corresponds to the English suffix *ly*. Following are a few adjectives and their corresponding adverbs.

ADJECTIVES	ADVERBS
certo, certa (*certain*)	certamente
fortunato, fortunata (*fortunate*)	fortunatamente
lento, lenta (*slow*)	lentamente
silenzioso, silenziosa (*silent*)	silenziosamente
sincero, sincera (*sincere*)	sinceramente
ultimo, ultima (*last*)	ultimamente
dolce (*sweet*)	dolcemente
felice (*happy*)	felicemente

Adjectives ending in **–le** or **–re** preceded by a vowel drop the **–e** and add **–mente** to form the adverb. Some adverbs have forms that differ from the adjectives altogether.

131

ADJECTIVES	ADVERBS
buono (*good*)	bene (*well*)
cattivo (*bad*)	male (*bad, badly*)
migliore (*better*)	meglio (*better*)
peggiore (*worse*)	peggio (*worse*)

There are some exceptions.

ADJECTIVES	ADVERBS
altro (*other*)	altrimenti (*otherwise*)
benevole (*benevolent, kind*)	benevolmente (*kindly*)
leggero (*light*)	leggermente (*lightly*)
violento (*violent*)	violentemente (*violently*)

Adjectives ending in **–le** or **–re** preceded by a vowel form the adverb by dropping the **–e** before **–mente**. Following are some of them:

ADJECTIVE	ADVERB
fedele (*faithful*)	fedelmente
gentile (*kind*)	gentilmente
probabile (*probable*)	probabilmente
puntuale (*punctual*)	puntualmente
regolare (*regular*)	regolarmente

Adjectives ending in **–e** form the adverb without any change of the base form:

dolce (*sweet*)	dolcemente
intelligente (*intelligent*)	intelligentemente

Adverbs of Time

adesso	*now*	mai	*never*
allora	*then*	oggi	*today*
ancora	*yet*	ora	*now*
appena	*as soon as*	ormai	*already*
dapprima	*at first*	qualche volta	*sometimes*
domani	*tomorrow*	poi	*then*
dopo	*after*	presto	*soon*
fino a	*until*	presto	*early*
frequentemente	*frequently*	raramente	*rarely*
già	*already*	spesso	*often*
ieri	*yesterday*	tardi	*late*
talvolta	*sometimes*	ultimamente	*lately*

A Word About Some Adverbs

Adverbs of time such as **oggi, domani,** and so on, usually precede the verb.
Presto and **tardi** follow the verb. Adverbs expressing doubt, **forse,** usually
precede the verb. **Sicuramente** and **certamente** follow the verb:

Oggi studiamo, perchè abbiamo un esame.	*Today we'll study because we will have an exam.*
Forse non c'è nessuno a casa.	*Maybe nobody is at home.*
Ci vediamo **sicuramente** domani.	*For sure, we will see each other tomorrow.*

In compound tenses, adverbs of time (**oggi, ieri,** etc.) and location (**dietro,
dove,** etc.) follow the past participle. Some adverbs, such as **affatto, ancora,
appena, già, mai,** and **sempre** can also be placed between the auxiliary and
the past participle:

Domani partiamo per il Sud America.	*Tomorrow we'll leave for South America.*
L'aspirapolvere è **dietro** alla porta.	*The vacuum cleaner is behind the door.*
Non ha **ancora** spento la luce.	*He has not yet turned off the light.*

Adverbs of Location

qui, qua	*here*	in giro	*around*
li, là	*there*	in fondo	*at the bottom, at the end*
giù	*down*	in cima	*at the top*
su	*up*	sopra	*above*
da qualche parte	*somewhere*	sotto	*below*
da nessuna parte	*nowhere*	davanti	*in front*
dappertutto	*everywhere*	dietro	*behind*
dovunque	*everywhere*	di fronte	*opposite*
vicino	*nearby*	dentro	*inside*
lontano	*far away*	fuori	*outside*

 Note: With the adverbs **su** and **giù, qua** and **là,** the first consonant of the
adverb is doubled in speech and writing: **quassù** (*up here*), **quaggiù** (*down
here*), **lassù** (*up here*), **laggiù** (*down there*).

Esercizio 6.1

Reading Comprehension

Complete the sentences below with the adverb in parentheses.

Amici

1. I nostri amici hanno una bellissima villa in campagna con un grande giardino e molti alberi _____ la casa. (*behind*)

2. _____ villa ci sono molte piante di tutti i tipi. (*around*)

3. Per arrivare nella villa, bisogna guidare _____ un viale di cipressi che vanno dalla strada _____ al piazzale _____ all'entrata. (*along, until, in front*)

4. Entriamo in casa. _____ c'è la cucina, la sala da pranzo e un grande soggiorno con mobili molto eleganti. (*below*)

5. _____ ci sono le camera da letto e accanto a ogni camera c'è un bagno. (*above*)

6. All'ultimo piano c'è l'attico dove sono tenuti gli oggetti che nessuno usa e che sono vecchi. Da _____ si vede tutta la vallata circostante. (*up there*)

7. _____ aver visto tutta la casa, andiamo _____ ad aspettare la proprietaria. (*after, down*)

8. _____ siamo fuori, vediamo un'altra macchina _____ _____ al viale che sta arrivando a grande velocità. (*as soon as, down there, at the end*)

9. La macchina ha alzato molta polvere _____. (*everywhere*)

10. Questa è una bella casa e _____ potremmo vivere _____. (*here, in peace*)

Adverbial Expressions with the Prepositions: *a, di, da,* and *in*

in alto	*up high*	in mezzo	*in the middle*
in basso	*down*	in orario	*on time*
in breve	*in short*	in fretta	*hurriedly*
di recente	*recently*	in ritardo	*late*

di solito	usually	in un attimo	in a jiffy
di certo	certainly	in generale	in general
a destra	to the right	in anticipo	early, in advance
a distanza	from a distance	in futuro	in the future
a lungo	at length	in passato	in the past
da allora	since then	da quando	since when?
da quel giorno	since that day	da gennaio a settembre	from January to September
a cavallo	on horseback	a piedi	by foot
all'improvviso	suddenly	alla fine	at the end
a rilento	slowly	a maggio	in May
al buio	in the dark		

Adverbs of Direction

a destra	to the right
a sinistra	to the left
diritto	straight ahead
di fronte	across
davanti	in front
dietro	behind

 Esercizio 6.2

Complete the sentences below with the adverb in parentheses.

1. _____ fioriscono i papaveri. (*in May*)

2. Il vino è _____ in cantina _____. (*down, in the dark*)

3. Al gatto piace stare _____ al fuoco. (*near*)

4. Gli anziani dicono che la vita _____ era più semplice. (*in the past*)

5. _____ è in iniziato a piovere molto forte. (*suddenly*)

6. È tanto che Denise non vede Carlo, ma si sentono _____. (*from a distance*)

7. Mio figlio si è sempre mosso _____. (*slowly*)

8. Non sono mai andata _____. (*horseback riding*)

9. Lei fa sempre le cose _____. (*hurriedly*)

10. Le aquile volano e vivono _____, _____ alle montagne. (*up there, on top*)

Adverbs ending in *–oni*

Italian has a group of adverbs ending in **–oni**. They usually express positions of the body. Here are the most common:

a bocconi	*face down*
a carponi	*to crawl on all fours*
a cavalcioni	*to sit astride*
a ciondoloni	*dangling*
a gattoni	*to crawl*
a penzoloni	*sitting dangling the legs*
a strasciconi	*to walk dragging the feet*
a tentoni	*to feel one's way around*
a zoppiconi	*to walk with a limp*

7

Essere and *Stare*

Italian has two verbs that are the equivalent of *to be* in English: **essere** and **stare**. Although there are some rules to help students learn how to use these verbs, there are as many exceptions. The easiest way to know how to use them is to memorize the expressions in which each is used. Following are some guidelines.

Uses of *Stare*

Stare *to be, to stay*

io **sto**	*I am*	noi **stiamo**	*we are*
tu **stai**	*you are*	voi **state**	*you are*
lui **sta**	*he is*	loro **stanno**	*they are*
lei **sta**	*she is*	loro **stanno**	*they are*
Lei **sta**	*you (sing. form, m/f) are*	loro **stanno**	*they are*

Stare can have various meanings depending on the context, but it generally expresses health, location, and personal opinion about one's appearance. It is also used in the present continuous tense and in some idiomatic expressions:

- **Location**

  When **stare** is used to express location, it implies that the person will stay in place and will not move:

Io sto a casa.	*I am staying at home and will not leave.*
Tu stai a letto.	*You are staying in bed and will stay there.*

This is different than saying:

Io sono a casa.   *I am at home now, but I may leave.*

Io sto a casa.   *I am at home , and I will stay there.*

Note: Sometimes **stare** is used to express that a person lives in a certain place:

Dove **stanno** i tuoi parenti?   *Where do your relatives live?*

I miei parenti **stanno** a Roma.   *My relatives live in Rome.*

- **Health**

Come stai?   *How are you?*

Io sto bene, grazie, ma mio zio   *I am fine, thank you, but my uncle is*
sta male.   *feeling bad.*

Note that **stare** is used and not **essere** as in English.

- **Personal opinion about one's appearance**

Il cappotto nuovo le **sta bene.**   *The new overcoat looks good on her.*

La gonna mi piace e mi **sta bene.**   *I like the skirt, and it looks good on me.*

- **Expressions with** *stare*

stare attento/a	*to pay attention*	stare zitto/a	*to be quiet*
stare con . . .	*to live with . . .*	stare a cuore	*to matter*
stare fermo/a	*to keep still*	stare in guardia	*to be on guard*
stare fuori	*to be outside*	stare in piedi	*to be standing*
stare seduto/a	*to be sitting*	stare su	*to sit up straight*
stare da solo/a	*to live alone*	stare a pennello	*to fit like a glove*
stare un mese	*to stay for a month*	stare a tavola	*to be at the table*

In estate stanno sempre fuori   *In summer they always stay outside.*
di casa.

Mia mamma sta sempre seduta.   *My mother is always sitting.*

Il vestito le sta a pennello.   *The dress fits her like a glove.*

Note: The adjectives that follow **stare** must agree with the subject in gender and number:

La bambina non sta mai ferm**a**.   *The little girl cannot keep still.*

I ragazzi non stanno mai fermi.   *Boys cannot keep still.*

Esercizio 7.1

Complete the sentences with the correct forms of **stare**.

1. Domani io _____ a casa tutto il giorno.

2. Non _____ molto bene. Penso di andare a letto.

3. Ho un vestito nuovo e mi _____ molto bene, mi _____ a pennello.

4. Il bambino non _____ fermo un minuto. Sembra che abbia l'argento vivo addosso.

5. Noi _____ troppo sedute durante il giorno. Dobbiamo muoverci di più.

6. Quando esci alla sera devi _____.

7. Ha una appartamento grande, ma _____ da solo.

8. In estate è bello _____ fuori, ma se fa troppo caldo è meglio _____ in casa.

9. Agli italiani piace _____ a tavola per molte ore.

10. So chi _____ in quella casa, ma non ci sono mai entrata.

Present Continuous Tense (or Progressive Tense)

The present continuous tense expresses an action taking place at the exact time of speaking. In Italian it is expressed with the present tense of **stare** + the gerund of the verb. The gerund is formed by adding **–ando** for **–are** verbs (**camminando**), and **–endo** for **–ere** and **–ire** verbs (**leggendo, finendo**). The Italian continuous tense is not used as much as its English counterpart. It is used almost exclusively in the present (**sto andando**), imperfect (**stavo andando**), and future (**starò andando**), present subjunctive (**stia andando**), and imperfect subjunctive (**stessi andando**).

Io **sto camminando**.	*I am walking.*
Tu **stai leggendo**.	*You are reading.*
Lui **sta finendo**.	*He is finishing.*

 Note: The gerund is often called the present participle, and it ends in the *–ing* form of the verb. This form is called **gerundio** in Italian, and it is invariable; it never changes for gender or number.

A verb whose stem in the imperfect is different from the infinitive's stem uses the imperfect stem to form the present participle.

INFINITIVE	IMPERFECT	PRESENT PARTICIPLE
dire *to say*	**dicevo**	**dicendo** *saying*
fare *to make, do*	**facevo**	**facendo** *making, doing*
porre *to place, put*	**ponevo**	**ponendo** *placing, putting*
condurre *to lead*	**conducevo**	**conducendo** *leading*

La bambina **sta dicendo** le preghiere.   *The little girl is saying her prayers.*

Carlo **sta facendo** i compiti.   *Carlo is doing his homework.*

The future progressive tense expresses probability or conjecture.

Che cosa **starà cercando** nel cassetto?   *What do you think she is looking for in the drawer?*

A Word About the Present Progressive Tense

In English the present progressive tense is used to describe what is happening right now as well as what will happen in the future:

She is cleaning the house.

She is cleaning next week.

In Italian, the present progressive can never be used to describe a future action:

Sto pulendo la casa.   *I am cleaning the house. (now, at this moment)*

 Esercizio 7.2

Complete the following sentences with the correct form of the progressive tense of the verb in parentheses.

1. Che cosa (tu) _____ così attentamente? (leggere)

2. Io _____ le notizie politiche. (leggere)

3. Non ho visto la tua amica perchè _____. (lavorare)

4. Bisogna fare silenzio, i bambini_____. (dormire)

5. Le rose nel giardino _____. (fiorire)

6. Le foglie _____ e _____ la stagione fredda. (cadere, arrivare)

7. La nonna _____ molto rapidamente. (invecchiare)

8. Luisa _____, ma ha smesso di mangiare ed ora _____. (ingrassare, dimagrire)

9. Il giorno _____, il sole _____ e la luna
   _____. (finire, tramontare, sorgere)

10. Il clima _____ e _____ tanti
    cataclismi. (cambiare, succedere)

Esercizio 7.3

Complete the following sentences with the required form of the present progressive of the verb in parentheses.

1. Lui _____ una grande sciocchezza e tutti lo
   _____. (dire, ascoltare)

2. Luca _____ perchè ieri sera è andato a letto tardi. (dormire)

3. Devi chiamare più tardi perchè _____ in questo momento.
   (uscire)

4. Il bollettino meteorologico ha annunciato che _____ un
   brutto temporale. (arrivare)

5. Io _____ a casa a piedi perchè ho voglia di camminare.
   (andare)

6. Che cosa (tu) _____? Io _____ un libro
   meraviglioso. (fare, leggere)

7. In questo momento ho un caldo terribile e _____.
   (sudare)

8. Luigi _____ una giacca nuova per il matrimonio di sua
   sorella. (mettere)

9. Dove (voi) _____? Noi _____ in
   agenzia per prenotare un viaggio in Italia. (andare, andare)

10. Claudia e Maria _____ la cena per gli ospiti
    francesi. (preparare)

Esercizio 7.4

*Complete the following sentences with the correct forms of **stare**, expressions with **stare**, and **the present continuous** where necessary.*

1. Se loro non _____ attenti non capiranno la lezione di
   fisica.

2. In inverno, le persone anziane _____ sempre in casa.

3. Nelle zone calde, la gente _____ per godersi l'aria pura.

4. Che cosa fate? Noi _____ al mercato a fare spese.

5. Il nonno è al parco e _____ leggendo il giornale.

6. Oggi Cristina non va a lavorare perchè _____.

7. Oggi non usciamo, _____ in casa ad aspettare la consegna di un pacco.

8. Le giornate _____ corte. (*diventare*)

9. Lara si è fatta male a un piede. Deve _____ immobile per due settimane.

10. La folla si _____ dirigendo verso il parco.

Interrogative Words

The following words will improve your ability to communicate in a variety of situations:

come?	*how, what?*	che cosa?	*what?*
dove?	*where?*	quanto?	*how much?*
chi?	*who?*	quale/i?	*which one? which ones?*
quando?	*when?*	perchè?	*why?*

 Note: The prepositions **da** and **di** are sometimes placed in front of **dove**. **Da dove + verb** inquires into the origin or the motion of the subject. **Di + essere** inquires about the origin of the subject.

Da dove + verb	
Da dove vieni?	*Where are you coming from?*
Di dove + **essere**	
Di dove sei?	*Where are you coming from?*
Di dov'è Luisa?	*Where is Luisa from?*
Luisa è italiana.	*Luisa is Italian.*
Di dove è Giovanna?	*Where is Giovanna from?*
Giovanna è abruzzese.	*Giovanna is from Abruzzo.*

Quanto/a/i/e (*how much, how many*) is used to inquire about the quantity of the nouns it modifies. The endings change according to the gender and number of the noun that **quanto** modifies in a sentence.

When used as a pronoun, **quanto** does not change gender or number:

Quanto pane mangi durante i pasti?	*How much bread do you eat at mealtime?*

Quanta pasta vuoi?	*How much pasta do you want?*
Quanti caffè bevi al giorno?	*How many coffees do you drink a day?*
Quante piante hai in casa?	*How many plants do you have at home?*

but

Quanto camminate al giorno?	*How much do you walk during the day?*
Quanto pensa prima di parlare?	*How much does he think before talking?*

 ## Esercizio 7.5

Change the following sentences into questions, using the interrogative words required.

1. Mia sorella si chiama Giovanna.

   _____

2. Quel signore è mio padre.

   _____

3. Sabato vado al cinema con i miei fratelli.

   _____

4. Il padrone vuole i soldi dell'affitto.

   _____

5. Il giorno migliore per viaggiare è il mercoledì.

   _____

6. Noi compriamo la verdura al mercato aperto.

   _____

7. Oggi pomeriggio andiamo in piscina.

   _____

8. Alla mamma di Paola non piace mangiare il pesce.

   _____

9. La nostra amica è in ospedale.

   _____

10. Il viaggio in aereo è molto costoso.

    _____

Reading Comprehension

 Il bar

In Italia il bar è un locale dove si bevono principalmente il caffè, gli aperitivi e spesso si possono comprare dei cornetti o delle paste da ingerire con il caffè o con il famoso cappuccino. I bar in Italia sono tantissimi. Ogni città o paese, grande o piccolo, ha il suo bar che la gente frequenta e dove, specialmente gli uomini anziani, socializzano sia di giorno che di sera.

Per gli italiani, il bar è una delle fermate obbligatorie prima di andare al lavoro. Gli italiani devono bere un espresso per iniziare la loro giornata produttiva e poi prenderne un altro durante la pausa, ben meritata, della mattina.

Quando non fa molto freddo, i proprietari del bar mettono i tavolini e gli ombrelloni fuori sul marciapiede e i clienti possono sedersi e mangiare e bere all'aperto e osservare la gente che passa. I clienti possono ordinare un caffè, una bibita o quello che desiderano e sedersi al tavolino dentro o fuori e starci quanto vogliono. Nessuno chiede loro di andarsene.

C'è una regola che si deve osservare, se ci si siede al tavolo e si viene serviti per ciò che si beve o si mangia, si paga un prezzo più alto di quanto si pagherebbe stando in piedi al banco del bar. Di mattina al bar si può fare colazione nello stile italiano che consiste in un caffè o un cappuccino e una brioche frettolosamente degustati.

Oggi nei bar il menu è molto più vasto ed è anche possibile pranzare mangiando un panino imbottito con prosciutto e formaggio o vari altri ingredienti, un piatto freddo o caldo a secondo delle preferenze o un trancio di pizza calda. È possibile inoltre finire la giornata al bar con un aperitivo accompagnato da vari stuzzichini.

Il bar è un elemento essenziale della vita italiana. È il luogo dove gli amici si incontrano per fare due chiacchiere. È dove gli uomini d'affari discutono e spesso prendono decisioni di lavoro in un ambiente amichevole e lontano dagli scrutini dei colleghi. È dove gli anziani si riuniscono per parlare di politica, per leggere il giornale e non sentirsi soli, dimenticati e inutili alla società.

Nomi

gli anziani	*old people*	**l'ombrellone**	*large sun umbrella*
la bibita	*drink*	**lo scrutinio**	*scrutiny*
la brioche	*sweet roll*	**lo stuzzichino**	*appetizer*
le chiacchiere	*chats*	**il trancio**	*slice*
il marciapiede	*sidewalk*	**gli uomini d'affari**	*business men*

Verbi

Consistere	*consist*	**liberare**	*vacate*
discutere	*discuss*	**ingerire**	*ingest*
socializzare	*socialize*	**degustare**	*taste*

Aggettivi

vasto	*large*	**amichevole**	*friendly*
imbottito	*stuffed*	**inutile**	*useless*

Avverbi

frettolosamente   *hastily*

Domande e Risposte

After reading the selection above, answer the following questions in complete sentences in Italian.

1. Che cos'è il bar?

   _____

   _____

   _____

2. Che cosa si fa al bar?

   _____

   _____

   _____

3. Dove sono i tavolini quando fa bel tempo?

   _____

4. Chi va al bar?

   _____

   _____

   _____

Essere (to be)

Essere is the other verb that is the equivalent to the English *to be*. This is one of the most used verbs in Italian:

Essere *to be*

io **sono**	*I am*	noi **siamo**	*we are*
tu **sei**	*you are*	voi **siete**	*you are*
lui **è**	*he is*	loro **sono**	*they are*
lei **è**	*she is*	loro **sono**	*they are*
Lei **è**	*you are (form. sing. m/f)*	Loro **sono**	*you are (form. pl.)*

Essere is used to describe where someone or something is located, but unlike **stare**, it indicates that the person or thing may or may not stay there.

Essere is used in many different ways. Following are some of them with examples:

- Colors:

  Le nuvole sono bianche e grige.   *The clouds are white and gray.*

  Il mare è verde.   *The sea is green.*

- Date and time:

  È mezzogiorno, è ora di pranzare.   *It is noon, time to have lunch.*

  Domani è martedì.   *Tomorrow is Tuesday.*

- Location:

  I miei amici sono in Italia.   *My friends are in Italy.*

  Tu e i tuoi genitori siete in chiesa.   *You and your parents are in church.*

- Location of events:

  Il ricevimento è a casa mia.   *The reception is (takes place) at my house.*

  La parata è nel centro della città.   *The parade is in the center of the city.*

- Material:

  La sua pelliccia è di ermellino.   *Her coat is made from mink.*

  Il suo braccialetto è d'oro.   *Her bracelet is made of gold*

Di in the examples above means *of, made of.*

- Mood:

  Roberto è sempre allegro.   *Robert is always happy.*

  Il ragazzo è molto triste.   *The boy is very sad.*

- Nationality:

  Loro sono brasiliani.   *They are Brazilians.*

  Mario è italiano.   *Mario is Italian.*

- Personal traits:

  Cristina è una brava mamma.   *She is a good mother.*

  Erica è molto brava a scuola.   *Erica is very good in school.*

- Point of origin:

  Di dove sono i tuoi amici?   *Where are your friends from?*

  Sono di San Francisco.   *They are from San Francisco.*

- Possessions:

  Questa è la barca di Marco.   *This is Marco's boat.*

  È il cane di Michele.   *It is Michael's dog.*

  È la spada di Leo.   *It is Leo's sword.*

- Professions:

  Mio figlio è ingegnere.   *My son is an engineer.*

  Sua figlia è ricercatrice.   *His daughter is in research.*

- Physical characteristics:

  Isabella è alta e magra.   *Isabella is tall and thin.*

  Cecilia è bionda.   *Cecilia is blond.*

- Physical status:

  I miei parenti sono tutti molto vecchi.   *My relatives are all very old.*

  Alla sera sono molto stanca.   *In the evening I am very tired.*

- Relationships:

  Maria è la mia migliore amica.   *Mary is my best friend.*

  Roberto è mio marito.   *Robert is my husband.*

Note: Indicating Ownership

Italian does not use the apostrophe to indicate ownership. Instead it uses the preposition **di** or **di** + article:

La motocicletta **di** Marco   *Marco's motorcycle*

La casa **della** mia amica   *My friend's house*

- **Expressions with *essere*:**

essere in ansia	*to be anxious*	essere di cattivo umore	*to be in a bad mood*
essere in buona/ cattiva salute	*to be in good/bad health*	essere in centro	*to be downtown*
essere d'accordo	*to agree*	essere in chiesa	*to be in church*
essere in viaggio	*to be traveling*	essere di ritorno	*to be back*
essere nei guai	*to be in trouble*	essere in collera	*to be angry*
essere nei pasticci	*to be in trouble*	essere in ritardo	*to be late*
essere di buon umore	*to be in a good mood*	essere in banca	*to be at the bank*

Esercizio 7.6

*Complete the following sentences with the expressions with **essere** as necessary.*

1. Mio padre è sempre _____. (*good mood*)
2. Luigi non è un uomo onesto. È sempre _____. (*in trouble*)
3. I suoi amici non sono a casa, sono _____. (*traveling*)
4. Noi siamo sempre _____ per i nostri figli. (*anxious*)
5. Quando lei sarà _____ dal mercato, ci farà una bella cena. (*back*)
6. Mi sono alzata _____. (*in a bad mood*)
7. Lei è una persona anziana, ma è _____. (*good health*)
8. Non mi mettere _____. (*in trouble*)
9. Maria arriva spesso _____ in ufficio. (*late*)
10. Non voglio vederti quando sei _____. (*in a bad mood*)

Esercizio 7.7

*Using the words indicated in parentheses, answer the questions with the correct form of **essere** or **stare**.*

1. Come sta tuo padre? _____ (*not very well yet*)
2. Dove sono i tuoi figli? _____ (*on vacation*)
3. Sta ancora in Africa la tua famiglia? _____ (*no*)

4. Com'è la sua nuova barca? _____ (*fast*)

5. Preferisci stare in casa oggi? _____(*yes*)

6. Dove sono i soldi che ho prelevato dalla banca?
   _____ (*in your wallet*)

7. È facile imparare la lingua italiana? _____ (*no*)

8. Chi è quel signore? _____ (*my daughter's husband*)

9. Dove sta tua suocera? _____ (*in the United States*)

10. Chi sono quelle belle ragazze? _____ (*my granddaughters*)

Esercizio 7.8

*Using **essere** or **stare**, translate the following sentences into Italian.*

1. Silvia and Paola are my friends.

   _____

2. My husband is in Italy for work.

   _____

3. They stay in Florida all winter long.

   _____

4. I like the sun, but I prefer staying in the shade.

   _____

5. She is a very good swimmer, and he is a very good tennis player.

   _____

6. They are Italians, but they live in the United States.

   _____

7. The dress fits her like a glove, but the shoes are too big.

   _____

8. Her husband is a doctor, but now he has retired.

   _____

9. Giovanna's life is full of adventures.

   _____

10. The children stay in the woods to play for hours.

   _____

C'è and *Ci Sono*

The words **c'è** and **ci sono** correspond to the English *there is* and *there are* or *is there? are there?*

Italian and English sentences with **c'è** and **ci sono** have the same word order with regard to using or omitting definite or indefinite articles. Both **c'è** and **ci sono** are used frequently in Italian. Here are some examples for their use:

C'è una zanzara in camera.	*There is a mosquito in the room.*
Ci sono molte zanzare in casa.	*There are many mosquitos in the house.*
Ci sono le zanzare in casa.	*There are mosquitos in the house.*

A question formed with **c'è** and **ci sono** uses the same word order as a statement, but the voice needs to have a different tone. To make a sentence negative, place **non** before **c'è** and **ci sono**.

C'è una zanzara in camera?	*Is there a mosquito in the house?*
Ci sono zanzare in casa?	*Are there mosquitos in the house?*
Non ci sono zanzare in camera.	*There are no mosquitos in the room.*

 Esercizio 7.9

1. Chi _____ a casa?

2. Non _____ nessuno.

3. In estate in Italia _____ molte zanzare.

4. _____ serpenti nell'erba?

5. Sì, _____ quelli da giardino, non sono velenosi.

6. In centro _____ molta gente che fa le compere.

7. A Milano _____ negozi molto belli.

8. _____ la partita alla televisione oggi?

9. No, oggi non _____.

10. _____ molti uccellini sugli alberi.

Reading Comprehension

**La vita è bella**

Molte persone sono soddisfatte del proprio tenore di vita, mentre altre hanno tutto, ma sono sempre insoddisfatte, infelici e depresse. Questo succede perchè molti si aspettano di essere felici solo se hanno tanti soldi e cose materiali, altrimenti si lamentano di tutto e di tutti. La felicità si ottiene in molti modi diversi. La ricchezza e la povertà sono molto soggettive.

Uno si ritiene ricco perchè sta bene di salute, ha tanti amici, ha un tetto sulla testa, ha una famiglia unita, e un lavoro che gli permette di vivere decorosamente, si accontenta facilmente e non ha molte esigenze. Oppure uno si ritiene ricco perchè ha tanti soldi, conduce una vita agiata, può comprare quello che vuole, è circondato da persone che lo adulano, che lo riveriscono, ma che alla fin fine se ne dimenticano quando ha necessità di loro. Sta in case meravigliose, ma è una persona sola, perchè non ha veri amici, e una famiglia che lo ammira e gli vuole bene. Dobbiamo saper gioire della vita.

La vita è bella quando apprezziamo gli amici e le persone che ci vivono accanto. La vita è bella quando ammiriamo i misteri dell'universo e della natura, il volo degli uccelli, l'alba e il tramonto. La vita è bella quando ci accontentiamo delle piccole cose, quando gioiamo del successo degli amici, ridiamo con loro e con i compagni della nostra vita.

La vita è bella quando il nostro cervello funziona a pieno ritmo, quando possiamo ancora godere di tutte le cose che abbiamo amato fin da ragazzi, come la lettura, la visione di un buon film, la visita a qualche bella mostra di quadri, la scelta di un bel vestito e la preparazione di piatti prelibati.

La vita è bella quando sappiamo ritornare a ad essere bambini e ridere come loro, quando abbiamo aiutato qualcuno che ne aveva bisogno e quando chiudiamo gli occhi alla sera con un sorriso soddisfatto sulle labbra perchè abbiamo vissuto in pieno la giornata e forse abbiamo anche reso questo mondo un po' migliore.

Nomi

l'alba	*dawn*	**la salute**	*health*
l'esigenza	*demands*	**il sorgere**	*rise*
le labbra	*lips*	**il tenore di vita**	*way of living*
la povertà	*poverty*	**il tramonto**	*sunset*
la ricchezza	*wealth*	**il volo**	*flight*

Aggettivi

soggettivo/–a	*subjective*	**migliore**	*better*
agiato/–a	*comfortable*	**modesto/–a**	*modest*
soddisfatto/–a	*satisfied*		

Verbi

adulare	*to flatter*	**gioire**	*to enjoy*
apprezzare	*to appreciate*	**ridere**	*to laugh*
aspettarsi	*to expect*	**ritenersi**	*to consider oneself*
funzionare	*function*	**riverire**	*to revere*

Espressioni

a pieno ritmo	*full speed, full capacity*

Domande e Risposte

After you have read the selection, answer the following questions in Italian.

1. Come ci si ritiene ricchi?

   _____

   _____

2. Che cosa si deve saper fare nella vita per essere felici?

   _____

   _____

3. Quando è bella la vita?

   _____

   _____

   _____

8

Avere and *Fare*

Uses of *Avere*

Avere (*to have*)

io	**ho**	*I have*
tu	**hai**	*you have*
lui, lei	**ha**	*he/she has*
noi	**abbiamo**	*we have*
voi	**avete**	*you have*
loro	**hanno**	*they have*

The **h** in the first third person singular and the third person plural are never pronounced. It is used to distinguish between the verb form and other words with the same pronunciation but different meanings:

Io **ho**	*I have*	Io ho un libro	*I have a book*
o (*with no h*)	*or*	tu **o** lui	*You or him*
lui **ha**	*he has*	lui **ha** il giornale	*He has the newspaper*
a (*with no h*)	*at, to, in*	Noi andiamo **a** casa.	*We go home.*
		Siamo **a** scuola.	*We are in school.*

Avere is often used in Italian, where **essere** would be used in English. When asking or telling one's age, English uses *to be*, and Italian uses *to have*:

Quanti anni **ha** tua figlia?	*How old is your daughter?*
	(*How many years does your daughter have?*)
Lei **ha** quarant'anni.	*She is 40. (She has 40 years.)*

153

Other instances when **avere** is used in Italian and **essere** is used in English are:

avere fame	*to be hungry*	**avere caldo**	*to be warm*
avere sete	*to be thirsty*	**avere freddo**	*to be cold*
avere fretta	*to be in a rush*	**avere torto**	*to be wrong*
avere sonno	*to be sleepy*	**avere ragione**	*to be right*
avere paura	*to be afraid*	**avere vergogna**	*to be ashamed*
avere fortuna	*to be lucky*		

 Esercizio 8.1

Translate the following short story into Italian.

My name is Giovanna. I am 25 years old. I am very lucky because I have many friends who live near me.

My mother is a very good cook, so my friends like to come to my house. She fixes them the specialties they like. My friends are always hungry and thirsty when they come to my house. She cooks for hours because she is afraid not to have enough food for everybody.

Sometimes my mother is in a hurry because she has many things to do, and she does not have enough time to make the delicacies she likes to make for my friends. In winter when we are cold, she gives us a special Italian hot chocolate and cookies. In summer when we are too warm after we return from the beach, she makes us lemonade. Often, in the evening, she is tired and sleepy, and she cannot wait to go to bed.

_____

_____

_____

_____

_____

_____

_____

_____

_____

Verb *Fare (to do, to make)*

The verb **fare** (*to do, to make*) expresses the basic ideas of doing or making something. It derives from the Latin *facere*. There is no distinction in Italian between *to do* and *to make*. *To do the exercises* and *to make a cake* both use **fare**.

Fare does not follow the regular pattern of conjugation with the infinitive stem + endings. It used to be regarded as an irregular −**ere** verb, but today it is considered an irregular −**are** verb:

fare	*to do, to make*
faccio	**facciamo**
fai	**fate**
fa	**fanno**

The verb **fare** is used in many expressions and common idioms.

In relation to the weather:

Che tempo **fa**?	*How is the weather?*
Fa bel tempo.	*The weather is nice.*
Fa brutto tempo.	*The weather is bad.*
In estate **fa** molto caldo.	*In summer it is very hot.*
In inverno **fa** molto freddo.	*In winter it is very cold.*

Fare is also used in many common idioms:

fare il biglietto	*to buy a ticket*
fare la colazione	*to have breakfast*
fare i compiti	*to do homework*
fare di tutto	*to do everything possible*
fare una domanda	*to ask a question*
fare la coda, la fila	*to stand in line, to wait in line*
fare finta (di)	*to pretend*
fare la fotografia	*to take a picture*
fare ginnastica	*to do physical exercises*
fare un giro	*to take a stroll*
fare una gita	*to go on an excursion*
fare male	*to be painful*
fare da mangiare	*to cook*
fare passare	*to let through*
fare una passeggiata	*to take a walk*

fare il pieno (di benzina)	*to fill up the gas tank*
fare presto	*to hurry*
fare alla romana	*to go dutch, to split the check*
fare la spesa	*to go grocery shopping*
fare le spese	*to go shopping*
fare quattro chiacchiere	*to chat*
fare tardi	*to be late*
fare la valigia	*to pack the suitcase*
fare vedere	*to show something to somebody*
fare un viaggio	*to take a trip*
fare visita	*to pay a visit*

Esercizio 8.2

Complete the following sentences with the correct form of the verb **fare**.

1. Le mie amiche questo autunno _____ un viaggio in Europa.

2. La nonna sta a casa, perchè le _____ male i piedi.

3. Io non sono molto contenta quando _____ molto caldo.

4. Preferisco l'inverno all'estate anche se _____ molto freddo.

5. So che _____ molti viaggi in posti lontani, ma molto interessanti.

6. Questa sera non esco e _____ le valige per il mio viaggio.

7. La mia amica _____ i dolci per il festival italiano.

8. So che tua zia _____ molte fotografie.

9. Ogni sabato _____ la spesa al supermercato.

10. Silvia e sua mamma _____ i biglietti per andare a teatro.

Esercizio 8.3

Fill in the empty spaces below with the correct form of **fare**.

1. Ogni mattina io e mio marito _____ una passeggiata se _____ bel tempo.

2. Noi _____ una lunga passeggiata nel bosco con il cane.

3. Se _____ bel tempo e non _____ molto caldo, è bello stare fuori e respirare l'aria pura mattutina.

4. Vediamo sempre delle persone che _____ un giro prima di andare al lavoro.

5. Quando piove e _____ freddo, non _____ la nostra passeggiata.

6. Andiamo in palestra vicino a casa e _____ ginnastica per una o due ore.

7. Noi _____ anche lo yoga, perchè _____ bene ai muscoli.

8. Ci piace_____ tutti i tipi di sport.

9. Tutti dicono che fare sport _____ bene e noi vogliamo stare bene.

10. Sia io che mio marito _____ del nostro meglio per stare sani e giovanili.

Reading Comprehension

Visita della mia amica Isabella

Questo fine settimana, viene a farmi una breve visita la mia amica Isabella. A lei piace il mare e dato che vivo in una zona balneare viene sempre volentieri. Voglio trascorrere una giornata piacevole e divertente con lei.

Prima faccio benzina poi la vado a prendere alla stazione con la macchina. Una volta arrivata, andremo a fare la spesa per acquistare quello che ci serve per la colazione e se non facciamo troppo tardi, possiamo andare sul lungomare a fare una passeggiata e fare fotografie. Non ho voglia di fare da mangiare perchè fa molto caldo. Preferisco portare Isabella al ristorante vicino alla spiaggia, in un locale che conosco e dove si mangia bene a prezzi modici.

Se il ristorante non è gremito di gente e non dobbiamo aspettare troppo, possiamo sederci nella veranda. Se siamo fortunate e riusciamo ad avere un tavolo in un angolo tranquillo, mentre mangiamo, potremo ammirare lo splendido paesaggio, respirare il profumo inebriante del mare e fare quattro chiacchiere.

Non possiamo fare troppo tardi, perchè Isabella deve partire presto domani mattina, deve riposare e fare colazione perchè il viaggio è lungo. Stiamo al ristorante per molte ore e parliamo del più e del meno. Nessuno ci disturba. Chiediamo il conto e quando ce lo portano decidiamo di fare alla romana.

Nomi

il lungomare	*seafront, esplanade*	**il tramonto**	*sunset*
il paesaggio	*view*	**la veranda**	*porch*
la spiaggia	*beach*		

Verbi

ammirare	*to admire*	**disturbare**	*disturb*
decidere	*to decide*	**sedersi**	*to sit*

Aggettivi

balneare	*seaside*	**piacevole**	*pleasant*
inebriante	*inebriating*	**divertente**	*amusing*
modico	*reasonable, moderate*		

Domande e Risposte

After reading the selection above, answer the questions in Italian.

1. Chi viene a far visita domani?

   _____

2. Perchè non ha voglia di far da mangiare?

   _____

3. Dove vanno anzichè mangiare a casa?

   _____

4. Dove vogliono sedersi e perchè?

   _____

9

The Present Tense of Regular Verbs

The present tense is the equivalent of the English simple present (*I walk*) and the English present continuous tense (*I am singing*).

Di solito in estate **andiamo** in Italia, ma quest'anno **andiamo** in Brasile.
*Usually in summer, **we go** to Italy, but this summer **we are going** to Brazil.*

Conjugations

All Italian verbs belong to the three conjugations, depending on the ending of the infinitive.

To conjugate a verb is to change its infinitive ending to one that agrees with the subject and expresses the time of the action. All infinitives end in **–are**, **–ere**, or **–ire**. Each conjugation has its own set of endings that are added to the stem of the verbs.

verb stem + infinitive endings = infinitive

cammin +	**are**	**camminare** (*to walk*)
rispond +	**ere**	**rispondere** (*to answer*)
part +	**ire**	**partire** (*to leave, depart*)

Let's quickly review the endings for the present tense for the three conjugations in Italian.

159

PERSONAL PRONOUNS	VERBS ENDING IN –are	VERBS ENDING IN –ere	VERBS ENDING IN –ire
	camminare	**rispondere**	**partire**
Io	cammin**o**	rispond**o**	part**o**
Tu	cammin**i**	rispond**i**	part**i**
Lui, lei	cammin**a**	rispond**e**	part**e**
Noi	cammin**iamo**	rispond**iamo**	part**iamo**
Voi	cammin**ate**	rispond**ete**	part**ite**
Loro	cammin**ano**	rispond**ono**	part**ono**

The verbs in the first conjugation, or –are group, are all regular except for four of them (we deal with them individually); in the second conjugation or –ere group, there are many irregular verbs, as in the –ire group.

This means that the stem of the verb changes, but not the endings. Once the endings for each tense are learned, they can be added to any stem regardless of being regular or irregular.

EXAMPLE: BERE (TO DRINK) (IRREGULAR –ere VERB) CHANGES THE STEM TO **bev**, BUT NOT THE ENDINGS. SO YOU WILL HAVE:

bev**o**, bev**i**, bev**e**, bev**iamo**, bev**ete**, bev**ono**

In Italian, it is not necessary to use the subject pronouns in front of the verb, because the endings are all different. If the subject is ambiguous, then using the subject pronoun is helpful.

Asking Questions

There is no special construction to ask questions in Italian. In writing, a question mark is placed at the end of the sentence. In speaking, the pitch of the voice is raised at the end of the sentence.

The subject in a question remains at the beginning of the sentence before the verb, or it can be moved at the end of the sentence:

Giovanna viene con noi?   *Is Giovanna going with us?*

Viene con noi Giovanna?   *Is Giovanna going with us?*

Negative Statements

To make a sentence negative, place **non** immediately before the verb:

Lui **non** cammina tutti i giorni.   *He does not walk every day.*

Useful First Conjugation or –are Verbs

abbaiare	to bark	**frequentare**	to attend, frequent
abbandonare	to abandon	**fumare**	to smoke
aiutare	to help	**girare**	to turn
allenare	to train	**gridare**	to shout
amare	to love	**guadagnare**	to earn
ammirare	to admire	**guardare**	to look at
apprezzare	to appreciate	**guidare**	to drive
arredare	to furnish	**imparare**	to learn
arrivare	to arrive	**indovinare**	to guess
ascoltare	to listen to	**insegnare**	to teach
aspettare	to wait for	**invitare**	to invite
attraversare	to cross	**lavare**	to wash
ballare	to dance	**lavorare**	to work
buttare	to throw	**mandare**	to send
camminare	to walk	**misurare**	to measure
cenare	to have dinner	**nuotare**	to swim
chiamare	to call	**ordinare**	to order
comprare	to buy	**parlare**	to speak
consegnare	to deliver	**passare**	to pass, to spend time
conservare	to preserve	**pattinare**	to skate
contare	to count	**pensare**	to think
controllare	to inspect, check	**perdonare**	to forgive
cucinare	to cook	**piantare**	to plant
depositare	to deposit	**portare**	to bring, to take
desiderare	to wish, desire	**pranzare**	to have lunch
disegnare	to draw	**prenotare**	to reserve
diventare	to become	**preparare**	to prepare
domandare	to ask	**presentare**	to present, introduce
dubitare	to doubt	**prestare**	to loan, lend
entrare	to enter	**provare**	to try
evitare	to avoid	**raccomandare**	to recommend
fermare	to stop	**raccontare**	to narrate
firmare	to sign	**regalare**	to give as a gift

respirare	to breath	**sperare**	to hope
riposare	to rest	**spostare**	to move
ritornare	to return	**stampare**	to print
rubare	to steal	**suonare**	to play an instrument
saltare	to jump	**superare**	to surpass
salutare	to greet	**telefonare**	to telephone
scherzare	to joke	**tirare**	to pull
scusare	to excuse	**tornare**	to return
sembrare	to seem	**trovare**	to find
sognare	to dream	**vietare**	to forbid
sorpassare	to pass	**visitare**	to visit
sparare	to shoot	**volare**	to fly
spaventare	to frighten	**votare**	to vote

First Conjugation Verbs Ending in –*care* and –*gare*

Verbs whose infinitives end in –**care** and –**gare** add an **h** before the endings of the second person singular (**tu**) and the first person plural (**noi**) forms:

giocare *to play* (a game)	**pagare** *to pay*
gioco	pago
gio**chi**	pag**hi**
gioca	paga
gio**chiamo**	pag**hiamo**
giocate	pagate
giocano	pagano

Here are some of the most useful:

caricare	to load	**giocare**	to play
cercare	to look for	**giudicare**	to judge
comunicare	to communicate	**imbarcare**	to board
dedicare	to dedicate	**impiegare**	to hire
dimenticare	to forget	**interrogare**	to interrogate
educare	to educate	**investigare**	to investigate
fabbricare	to manufacture	**leccare**	to lick

legare	*to tie*	**pregare**	*to pray*
litigare	*to argue, quarrel*	**pubblicare**	*to publish*
mancare	*to miss, to lack*	**scaricare**	*to unload, download*
masticare	*to chew*	**stancare**	*to get tired*
obbligare	*to force*	**toccare**	*to touch*
pagare	*to pay*	**traslocare**	*to move*
pescare	*to fish*	**zoppicare**	*to limp*

 ## Esercizio 9.1

Complete the following sentence with the correct form of the –**care** *verbs.*

1. Quando andiamo al mare _____ le conchiglie sulla spiaggia. (cercare)

2. I ragazzi non _____ molto con i genitori. (comunicare)

3. Il padre di Carlo _____ tutto. (dimenticare)

4. Tu _____ un teatrino per la tua bambina. (fabbricare)

5. Luigi _____ il cancello della villa. (scavalcare, *to jump over*)

6. La professoressa _____ gli studenti due volte alla settimana. (interrogare)

7. Il suo cane _____ tutto e tutti. (leccare)

8. Gli agenti segreti _____ la causa della morte del poliziotto. (investigare)

9. Voi _____ il mese prossimo nella casa nuova. (traslocare)

10. Noi _____ le uova di Pasqua nel prato. (cercare)

First Conjugation Verbs Ending in –*ciare*, –*giare*, and –*sciare*

Only one **i** is used in the second person singular (**tu**), and in the first person plural (**noi**), when the present tense endings are added to the stem of verbs ending in –**ciare**, –**giare**, and –**sciare**, both after a single or double **c** and **g** (ba**ci**, ba**ci**amo; via**ggi**, via**ggi**amo).

Following are some of the most common:

studiare *to study*

studio	studiamo
studi	studiate
studia	studiano

Following are some of the most common verbs ending in **–ciare, –giare,** and **–sciare:**

abbracciare	*to hug*	**lanciare**	*to toss*
allacciare	*to tie*	**lasciare**	*to let, leave*
annunciare	*to announce*	**mangiare**	*to eat*
assaggiare	*to taste*	**noleggiare**	*to rent*
cacciare	*to expel, hunt*	**parcheggiare**	*to park*
cominciare	*to start*	**passeggiare**	*to take a walk*
ghiacciare	*to freeze*	**rinunciare**	*to renounce*
incoraggiare	*to encourage*	**rovesciare**	*to spill, knock over*
intrecciare	*to interwine*	**viaggiare**	*to travel*

Verbs not following this patterns are:

avviare *to start*   **sciare** *to ski*

avvio	avviamo	scio	sciamo
avvii	avviate	scii	sciate
avvia	avviano	scia	sciano

 Esercizio 9.2

*Complete the following sentences with the correct form of the **–ciare** and **–giare** verbs.*

1. Se non studi la professoressa ti _____. (bocciare)

2. Io non _____ mai il cibo che cuocio. (assaggiare)

3. Lui _____ le mosche dalla casa. (scacciare)

4. Gli italiani _____ anche dove non è permesso. (parcheggiare)

5. In estate io e te _____ sul lungomare. (passeggiare)

6. Isabella non _____ mai le scarpe. (allacciare)

7. Loro mi _____ quando arrivo alla festa. (abbracciare)

8. Non mi piacciono i gatti, ma _____ i topi. (scacciare)

9. Erminia non _____ mai la nonna da sola in casa. (lasciare)

10. Noi _____ in Svizzera. (sciare)

Note: It is not easy to know how to pronounce Italian verbs. The stress or accent, as commonly referred to in Italian, is different from English, making it difficult to know how to read a word. Here are some general rules to help the learner pronounce the verbs correctly:

- The three singular forms and the third person plural forms are stressed on the stem. So we have:

  canto, canti, canta, cantano.

- The first person plural (**noi**) and the second person plural (**voi**) forms are stressed on the endings: **parliamo, parlate.**

- The first three singular forms of the great majority of present-tense Italian verbs are stressed on the first-to-last syllable: **aiuto, capisci, ammira.**

- Many other verbs are stressed on the third-to-last syllable: **prenotano, giocano.**

Esercizio 9.3

Complete the following sentences with the correct forms of the present tense of the verbs in parentheses.

1. Il temporale _____ il raccolto. (danneggiare)

2. La donna _____ a voce alta in biblioteca. (parlare)

3. Noi _____ l'arrivo dei nostri parenti. (aspettare)

4. Susanna _____ la sua nuova casa. (arredare)

5. Il professore è molto pedante e _____ tutta la classe. (annoiare)

6. Lo scoiattolo _____ le noccioline sotto terra. (conservare)

7. Gli autisti dei camion _____ per molte ore. (guidare)

8. Mio padre _____ il documento davanti all'avvocato. (firmare)

9. Le ragazze _____ andare fuori di sera con i loro amici. (desiderare)

10. Lucia _____ sempre quando parla. (gridare)

Esercizio 9.4

Answer the questions in the sentences below as shown in the example.

EXAMPLE: IL MIO AMICO PARLA CON MOLTE PERSONE. E VOI? SÌ, ANCHE NOI
                 PARLIAMO CON MOLTE PERSONE.

1. Noi compriamo una casa, firmiamo molti documenti. E voi?

   _____

2. I vicini cenano sulla veranda. E voi?

   _____

3. Il gatto rovescia la ciotola del suo cibo. E il cane?

   _____

4. Loro giocano al tennis tutti i giorni. E voi?

   _____

5. Lui scia solo in Svizzera. E tu?

   _____

6. Lei boccia gli studenti che non studiano. E lui?

   _____

7. Erica passa gli esami con molta facilità. E tu?

   _____

8. In Italia la gente parcheggia sul marciapiede. E qui?

   _____

9. Isabella allaccia le scarpe del suo amico. E lei?

   _____

10. Carlo impara a leggere l'orologio. E tu?

    _____

 Esercizio 9.5

Translate the following sentences using the present tense of the verb suggested in parentheses.

1. They travel a lot with their friends.

   _____

2. The grandmother hugs all the grandchildren when she comes to visit. (*to hug*)

_____

3. We rent a car every time we go to Italy.

_____

4. The dogs walk next to the owner.

_____

5. The police stops the thief who robbed the bank.

_____

6. I listen to the music on the way to work, but you listen to the news. (*listen, listeni*)

_____

7. I buy the fruit and the vegetables at the open market.

_____

8. The doctor needs to communicate with the parents of the small child.

_____

9. Nancy's husband drives a very old car because he wants to save money.

_____

10. The dressmaker takes the measurements to make the suit for the groom.

_____

Language Note:

The verb **giocare**, *to play*, is used when the *meaning* is *to play a game, play with toys*, and so on, while **suonare**, which also means *to play*, is used when playing a musical instrument:

Oggi **gioco** a tennis.	*Today I'll play tennis.*
Oggi **suono** il violino.	*Today I'll play the violin.*

Second Conjugation, –*ere* Verbs

Second conjugation or –**ere** verbs follow the patterns of **vedere** *to see*.

vedere

ved**o**	ved**iamo**
ved**i**	ved**ete**
ved**e**	ved**ono**

The stress pattern for **-ere** verbs is the same as the **-are** verbs. The three singular person forms and the third person plural forms are stressed on the stem: **v**ed**o, v**ed**i, v**ed**e, v**ed**ono**. The first person plural (**noi**) forms, and the second person plural forms (**voi**), are stressed on the endings: **ved**iamo, **ved**ete**.

Following is a list of commonly used second conjugation verbs:

accendere	to turn on, light	**prendere**	to take
assumere	to hire, assume	**pretendere**	to demand, claim
ammettere	to admit	**promettere**	to promise
apprendere	to learn	**rendere**	to give something back
attendere	to attend, wait for	**resistere**	to resist
chiedere	to ask	**riassumere**	to summarize
chiudere	to close	**ricevere**	to receive
combattere	to fight	**ridere**	to laugh
comprendere	to understand, include	**ripetere**	to repeat
concludere	to finish, conclude	**risolvere**	to solve
confondere	to confuse	**rispondere**	to answer
credere	to believe	**rompere**	to break
descrivere	to describe	**scendere**	to go down (stairs)
difendere	to defend	**scommettere**	to bet
discutere	to discuss	**scrivere**	to write
dividere	to divide	**smettere**	to stop
esistere	to exist	**sopravvivere**	to survive
esprimere	to express	**sorridere**	to smile
includere	to include	**spegnere**	to turn off, put out
iscrivere	to register, enroll	**spendere**	to spend
mettere	to put	**spremere**	to squeeze
muovere	to move	**stendere**	to spread out
nascondere	to hide	**temere**	to fear
offendere	to offend	**uccidere**	to kill
perdere	to lose	**vendere**	to sell
permettere	to allow, permit	**vivere**	to live

Second Conjugation Verbs Ending in *–cere* and *–gere*

Verbs in the **–ere** conjugation, whose stems end in **–c** or **–g**, have sound changes in the first person singular forms, and in the third person plural forms.

convincere *to convince*		**piangere** *to cry*	
convinco *(k sound)*	convinciamo *(ch sound)*	piango *(g sound)*	piangiamo *(j sound)*
convinci *(ch sound)*	convincete *(ch sound)*	piangi *(j sound)*	piangete *(j sound)*
convince *(ch sound)*	convincono *(k sound)*	piange *(j sound)*	piangono *(g sound)*

Other irregular **–ere** verbs ending in **–cere** have spelling changes in the stem of the present tense forms:

piacere *to like*	**tacere** *to keep quiet*
piaccio	**taccio**
piaci	**taci**
piace	**tace**
piacciamo (piaciamo)	**tacciamo (taciamo)**
piacete	**tacete**
piacciono	**tacciono**

Compiacere (*to please*), **dispiacere** (*to displease*), and **giacere** (*to lie down*) follow the same pattern as **piacere** and **tacere**.

The pattern is the same when the verb stem ends in **–gg**, as in **leggere** *to read* and **friggere** *to fry*.

leggo *(g sound)*	leggiamo *(j sound)*
leggi *(j sound)*	leggete *(j sound)*
legge *(j sound)*	leggono *(g sound)*

Second Conjugation Verbs Ending in *–gliere* and *–gnere*

cogliere *to gather, pick*		**spegnere** *to turn off, put out*	
colgo *(g sound)*	cogliamo *(lly sound)*	spengo *(g sound)*	spegniamo *(ny sound)*
cogli *(lly sound)*	cogliete *(lly sound)*	spegni *(ny sound)*	spegnete *(ny sound)*
coglie *(lly sound)*	colgono *(g sound)*	spegne *(ny sound)*	spengono *(g sound)*

Except for the verbs ending in **–cere**, **–gere**, **–gliere**, and **–gnere**, all second conjugation verbs have regular written forms.

Verbs in *–cere*, *–gere*, *–gliere*, and *–gnere*

Following are some of the most commonly used second conjugation verbs
ending in **–cere**, **–gere**, **–gliere**, and **–gnere**:

accogliere	*to receive*	**leggere**	*to read*
aggiungere	*to add*	**piangere**	*to cry*
avvolgere	*to wrap*	**proteggere**	*to protect*
convincere	*to convince*	**pungere**	*to sting*
correggere	*to correct*	**raccogliere**	*to gather, pick up*
crescere	*to grow*	**raggiungere**	*to reach*
dipingere	*to paint*	**rivolgere**	*to address, turn*
dirigere	*to direct, manage*	**scegliere**	*to choose*
distruggere	*to destroy*	**spargere**	*to spread*
eleggere	*to elect*	**spegnere**	*to turn off, put out*
emergere	*to emerge*	**spingere**	*to push*
esigere	*to demand*	**sporgere**	*to lean out*
fingere	*to pretend*	**stringere**	*to grip, tighten*
giungere	*to arrive*	**togliere**	*to remove*
volgere	*to turn toward*		

 ## Esercizio 9.6

Complete the sentences with the correct forms of the verbs suggested in parentheses.

1. Le bombe _____ le case. (distruggere)

2. Le piante non _____ senza sole. (crescere)

3. Io _____ che le ragazze puliscano la loro camera. (esigere)

4. Ho paura delle vespe, perchè se mi _____ devo andare in
   ospedale. (pungere)

5. Tu non _____, ma tuo padre _____ molto
   bene. (dipingere)

6. L'insegnante _____ i compiti degli alunni tutte le settimane.
   (correggere)

7. La madre _____ il suo bambino e lo _____ al
   petto. (proteggere, stringere)

8. I fiori _____ dalla neve. (emergere)

9. Noi _____ un piatto a tavola per i nostri aamici. (aggiungere)

10. Il dentista mi _____ due denti del giudizio. (togliere)

Esercizio 9.7

Choose the right verb and complete the sentences with the verb in the required form of the present tense of the verb in parentheses.

1. Luigi _____ le luci prima di andare a dormire. (spegnere, accendere)

2. Maria e Luisa _____ la cima della montagna in poche ore di cammino. (raggiungere, esigere)

3. Gli studenti _____ il problema di matematica. (esigere, risolvere)

4. Il bambino _____ di dormire quando la mamma entra in camera. (esigere, fingere)

5. I ragazzi _____ i graffiti su tutti i muri della città. (scegliere, dipingere)

6. Non lo _____ di andare al cinema con loro. (giungere, convincere)

7. I loro amici li _____ con grande entusismo. (accogliere, proteggere)

8. Non _____ le scarpe quando entrano in casa. (togliere, crescere)

9. Fra due anni gli americani _____ un nuovo presidente. (scegliere, eleggere)

10. I genitori moderni non _____ troppo dai figli. (esigere)

Modal Verbs

Potere (*to be able to, can*), **Volere** (*to want*), **Dovere** (*to have to, must*)

Modal verbs are helping verbs, so called because they help the infinitive that usually follows, to give them a sense of possibility, will, and necessity or obligation.

INFINITIVE	PRESENT	INFINITIVE	PRESENT	INFINITIVE	PRESENT
potere	posso	**dovere**	devo	**volere**	voglio
	puoi		devi		vuoi
	può		deve		vuole
	possiamo		dobbiamo		vogliamo
	potete		dovete		volete
	possono		devono		vogliono

Potere, *to be able*, *can*, *may*, expresses an idea of possibility, and it can be used by itself or followed by an infinitive. Very often, **potere** is used to ask questions:

Puoi venire ad aiutarmi a spostare il tavolo?	*Could you come to help me move the table?*
No, non posso.	*No, I cannot. (impossibility)*

Potere can be used to ask for something in a kind way:

Posso avere un bicchiere d'acqua per favore?	*Can I have a glass of water?*

Potere is used to ask for permission to do something:

Posso usare la tua giacca questa sera?	*May I use your jacket tonight?*

Volere *to want*, can be used by itself or followed by an infinitive:

Voglio un caffè.	*I want a cup of coffee.*

Volere followed by an infinitive expresses a wish:

Voglio vivere in cima a una montagna!	*I want to live on top of a mountain!*

Volere can be used in **negative sentences**:

Non vogliono dire niente.	*They do not want to say anything.*

Volere can be used to ask questions:

Volete bere un bicchiere di vino?	*Do you want a glass of wine?*

Let's take a look at the difference between **potere** and **volere**:

Vuoi venire al cinema con me oggi?	*Do you want to go to the movies with me today?*
Puoi venire al cinema con me oggi?	*Can you go to the movies with me today?*

In the first question, there is the willingness to go. In the second question, there is the possibility to go to the movies.

Dovere can be used by itself or followed by an infinitive:

Ti devo dei soldi.	*I owe you some money.*
Mi devi restituire dei soldi.	*You have to return me some money.*

Dovere can be followed by an infinitive, expressing necessity:

Devo fare la spesa al supermercato.	*I have to go grocery shopping at the supermarket.*

Dovere can express an obligation:

Dobbiamo rispettare le leggi.   *We have to respect the law.*

Dovere can be used to give suggestions:

Se vuoi dimagrire, devi fare più movimento.   *If you want to lose weight, you*
                                                 have to move more.

Sapere also is a modal when it is followed by an infinitive, and it means **to be able to, to know how to do something.**

INFINITIVE	PRESENT
sapere	so
	sai
	sa
	sappiamo
	sapete
	sanno

Sapere used by itself means **to know something**:

Sapete che ore sono?   *Do you know what time it is?*

Sapere followed by an infinitive means **to be able to**:

Annamaria sa cucinare molto bene.   *Annamaria knows how to cook*
                                                 very well.

Io non so nuotare.   *I don't know how to swim.*

Esercizio 9.8

Choose the correct verb to complete the sentences below.

1. Mi dispiace, ma non _____ rimanere questa sera. (io-dovere, potere)

2. Stasera _____ tornare a casa presto. (tu-potere, dovere)

3. Voi _____ bere una birra o un bicchiere di vino? (volere, dovere)

4. Se tu _____ passare l'esame, devi studiare di più. (volere, potere)

5. Stasera io non _____ uscire, perchè io _____ lavorare. (dovere, potere, volere, dovere)

6. Se Maria è malata, _____ andare dal dottore. (volere, dovere)

7. Noi _____ fare presto, siamo in ritardo. (volere, dovere)

8. In questa classe, tu non _____ fumare. (potere, volere)

9. Ho freddo, voi _____ chiudere la finestra? (potere, volere)

10. Tu _____ parlare bene il francese? (volere, sapere)

Language Note:

Italian has two verbs that mean *to know*. **Sapere** is used to express **knowing how to do something: So sciare** (*I know how to ski*). **Sapere** is also used before all clauses. **Conoscere** means *to be familiar with*. It is used with a direct object:

Sai dove ho messo le chiavi?	*Do you know where I put the keys?*
Sapete se avete passato l'esame?	*Do you know if you passed the exam?*
Conosci quella bella ragazza?	*Do you know that beautiful girl?*

Expressions with **sapere**:

sapere il fatto proprio	*to know who is what*
saperla lunga	*to know a lot about something*
saperci fare	*to be good at something*
sapere ascoltare	*to be a good listener*
Buono a sapersi!	*That is good to know!*
Senza saperlo	*unknowingly*

Expressions with **conoscere**:

Conoscere mezzo mondo	*to know a lot of people*
Conoscersi di vista	*to know someone not very well*
Conoscere i propri polli	*to know someone very well*
Conoscere tempi difficili	*to go through a hard time*

Conjugation of –*ire* Verbs

The verbs ending with **–ire (third conjugation)** are divided into two groups: the ones that insert **–isc** between the stem and the ending in the first three singular persons, and the third person plural forms and the ones that do not. For this purpose, we will classify them into two groups. The first group does not insert **–isc**, and the second group does.

-ire Verbs Group I

partire *to leave, depart*

part**o**	part**iamo**
part**i**	part**ite**
part**e**	part**ono**

Note: These verbs conjugate exactly as the **–ere** verbs in the present tense, except for the **voi** forms that end in **–ite**, not **–ete**. Following is a list of the most commonly used **–ire** verbs in Group I (without **–isc**):

aprire	*to open*	**inseguire**	*to chase*
avvertire	*to notify, warn*	**investire**	*to run over, hit, invest*
bollire	*to boil*	**partire**	*to depart, leave*
coprire	*to cover*	**riempire**	*to fill*
convertire	*to convert*	**scoprire**	*to discover, uncover*
cucire	*to sew*	**seguire**	*to follow*
divertire	*to have fun*	**sentire**	*to hear, listen, feel*
dormire	*to sleep*	**soffrire**	*to suffer*
fuggire	*to flee*	**vestire**	*to dress*

Esercizio 9.9

Complete the following sentences with the verbs in parentheses in the required forms of the present tense.

1. In inverno, non _____ la finestra perchè fa freddo.
   (*noi-aprire*)

2. La cuoca dice: ": "Quando l'acqua _____, buttate giù la pasta".." (*lei-bollire*)

3. Il soldato ferito _____ il dottore delle sue ferite.
   (lui-*avvertire*)

4. Quando lo scoiattolo vede il gatto, _____ a grande velocità. (*fuggire*)

5. Il poliziotto _____ il ladro. (*inseguire*)

6. Quando non ho molto da fare, _____ le notizie alla TV.
   (io-*seguire*)

7. Gli esploratori _____ sempre qualche posto nuovo. (*scoprire*)

8. Maria _____ le piante per proteggerle dal gelo. (*coprire*)

9. Il mio amico _____ quando il suo cane è ammalato. (*soffrire*)

10. In estate, molti _____ nel primo pomeriggio perchè fa troppo caldo. (*dormire*)

Group II Verbs in –*isc*

Following are some of the most commonly used –**ire** verbs in Group II (with –**isc**):

abolire	to abolish	**impallidire**	to turn pale
aderire	to adhere	**impartire**	to give
agire	to act	**impazzire**	to go crazy
approfondire	to deepen	**impedire**	to obstruct
arrossire	to blush	**ingelosire**	to become jealous
arrugginire	to rust	**inghiottire**	to swallow
capire	to understand	**intimidire**	to intimidate
colpire	to hit, strike	**istruire**	to instruct
condire	to season	**nutrire**	to feed, nourish
contribuire	to contribute	**obbedire**	to obey
costruire	to build	**preferire**	to prefer
digerire	to digest	**proibire**	to forbid
dimagrire	to lose weight	**pulire**	to clean
diminuire	to diminish	**punire**	to punish
distribuire	to distribute	**reagire**	to react
disubbidire	to disobey	**restituire**	to give back
esaurire	to exhaust	**riunire**	to gather, meet
fallire	to fail	**sbalordire**	to astonish
favorire	to favor	**spedire**	to send, mail, ship
ferire	to wound	**stabilire**	to establish, set
fiorire	to bloom	**starnutire**	to sneeze
fornire	to supply	**stupire**	to amaze
garantire	to guarantee	**suggerire**	to suggest
gestire	to manage	**tossire**	to cough
gradire	to like	**tradire**	to betray
guarire	to heal	**trasferire**	to transfer

Esercizio 9.10

Complete the following sentences using the **–isc** *verbs suggested in parentheses.*

1. Il cane non _____ e scappa nel giardino del vicino. (obbedire)

2. Io _____ l'insalata con l'olio e l'aceto. (condire)

3. Mio padre mi _____ di stare fuori fino a tardi alla sera. (proibire)

4. Lisa _____ perchè fa molta ginnastica. (dimagrire)

5. In primavera gli alberi da frutta _____ (fiorire) e sono molto belli.

6. Il vecchio signore non mangia molto perchè non _____ bene. (digerire)

7. Se sto troppo al sole la mia pelle _____. (arrossire)

8. Il meccanico _____ di aver riparato la mia macchina. (garantire)

9. Alla mattina quando faccio colazione, _____ una tazza di caffè caldo. (gradire)

10. Tutti gli anni _____ i regali natalizi ai nostri parenti. (spedire)

Uses of the Present Tense

The Italian present tense can express future time, especially when there is an adverb or expression in the sentence that refers to future happenings. English often uses the present progressive in these instances:

Domani **partiamo** per le ferie con la famiglia.	*Tomorrow we'll leave for vacation with the family.*

The Italian present tense can express an action that started in the past but continues in the present. English uses *have been doing*, *going*, *working*, and so on, for this meaning. The time expression in Italian is preceded by **da**:

Da quanto tempo lavori in questa Ditta?	*How long have you been working for this company?*
Ci lavoro **da** tre anni.	*I have been working there for three years.*
Da quanti anni vivi in Italia?	*How long have you been living in Italy?*
Ci vivo **da** quindici anni.	*I have been living there for 15 years.*

Esercizio 9.11

*Complete the following sentences with the time expression **da** and the verbs suggested in parentheses.*

1. Io lavoro in questa Ditta _____ tre mesi, ma domani _____ lavoro. (cambiare)

2. Mi piace conoscere lingue straniere. Studio l'italiano _____ tre anni e il francese _____ due mesi.

3. Non vedo la mia amica _____ cinque anni, ma in ottobre _____ a visitarla. (andare)

4. Scrivo questo libro _____ sei mesi e _____ di finirlo per la fine dell'anno. (sperare)

5. Lui gioca al tennis _____ molti anni.

6. Sua moglie non _____ più _____ tanto tempo. (giocare)

7. Lei _____ a scuola tutti i giorni _____ qualche anno. (venire)

8. Non _____ mia figlia _____ due anni. (io-vedere)

9. La mia nipotina _____ a scuola _____ due anni. (andare)

10. Il padre di nostra nipote _____ ammalato _____ molti anni. (essere)

Reading Comprehension

Un piccolo albergo in montagna a gestione famigliare

Abbiamo degli amici che gestiscono un albergo in montagna. Un posto non molto grande e dove il cibo è di grande qualità e dove vanno specialmente le persone che desiderano trascorrere alcuni giorni tranquilli, lontani dal caos delle grandi città. Ci sono camere singole o doppie con una vista meravigliosa delle montagne e delle valli circostanti. Gli ospiti che ci soggiornano possono scegliere e pagare per mezza pensione: colazione e pranzo o pensione intera: tutti e tre i pasti.

Il cibo è preparato dai proprietari e dai loro aiutanti con la massima cura e attenzione ai dettagli e alla qualità. L'albergo è circondato da magnifici boschi. Ci sono sentieri dove i villeggianti possono fare lunghe e facili passeggiate respirando l'aria pura di montagna e ammirare le bellezze naturali che li circondano.

Quando sono stanchi, possono fermarsi nei vari rifugi aperti ai camminatori, agli sciatori e a coloro che vogliono scalare le montagne e necessitano di luoghi dove ristorarsi. Spesso offrono riparo dalle improvvise intemperie della natura molto comuni in montagna. La sera, ritornati in albergo, gli ospiti possono rilassarsi nella piscina riscaldata o nella sauna. Dopo aver mangiato le leccornie preparate con molta cura per loro, possono sedersi ai vari tavoli da gioco e trascorrere qualche ora socializzando con gli altri ospiti.

Nomi

la bellezza	*beauty*	**il pasto**	*meal*
il bosco	*woods*	**la pensione intera**	*full board*
il cibo	*food*	**il rifugio**	*shelter*
la gestione	*management*	**il sentiero**	*path*
l'intemperia	*bad weather*	**la tranquillità**	*calm*
la leccornia	*delicacy*	**il villeggiante**	*vacationer*
la mezza pensione	*half board*	**la vista**	*view*
l'ospite	*guest*		

Aggettivi

facile	*easy*	**intimo**	*intimate*
improvviso	*sudden*	**riscaldata**	*heated*

Verbi

circondare	*to surround*	**scalare**	*to climb*
gestire	*to manage*	**necessitare**	*to need*
trascorrere	*to spend*	**ristorarsi**	*to replenish one's energy*
soggiornare	*to stay, sojourn*		

Domande e Risposte

After you have read the selection, answer the following questions in Italian.

1. Perchè la gente va in un albergo in montagna?

_____

2. Chi prepara i pasti per gli ospiti?

_____

3. Che cosa possono fare i villeggianti durante il giorno?

_____

4. Dove si riparano quando sono stanchi?

_____

5. Vi piace andare in montagna?

_____

10

Essere and *Stare* in the Preterit and Imperfect Tenses

Preterit Tense

The preterit expresses actions completed in the past. The English translation is usually the simple past. Italian refers to the preterit as **passato remoto.** It is a simple past, meaning that it is formed by only one verb. (This is not like the **passato prossimo** that is formed by the auxiliary **to have** or **to be** and the **past participle** of the verb. We will see this tense in the next chapter.) The preterit in Italian is used mostly in literature or in the south of Italy. In the north, in conversation, the preference is given to the **passato prossimo.**
The preterit is usually preceded by the following expressions:

ieri	*yesterday*	un anno fa	*a year ago*
ieri sera	*last night*	un mese fa	*a month ago*
una settimana fa	*a week ago*	l'anno scorso	*last year*

Essere in the Preterit

essere *to be*

io **fui**	noi **fummo**
tu **fosti**	voi **foste**
lui, lei **fu**	loro **furono**

We have already seen that **essere** is used with relationships, personal traits, date and time, professions, nationalities, mood, physical status, colors, location, locations of events, and points of origin:

Carlo fu il nostro medico per tanti anni.	*Carlo was our doctor for many years.*
Ieri sera Giovanna fu allegra.	*Giovanna was happy last night.*

181

Loro furono al ristorante per tre ore.	They were at the restaurant for three hours.
Il ricevimento di nozze fu al club.	The wedding reception was at the club.
Di dove furono?	Where were they from?
Dopo la festa io fui molto stanca.	I was very tired after the party.

Stare in the Preterit

Below is the conjugation of **stare** in the preterit. Remember that **stare** is used with location, health, personal opinion and appearance, and some idiomatic expressions:

io **stetti**	noi **stemmo**
tu **stesti**	voi **steste**
lui, lei **stette**	loro **stettero**

Io stetti a casa tutto il giorno.	I stayed at home all day.
La giacca mi stette stretta.	The jacket was tight on me.
Lei non stette attenta.	She did not pay attention.
Il bambino non stette seduto.	The boy did not sit.
Il vestito le stette a pennello.	The dress fit her like a glove.

 ## Esercizio 10.1

*Complete the following sentences with the correct form of **essere** and **stare** in the preterit.*

1. Oggi lui _____ sano, ma qualche mese fa _____ male.
2. Mario _____ in America per tre mesi.
3. Perchè Giovanni non _____ a casa?
4. Maria e Lucia _____ in chiesa per delle ore.
5. Di dove _____ i suoi genitori?
6. I tuoi amici non _____ zitti.
7. La mia casa _____ distrutta dalle bombe durante la guerra.
8. Io e mio fratello _____ spaventati dalle bombe.
9. Noi _____ in un posto freddo e umido per tanti mesi.
10. Il concerto _____ fantastico.

The Imperfect Tense of *Essere* and *Stare*

The imperfect tense expresses an action in the past that is considered as incomplete. The imperfect is used to express the following:

- An action that expresses a narration
- An action that is repeated, habitual in the past
- Actions that continue or are in progress in the past
- Description in the past
- Telling time in the past
- Point of origin in the past

Essere in the Imperfect

essere *to be*

io **ero**	noi **eravamo**
tu **eri**	voi **eravate**
lui, lei **era**	loro **erano**

La nostra prima macchina era blu.	*Our first car was blue.*
La barca era molto bella.	*The boat was very beautiful.*
Ieri il mare era in burrasca.	*Yesterday, the sea was rough.*
I nostri vicini erano sempre molto gentili con noi.	*Our neighbors were always very kind with us.*

- **Point of origin in the past:**

La sua famiglia era di Bologna.	*His family was from Bologna.*
Tutte le macchine da corsa erano italiane.	*All the racing cars were from Italy.*
Di dove era tuo nonno?	*Where was your grandfather from?*
Era di Zurigo.	*He was from Zurich.*

- **Telling time in the past:**

Che ora era?	*What time was it?*
Erano le tre di pomeriggio	*It was three o'clock in the afternoon.*
Erano le dieci di sera e Isabella non era ancora a letto.	*It was ten o'clock at night, and Isabella was not in bed yet.*

- **Possession:**

Era la coperta della bambina.	*It was the little girl's blanket.*
Erano le fotografie del matrimonio.	*They were the wedding pictures.*
Erano i cani della mia amica.	*They were my friend's dogs.*
Il cane cha abbaiava era della nostra vicina.	*The dog that was barking was our neighbor's.*

Stare in the Imperfect

stare *to stay, to be*

io **stavo**	noi **stavamo**
tu **stavi**	voi **stavate**
lui **stava**	loro **stavano**
lei **stava**	loro **stavano**
Lei **stava**	Loro **stavano**

- **Location:**

Mia mamma stava sempre a casa.	*My mother stayed at home all the time.*
I cigni stavano nel lago anche con il freddo.	*The swans stayed in the lake even when it was cold.*
Stavo a letto perchè avevo il a raffreddore.	*I was staying in bed because I had cold.*

- **Health:**

Come stava ieri tuo nonno?	*How was your grandfather yesterday?*
Stava molto male.	*He was very ill.*

- **Expressions:**

Lei stava seduta tutto il giorno.	*She was sitting all day long.*
La donna non stava mai zitta.	*The lady was never quiet.*

 ## Esercizio 10.2

Review **essere** *and* **stare** *in the imperfect, then complete the following sentences changing the verb from the present tense to the imperfect.*

EXAMPLE: MIO PADRE È DI BOLOGNA. *MIO PADRE ERA DI BOLOGNA.*

1. Che ore sono? _____

2. Dove sono le tue amiche? _____

3. Dove stai in Italia? _____

4. Loro stanno tutti bene. _____

5. Mio marito è stanco e non sta molto bene. _____

6. La vita durante la guerra è difficile. _____

7. La zia Tina è molto vecchia. _____

8. Le bambine sono molto attive. _____

9. I bambini non stanno mai fermi. _____

10. Io sono felice quando sto in giardino al sole. _____

Esercizio 10.3

*Complete the following sentences with the correct form of **essere** and **stare** in the preterit or the imperfect depending on the meaning of the sentence.*

EXAMPLE: MANZONI *FU* UNO SCRITTORE FAMOSO.

1. L'estate scorsa _____ molto caldo.

2. Noi _____ in casa tutto l'inverno perchè _____ molto freddo.

3. Ci _____ molti studenti davanti alla scuola.

4. In questo parco ci _____ molti alberi.

5. Voi _____ in un albergo molto bello in centro.

6. Marcello _____ il direttore per sei anni.

7. Che giorno _____ quando siete arrivati?

8. _____ lunedì.

9. Lucia _____ al lavoro fino a tardi.

10. Il concerto _____ molto bello.

Esercizio 10.4

*Complete the following sentences with the correct form of **essere**.*

1. Lei compra la frutta al mercato perchè _____ molto economica.

2. Si è alzato tardi e adesso _____ di cattivo umore.

3. Devono andare a comprare una macchina, ma non _____ d'accordo sul prezzo.

4. Quando la zia _____ in viaggio, nessuno sa dov'_____ e quando ritorna.

5. La vita _____ corta e bisogna massimizzare ogni giorno.

6. Le autostrade italiane _____ molto affollate perchè ci _____ troppe macchine.

7. Eric _____ un allenatore e un giocatore di tennis.

8. I pettirossi _____ gli ambasciatori della primavera che sta per arrivare.

9. Se (voi) _____ scontenti della vostra vita, cambiate direzione.

10. Se la sfilata di moda _____ bella e i vestiti non _____ cari, potremo acquistarne qualcuno.

Reading Comprehension

**I bambini italiani**

Una cosa è certa, agli italiani piacciono molto i bambini. Questo può sembrare strano, dato che le famiglie italiane oggi hanno pochi figli e alcune coppie scelgono di non averne affatto. Sembrano più interessate alla carriera che a mettere al mondo dei bambini. Un tempo, le donne non vedevano l'ora di sposarsi, di avere dei figli, di crescerli e dare loro tutte le attenzioni. Oggi, molte donne vogliono lavorare, farsi una carriera, viaggiare e avere bambini intralcerebbe questi piani.

Quando ci sono bambini in famiglia, spesso vengono accuditi dalle nonne che, pur in età avanzata, si dedicano ai piccoli fino all'età scolastica. Se non ci sono le nonne vengono accuditi dalle babysitter oppure vengono messi in asili per l'infanzia dove del personale esperto presta tutte le attenzioni che dovrebbero dare i genitori.

I bambini italiani sono un po' i padroni della vita famigliare e molti fanno tutto quello che vogliono. Se vogliono un giocattolo, genitori e nonni non glielo negano. Se non vogliono mangiare quello che gli viene dato, si prepara qualche altra cosa. Se non vogliono andare a letto alla sera, stanno alzati fino a tardi. In questo modo i genitori stessi non possono andare a dormire anche se sono stanchi morti.

I bambini non vengono mai esclusi dalle feste e dai raduni di famiglia o di amici. Di solito sono il centro dell'attenzione e la loro allegria rende le feste più belle. Alcuni ritengono i bambini italiani, i peggiori d'Europa per la loro indisciplinatezza e i loro capricci. Io non credo che la cosa sia così seria, ma è vero che quello che i bambini italiani vogliono in generale lo ottengono.

Nomi

l'allegria	*cheerfulness*	**la coppia**	*couple*
l'asilo	*crèche, nursery*	**l'indisciplinatezza**	*lack of discipline*
il capriccio	*tantrum*	**il personale**	*personnel*
la carriera	*career*	**il raduno**	*gathering*

Aggettivi

peggiore	*worst*

Verbi

accudire	*to attend, take care*
intralciare	*to hamper, to hinder*
prestare	*to give*

Espressioni

mettere al mondo	*to give birth*
prestare le attenzioni	*give attention*
stanco morto	*dead tired*

Domande e Risposte

After reading the selection, answer the questions in complete sentences in Italian.

1. Le famiglie italiane hanno molti figli? E perchè no?

   _____

   _____

   _____

2. Chi accudisce ai bambini mentre i genitori sono al lavoro?

   _____

   _____

   _____

3. Che cosa si dice dei bambini italiani?

   _____

   _____

   _____

11

Regular Verbs in the Preterit

As mentioned before, the preterit is a single tense expressed by a single verb: **parlai** (*I spoke*), **cantai** (*I sang*), and so on. It is used most in narrative writing to describe events that occurred in the past. It is also referred to as *historical past*.

Formation of the Preterit

The preterit of regular verbs is formed by dropping the infinitive endings **–are**, **–ere**, **–ire** and adding to the stem the specific endings for the preterit.

Regular *–are* Verbs in the Preterit

In order to conjugate a regular **–are** verb in the preterit, drop the ending from the infinitive and add **–ai**, **–asti**, **–ò**, **–ammo**, **–aste**, **–arono**.

All **–are** verbs are regular in the preterit except **dare**, **fare**, and **stare** (**stare** has already been covered).

All forms of the preterit are stressed in the thematic vowel (**cantai**, **cantasti**, **cantò**, **cantammo**, **cantaste**, **cantarono**) appearing before the person ending. The third person singular forms are stressed on the last syllable and have a written accent that needs to be pronounced.

AIUTARE TO HELP		*CANTARE* TO SING	
io aiutai	noi aiutammo	io cantai	noi cantammo
tu aiutasti	voi aiutaste	tu cantasti	voi cantaste
lui, lei aiutò	loro aiutarono	lui, lei cantò	loro cantarono

LAVORARE TO WORK		*VIAGGIARE* TO TRAVEL	
io lavorai	noi lavorammo	io viaggiai	noi viaggiammo
tu lavorasti	voi lavoraste	tu viaggiasti	voi viaggiaste
lui, lei lavorò	loro lavorarono	lui, lei viaggiò	loro viaggiarono

Irregular *-are* Verbs in the Preterit

The following verbs have irregular stems in the preterit. There is no pattern for them. It is best to learn them by memory. The endings for the irregular verbs in the preterit are the same as the ones for the regular verbs only in the **tu, noi,** and **voi** forms. The following verbs are irregular in the **io, lui lei,** and **loro** forms.

DARE TO GIVE		*FARE* TO DO, MAKE	
io diedi	noi demmo	io feci	noi facemmo
tu desti	voi deste	tu facesti	voi faceste
lui/lei diede	loro diedero	lui/lei fcce	loro fecero

STARE TO STAY, TO BE	
io stetti	noi stemmo
tu stesti	voi steste
lui/lei stette	loro stettero

 Esercizio 11.1

Complete the following sentences with the correct form of the preterit.

1. Giovanni _____ la signora a portare la spesa in casa. (aiutare)

2. Loro _____ per dodici ore per rifinire il giardino. (lavorare)

3. Olga _____ in Cina e in altri paesi e _____ via per tre settimane. (andare, stare)

4. Io _____ di dare le mie chiavi di casa a Maria quando _____ in Italia. (dimenticare, andare)

5. Loro _____ molte fotografie durante il loro soggiorno in Europa. (fare)

6. Tu e tuo marito _____ in vacanza per molte settimane. (stare)

7. Noi _____ con troppe valigie e _____ molte mancie ai facchini. (viaggiare, dare)

8. Cristina e Marco _____ una macchina grande, ma non ci _____ tutte le valige. (noleggiare, stare)

9. La famiglia _____ al Grand Canyon in vacanza, ma _____ molto freddo. (andare, fare)

10. La mamma di Silvia mi _____ una bellissima orchidea e io _____ molto attenta ad annaffiarla tutte le settimane. (dare, stare)

Regular –*ere* Verbs in the Preterit

In order to conjugate regular **–ere** verbs in the preterit, drop the infinitive **–ere** ending and add the endings for the preterit: **–ei**, **–esti**, **–è**, **–emmo**, **–este**, **–erono**.

Some **–ere** verbs such as **credere**, **ricevere**, and **vendere** have an alternate way to conjugate the preterit in the first, third person singular, and the third person plural. The forms are used interchangeably.

CREDERE TO BELIEVE		*RICEVERE* TO RECEIVE	
io credei (credetti)	noi credemmo	io ricevei (ricevetti)	noi ricevemmo
credesti	voi credeste	tu ricevesti	voi riceveste
lui, lei credè (credette)	loro crederono (credettero)	lui, lei ricevè (ricevette)	loro riceverono (ricevettero)

RIPETERE TO REPEAT		*VENDERE* TO SELL	
io ripetei	noi ripetemmo	io vendei (vendetti)	noi vendemmo
tu ripetesti	voi ripeteste	tu vendesti	voi vendeste
lui, lei ripetè	loro ripeterono	lui, lei vendè (vendette)	loro venderono (loro vendettero)

 ## Esercizio 11.2

Complete the following sentences with the correct form of the preterit using the verb in parentheses.

1. Noi _____ una multa, perchè non _____ il limite di velocità. (ricevere, rispettare)

2. Carla _____ molte volte la lezione, ma non la _____. (ripetere, imparare)

3. Lei non _____ che doveva rinnovare il passaporto e al confine la _____ indietro. (credere, rimandare)

4. Noi _____ molti inviti per l'estate, ma non ne _____ nessuno. (ricevere, accettare)

5. L'anno scorso mio fratello _____ la sua bella casa sulle colline toscane. (vendere)

6. Io _____ ai miei colleghi il mio indirizzo, ma loro non _____ la mia casa. (ripetere, trovare)

7. Voi _____ alle parole del concessionario e _____ una macchina troppo vecchia. (credere, comprare)

8. Maria non _____ il mio invito alla festa di anniversario e non _____ che glielo avessi mandato. (ricevere, credere)

Irregular –*ere* Verbs in the Preterit

Many –**ere** verbs are stressed on the stem instead of the thematic vowel in the first and the third singular person forms and in the third person plural forms. The ending vowels for the first person and the third person singular and the third person plural forms are not stressed. The verb stem changes in these forms but is regular in the second person singular, first person plural, and second person plural forms.

Note that the endings do not have an accent mark. To conjugate an irregular –**ere** verb in the preterit, add the endings –**i**, –**esti**, –**e**, –**emmo**, –**este**, –**ero** to the irregular stems.

CHIEDERE TO ASK		*LEGGERE* TO READ	
io chiesi	noi chiedemmo	io lessi	noi leggemmo
tu chiedesti	voi chiedeste	tu leggesti	voi leggeste
lui, lei chiese	loro chiesero	lui lesse	loro lessero

Following is a list of some frequently used irregular –**ere** verbs in the preterit.

INFINITIVE	*FIRST PERSON SINGULAR*	*THIRD PERSON SINGULAR*	*THIRD PERSON PLURAL*
accendere *to turn on, light*	accesi	accese	accesero
chiudere *to close*	chiusi	chiuse	chiusero
correre *to run*	corsi	corse	corsero
discutere *to discuss*	discussi	discusse	discussero
esprimere *to express*	espressi	espresse	espressero

mettere *to put*	misi	mise	misero
mordere *to bite*	morsi	morse	morsero
muovere *to move*	mossi	mosse	mossero
piangere *to cry*	piansi	pianse	piansero
porgere *to give, present*	porsi	porse	porsero
prendere *to take*	presi	prese	presero
rimanere *to stay, remain*	rimasi	rimase	rimasero
rispondere *to answer*	risposi	rispose	risposero
scegliere *to choose*	scelsi	scelse	scelsero
scrivere *to write*	scrissi	scrisse	scrissero
spegnere *to turn off*	spensi	spense	spensero
vincere *to win*	vinsi	vinse	vinsero
vivere *to live*	vissi	visse	vissero

–ere Verbs with a Double Consonant Other than –ss-

avere *to have*	ebbi	ebbe	ebbero
bere *to drink*	bevvi (bevetti)	bevve (bevette)	bevvero (bevettero)
cadere *to fall*	caddi	cadde	caddero
conoscere *to know*	conobbi	conobbe	conobbero
dovere *must, to have to*	dovetti	dovette	dovettero
nascere *to be born*	nacqui	nacque	nacquero
piacere *to like*	piacqui	piacque	piacquero
rompere *to break*	ruppi	ruppe	ruppero
sapere *to know*	seppi	seppe	seppero
tenere *to keep*	tenni	tenne	tennero
volere *to want*	volli	volle	vollero

Vedere has its own pattern:

| **vedere** *to see* | vidi | vide | videro |

Esercizio 11.3

Complete the following sentences with the correct form of the preterit.

1. Io _____ (nascere) appena finita la guerra.

2. Lui _____ (bere) troppo vino alla festa.

3. Tu _____ (chiamare) ma non _____ (rispondere) nessuno.

4. Lei _____ (venire) in Italia con noi, ma ci _____ (stare) poco tempo.

5. Noi _____ (rompere) molti bicchieri di cristallo durante la festa.

6. Voi _____ (piangere) tanto quando _____ (vedere) il film "La vita è bella" di Benigni.

7. Loro _____ (rimanere) in Italia per quattro mesi.

8. Giovanni _____ (accendere) il ventilatore e _____ (spegnere) l'aria condizionata.

9. Noi non _____ (vedere) la partita di calcio domenica scorsa.

10. Tu non _____ (rispondere) al telefono.

Regular –*ire* Verbs in the Preterit

In order to conjugate regular **–ire** verbs in the preterit, drop **–ire** from the infinitive, and add to the stem the endings for the preterit: **–ii, –isti, –ì, –immo, –iste, –irono.**

CAPIRE TO UNDERSTAND		*FINIRE* TO FINISH	
io capii	noi capimmo	io finii	noi finimmo
tu capisti	voi capiste	tu finisti	voi finiste
lui, lei capì	loro capirono	lui, lei finì	loro finirono

OBBEDIRE TO OBEY		*PROIBIRE* TO PROHIBIT, FORBID	
io obbedii	noi obbedimmo	io proibii	noi proibimmo
tu obbedisti	voi obbediste	tu proibisti	voi proibiste
lui, lei obbedì	loro obbedirono	lui, lei proibì	loro proibirono

Key Vocabulary

Expressions Often Used with the Preterit

all'improvviso	*suddenly*	l'anno scorso	*last year*
due mesi fa	*two months ago*	l'inverno scorso	*last winter*
ieri	*yesterday*	l'estate scorsa	*last summer*
ieri mattina	*yesterday morning*	la settimana scorsa	*last week*
una settimana fa	*a week ago*	molto tempo fa	*long time ago*
il secolo scorso	*last century*	molti anni fa	*many years ago*
il mese scorso	*last month*	poco fa	*a little while ago*

Irregular *–ire* Verbs in the Preterit

Following are the most common irregular **–ere** verbs in the preterit.

ACCENDERE TO LIGHT, TURN ON		*AVERE* TO HAVE	
io accesi	noi accendemmo	io ebbi	noi avemmo
tu accendesti	voi accendeste	tu avesti	voi aveste
lui/lei accese	loro accesero	lui/lei ebbe	loro ebbero

BERE TO DRINK		*CADERE* TO FALL	
io bevvi (bevetti)	noi bevemmo	io caddi	noi cademmo
tu bevesti	voi beveste	tu cadesti	voi cadeste
lui/lei bevve (bevette)	loro bevvero (bevettero)	lui/lei cadde	loro caddero

CHIEDERE TO ASK		*CHIUDERE* TO CLOSE	
io chiesi	noi chiedemmo	io chiusi	noi chiudemmo
tu chiedesti	voi chiedeste	tu chiudesti	voi chiudeste
lui/lei chiese	loro chiesero	lui/lei chiuse	loro chiusero

CONOSCERE TO KNOW		*DOVERE* MUST, OUGHT TO, HAVE TO	
io conobbi	noi conoscemmo	io dovei (dovetti)	noi dovemmo
tu conoscesti	voi conosceste	tu dovesti	voi doveste
lui/lei conobbe	loro conobbero	lui/lei dovè (dovette)	loro doverono (dovettero)

ESSERE TO BE		*LEGGERE* TO READ	
io fui	noi fummo	io lessi	noi leggemmo
tu fosti	voi foste	tu leggesti	voi leggeste
lui/lei fu	loro furono	lui/lei lesse	loro lessero

METTERE TO PUT		*NASCERE* TO BE BORN	
io misi	noi mettemmo	io nacqui	noi nascemmo
tu mettesti	voi metteste	tu nascesti	voi nasceste
lui/lei mise	loro misero	lui/lei nacque	loro nacquero

RIDERE TO LAUGH

io risi	noi ridemmo
tu ridesti	voi rideste
lui/lei rise	loro risero

RIMANERE TO REMAIN

io rimasi	noi rimanemmo
tu rimanesti	voi rimaneste
lui/lei rimase	loro rimasero

SAPERE TO KNOW

io seppi	noi sapemmo
tu sapesti	voi sapeste
lui/lei seppe	loro seppero

SCRIVERE TO WRITE

io scrissi	noi scrivemmo
tu scrivesti	voi scriveste
lui/lei scrisse	loro scrissero

SPEGNERE TO PUT OUT

io spensi	noi spegnemmo
tu spegnesti	voi spegneste
lui/lei spense	loro spensero

VEDERE TO SEE

io vidi	noi vedemmo
tu vedesti	voi vedeste
lui/lei vide	loro videro

VIVERE TO LIVE

io vissi	noi vivemmo
tu vivesti	voi viveste
lui/lei visse	loro vissero

VOLERE TO WANT

io volli	noi volemmo
tu volesti	voi voleste
lui/lei volle	loro vollero

Following are the most common irregular **–ire** verbs in the preterit.

COMPARIRE TO APPEAR

io comparii (comparvi, comparsi)	noi comparimmo
tu comparisti	voi compariste
lui/lei comparì, comparve, comparse	loro comparirono, comparvero, comparsero

COPRIRE TO COVER

io coprii	noi coprimmo
tu copristi	voi copriste
lui/lei coprì	loro coprirono

DIRE TO TELL, SAY

io dissi	noi dicemmo
tu dicesti	voi diceste
lui/lei disse	loro dissero

SCOPRIRE TO UNCOVER

io scoprii	noi scoprimmo
tu scopristi	voi scopriste
lui/lei scoprì	loro scoprirono

VENIRE TO COME

io venni	noi venimmo
tu venisti	voi veniste
lui/lei venne	loro vennero

Ridire, compound of **dire**, is conjugated in the same way as the main verb **dire** and **divenire**, compound of **venire**, is conjugated in the same way as **venire**.

Esercizio 11.4

Complete the following sentences with the correct form of the preterit of the verbs in parentheses.

1. Due mesi fa _____ (noi-partire) per le vacanze.

2. Le vacanze non _____ (essere) molto belle, perchè _____ (piovere) sempre.

3. Noi _____ (ritornare) a casa e _____ (venire) subito il gran caldo.

4. _____ (Noi-pensare) di ripartire, ma non _____ (trovare) più un albergo.

5. Allora, _____ (noi-decidere) di andare al cinema tutte le sere.

6. _____ (noi-vedere) molti bei film vecchi e moderni.

7. Usciti dal cinema, _____ (noi-andare) a prendere un gelato in gelateria.

8. La vacanza non _____ (essere) soddisfacente, ma ci _____ (divertire) lo stesso.

9. _____ (Noi-telefonare) a tutti i nostri amici, ma _____ (essere) inutile.

10. Nessuno _____ (rispondere).

A Word About the Use of the Preterit

Keep in mind that the preterit expresses actions and events that are completed. It does not matter how long the action or the event went on before it came to an end. Remember also that the preterit is used mostly in the southern part of Italy, while in the northern and central regions, people prefer using the present perfect, and they use the preterit in written language, literature, and history. The preterit in Italian is referred to as *"passato remoto"* (remote past) or *"passato storico"* (historical past), meaning that it is used mostly to express historical or literary events in the past.

Esercizio 11.5

Complete the sentences below with the correct form of the preterit verbs in parentheses.

1. Tre anni fa io e mio marito _____ in Brasile. (andare)

2. (Noi) _____ per il matrimonio del figlio dei nostri amici brasiliani. (andare)

3. _____ un viaggio molto lungo. (essere)

4. I nostri amici _____ a prenderci all'aereoporto. (venire)

5. Ci _____ subito in un ristorante tipico. (portare)

6. Noi _____ il cibo brasiliano e ci _____ molto. (mangiare, piacere)

7. La figlia e il figlio più giovani dei nostri amici _____ al ristorante con la loro macchina. (venire)

8. Appena _____ a casa loro _____ la doccia e _____ per molte ore. (andare, fare, dormire)

9. Noi _____ in Brasile per due settimane. (rimanere)

10. Noi _____ molti posti molto interessanti. (visitare)

The Imperfect Tense

The imperfect tense is one of the most regular tenses in the Italian language. There are very few irregular imperfect verbs. This tense is formed by adding the imperfect endings to the stem, plus the typical vowel before the infinitive ending **–re** (**a, e, i**). All conjugations use the same endings which are as follows:

–vo	–vamo
–vi	–vate
–va	–vano

Regular Verbs in the Imperfect

Following are some sample conjugations of the regular imperfect tense. The stress falls on the vowel before the ending (**a, e, i**) in the first, second, third person singular, and the third person plural forms, and on the vowel of the ending in the first and second person plural forms.

RICORDARE TO REMEMBER

		DARE TO GIVE	
io ricord<u>a</u>vo	noi ricordav<u>a</u>mo	io d<u>a</u>vo	noi dav<u>a</u>mo
tu ricord<u>a</u>vi	voi ricordav<u>a</u>te	tu d<u>a</u>vi	voi dav<u>a</u>te
lui, lei ricord<u>a</u>va	loro ricord<u>a</u>vano	lui, lei d<u>a</u>va	loro d<u>a</u>vano

AVERE TO HAVE

		SAPERE TO KNOW	
io av<u>e</u>vo	noi avev<u>a</u>mo	io sap<u>e</u>vo	noi sapev<u>a</u>mo
tu av<u>e</u>vi	voi avev<u>a</u>te	tu sap<u>e</u>vi	voi sapev<u>a</u>te
lui, lei av<u>e</u>va	loro av<u>e</u>vano	lui, lei sap<u>e</u>va	loro sap<u>e</u>vano

APRIRE TO OPEN

		CAPIRE TO UNDERSTAND	
io apr<u>i</u>vo	noi apriv<u>a</u>mo	io cap<u>i</u>vo	noi capiv<u>a</u>mo
tu apr<u>i</u>vi	voi apriv<u>a</u>te	tu cap<u>i</u>vi	voi capiv<u>a</u>te
lui, lei apr<u>i</u>va	loro apr<u>i</u>vano	lui, lei cap<u>i</u>va	loro cap<u>i</u>vano

 Note: The verbs **fare, dire, bere, produrre,** and **essere** take their stems for the imperfect tense from the Latin infinitives. These verbs add the imperfect endings to **fac-** (for **fare**), **dic-** (for **dire**), **bev-** (for **bere**), **produc-** (for **produrre**), **pon-**(for **porre**), and **er-**(for **essere**). They become:

Irregular Verbs in the Imperfect

BERE TO DRINK

		DIRE TO SAY, TELL	
io bev<u>e</u>vo	noi bevev<u>a</u>mo	io dic<u>e</u>vo	noi dicev<u>a</u>mo
tu bev<u>e</u>vi	voi bevev<u>a</u>te	tu dic<u>e</u>vi	voi dicev<u>a</u>te
lui, lei bev<u>e</u>va	loro bev<u>e</u>vano	lui, lei dic<u>e</u>va	loro dic<u>e</u>vano

ESSERE TO BE

		FARE TO DO, MAKE	
io ero	noi erav<u>a</u>mo	io fac<u>e</u>vo	noi facev<u>a</u>mo
tu eri	voi erav<u>a</u>te	tu fac<u>e</u>vi	voi facev<u>a</u>te
lui, lei era	loro <u>e</u>rano	lui, lei fac<u>e</u>va	loro fac<u>e</u>vano

PORRE TO PUT

		PRODURRE TO PRODUCE	
io pon<u>e</u>vo	noi ponev<u>a</u>mo	io produc<u>e</u>vo	noi producev<u>a</u>mo
tu pon<u>e</u>vi	voi ponev<u>a</u>te	tu produc<u>e</u>vi	voi producev<u>a</u>te
lui, lei pon<u>e</u>va	loro pon<u>e</u>vano	lui, lei produc<u>e</u>va	loro produc<u>e</u>vano

Uses of the Imperfect

The imperfect tense expresses actions in the past that are not seen as completed. It indicates past situations or habitual and repeated actions in the past. It is used to express a narration, a situation, a background, or a continuous action in the past. It also is used to express age, time, and weather in the past. Size, color, and personal qualities in the past are also expressed with the imperfect. Finally, ongoing actions in the past with the preposition **da** use the imperfect.

 Esercizio 11.6

Complete the following sentences using the imperfect tense forms of the verbs in parentheses, as required.

1. La pioggia _____ e tutto _____ bagnato. (cadere, essere)

2. Noi _____ andare in campagna, ma non _____ dove andare. (volere, sapere)

3. Il sole non _____ e non _____ molto. (splendere, scaldare)

4. Di solito in inverno _____ molto freddo e _____ sempre molto. (fare, nevicare)

5. La fabbrica di mio fratello _____ mattonelle di marmo. (produrre)

6. La vecchia signora non _____ mai perchè non _____ sete. (bere, avere)

7. _____ tardi, non c'_____ nessuno per la strada e noi _____ paura. (essere, essere, avere)

8. La centrale elettrica _____ l'energia elettrica per tutta la città e dintorni. (produrre)

9. Agli antichi romani _____ combattere e conquistare terre straniere. (piacere)

Comparison of the Preterit and Imperfect

The preterit and the imperfect may appear in the same sentence, but they are not interchangeable. The preterit is used to express a completed action in the past, while the imperfect expresses an action that was repeated in the past and does not focus on its beginning or the end.

La mia amica venne venerdì mattina e rimase fino alla sera.	*My friend came on Friday morning, and she stayed until the evening.*
Quando la mia amica veniva da me, rimaneva tutto il giorno.	*When my friend used to come to my house, she stayed all day long.*
Ieri andammo al parco e camminammo per due ore.	*Yesterday we went to the park, and we walked for two hours.*
Quando andavamo al parco, di solito camminavamo per due ore.	*When we went to the park, we usually walked for two hours.*

 ## Esercizio 11.7

Preterit or Imperfect? *Complete the following sentences with the correct form of the verb in parentheses.*

1. Perchè non _____ la frutta ieri? (mangiare)

2. Perchè non ce ne _____. (essere)

3. Quando _____ all'aereoporto, l'aereo stava decollando. (arrivare)

4. Noi _____, quando _____ il terremoto. (dormire, venire)

5. Non _____ dormire perchè _____ paura del terremoto. (potere, avere)

6. Il giorno che Carlo _____ a casa nostra, non _____ molto tempo perchè _____ riposare. (venire, parlare, volere)

7. Quando noi _____ la porta, il gattino _____, ma _____ più tardi ed ____ affamato. (aprire, scappare, ritornare, essere)

8. Due settimane fa la mia casa _____ piena di gente e di allegria. (essere)

9. Kyria _____ con il Megabus. Ci _____ solo sei ore per arrivare dai nonni. (viaggiare, volere)

10. Ieri sera _____ andare al cinema, ma _____ e _____ freddo, così _____ di rimanere a casa. (volere, piovere, fare, decidere)

Reading Comprehension

 Anna va in Italia a studiare l'italiano

L'estate scorsa, Anna andò in Italia a perfezionarsi in italiano. Si iscrisse a una scuola per stranieri a Roma, e prese in affitto una camera, presso una famiglia italiana, che abitava vicino alla scuola. Scriveva spesso ai suoi genitori. Nella prima lettera Anna scrisse che Roma le piaceva molto e che la famiglia presso cui abitava era molto simpatica e tutti erano molto gentili con lei. Nella seconda lettera disse che le lezioni erano molto difficili e che purtroppo nella sua classe c'erano molti americani e che parlava quasi sempre l'inglese.

Anna non si scoraggiò. Passò qualche settimana e le cose cambiarono. In una lettera successiva, Anna scrisse che cominciava a parlare l'italiano abbastanza bene e che aveva diversi amici italiani con cui usciva dopo le lezioni per recarsi o al ristorante o in pizzeria.

Nelle ultime lettere scriveva che le piaceva molto Roma, ma aveva molta nostalgia della famiglia e che voleva ritornare a casa il più presto possibile. Finita l'estate, Anna ritornò in America. Parlò a tutti gli amici delle sue esperienze. Era molto fiera di avere imparato l'italiano. Disse che sperava in futuro di ritornare in Italia.

Quando qualcuno chiedeva ad Anna se voleva continuare a studiare l'italiano, lei disse che senz'altro voleva continuare a perfezionarsi in quella bella lingua e che sperava di conoscere degli italiani per poter usare quello che aveva imparato. Studiando a Roma, Anna si era resa conto che imparare nuove lingue, apriva la mente e gli occhi su un mondo nuovo di cui prima non ne aveva la minima idea.

Verbi

cambiare	*to change*	**perfezionarsi**	*to perfect oneself*
frequentare	*to attend*	**recarsi**	*to go*
iscriversi	*to register*	**scoraggiarsi**	*to be discouraged*

Nomi

l'affitto	*rent*	**la nostalgia**	*nostalgia*
la lingua	*language*	**lo straniero**	*foreigner*
la mente	*mind*		

Aggettivi

simpatico	*pleasant*
successivo	*following*
fiero	*proud*

Domande e Risposte

After reading the story, answer the questions with complete sentences in Italian.

1. Perchè va in Italia Anna?

   _____

2. In quale città va?

   _____

3. Che cosa scrive ai suoi genitori nelle prime lettere?

   _____

4. Che cosa scrive nelle settimane successive?

   _____

5. Come si sente per aver imparato l'italiano e che cosa vuole fare in futuro?

   _____

   _____

12

The Present Perfect Tense

In English, the present perfect is translated with either the simple past or the present perfect:

Ho parlato con il direttore.	*I spoke with the director.*
Ho parlato con il direttore.	*I have spoken with the director.*

The present perfect tense is used to describe actions and events that happened in the recent past. The verb is frequently preceded or followed by expressions of time, such as **ieri, la settimana scorsa, sabato scorso, un mese fa, un'ora fa,** and so on. This is one of the most used tenses in Italian.

Formation of the Present Perfect

The present perfect is formed by using the present tense of the auxiliary **avere** and **essere** + the past participle of the verb showing the action.

When **avere** is used, the past participle does not agree in gender and number with the subject. The present perfect of transitive verbs is formed by using the auxiliary **avere**. The present perfect tense for intransitive verbs, verbs of motion, or state of being is formed by using **essere**. In these cases, the past participle must agree in gender and number with the subject.

Note: Transitive verbs are verbs that take a direct object. The present perfect is formed with the auxiliary **avere** + the past participle of the verb:

Io **ho mangiato** la carne (**la carne** being the object).	*I ate meat.*
Tu **hai visto** tua figlia (**tua figlia** is the object).	*You saw your daughter.*

203

Intransitive verbs are verbs that **do not** take a direct object. The present perfect for these verbs is formed by the present of the auxiliary **essere** + the past participle of the verb.

When **essere** is used, the past participle agrees in gender and number with the subject:

Ieri **sono andato** in chiesa.	*I went to church yesterday.*
Siamo ritornati a casa tardi.	*We returned home late.*

Formation of the Past Participle

In Italian, the regular past participle ends in **–to**. It is formed by adding **–to** to the stem of the verb. This is preceded by the characteristic vowel of each conjugation: **–a-** for **–are** verbs, **–u-** for **–ere** verbs, **–i-** for **–ire** verbs.

INFINITIVE	PAST PARTICIPLE	MEANING
cantare	cant**ato**	*sung*
vedere	vend**uto**	*sold*
sentire	sent**ito**	*heard*

Most **–are** verbs have a regular past participle. One exception is **fare**. Its past participle is **fatto**.

–*Ere* Verbs with Irregular Past Participles

There are many **–ere** verbs that have irregular past participle. We are going to take a look at some of them.

The suffix **–to** of the participle is added to the stem of the verb without adding the characteristic vowel **–u** used for regular **–ere** verbs in the past participle. The stem is at times modified. The most common irregular past participles are listed below:

INFINITIVE	PAST PARTICIPLE	MEANING
accogliere	**accolto**	*received*
aggiungere	**aggiunto**	*added*
chiedere	**chiesto**	*asked for*
chiudere	**chiuso**	*closed*
comprendere	**compreso**	*understood*
confondere	**confuso**	*confused*
conoscere	**conosciuto**	*known*

correggere	**corretto**	*correct*
dipingere	**dipinto**	*painted*
dividere	**diviso**	*divided*
eleggere	**eletto**	*elected*
friggere	**fritto**	*fried*
leggere	**letto**	*read*
mettere	**messo**	*put*
nascere	**nato**	*born*
nascondere	**nascosto**	*hidden*
perdere	**perso**	*lost*
prendere	**preso**	*taken*
pretendere	**preteso**	*demanded*
piangere	**pianto**	*cried*
porgere	**porto**	*given, handed*
promettere	**promesso**	*promised*
proteggere	**protetto**	*protected*
pungere	**punto**	*stung, pricked*
raccogliere	**raccolto**	*collected, picked up*
riassumere	**riassunto**	*summarized*
rimanere	**rimasto**	*remained*
risolvere	**risolto**	*solved*
rispondere	**risposto**	*answered*
rompere	**rotto**	*broken*
scegliere	**scelto**	*chosen*
scendere	**sceso**	*descended*
scrivere	**scritto**	*written*
spegnere	**spento**	*put out, shut off, extinguished*
spendere	**speso**	*spent*
spingere	**spinto**	*pushed*
vedere	**visto**	*seen*
vincere	**vinto**	*won*
vivere	**vissuto**	*lived*

Esercizio 12.1

Complete the following sentence with the correct form of the present perfect of the verb in parentheses.

1. Ho _____ i fiori e un'ape mi _____.
   (raccogliere, pungere)

2. La mia amica non _____ ancora _____ al mio messaggio elettronico. (rispondere)

3. Non so se io _____ la luce e se _____ le finestre e la porta. (spegnere, chiudere)

4. Loro _____ molti soldi per restaurare la casa al lago. (spendere)

5. C'è un cattivo odore in casa perchè io _____ tutto il giorno. (friggere)

6. Con tutte le sue chiacchiere _____ tutti. (confondere)

7. Carla non mi _____ i soldi perchè _____ dove li _____. (dare, dimenticare, nascondere)

8. Il ladro _____ i vetri delle finestre e _____ tanti oggetti elettronici. (rompere, rubare)

9. Il popolo americano _____ un nuovo Presidente. (eleggere)

10. Maria _____ in Germania per tanti anni, ma non _____ la lingua tedesca. (vivere, imparare)

✎ Esercizio 12.2

Complete the following sentences with the correct form of the present perfect of the verb in parentheses.

1. Io e Roberto _____ una macchina. (noleggiare)

2. Noi _____ di fare un bel viaggio in varie regioni italiane. (decidere)

3. La gente _____ le vacanze per tutto l'inverno. In primavera _____ un albergo e _____ la prenotazione presso l'agenzia di viaggi. (sognare, cercare, fare)

4. Giovanna non può andare in casa perchè _____ le chiavi sulla scrivania in ufficio. (lasciare)

5. Mio marito _____ a tennis, ma _____ tutte le partite. (giocare, perdere)

6. La squadra di calcio _____ un nuovo allenatore e _____ a vincere tutte le partite. (scegliere, cominciare)

7. Noi _____ la mostra di pittura della tua amica, ma non _____ nessun quadro. (ammirare, comprare)

8. Io _____ un pacco a Eric e l'_____ in
   due giorni. (spedire, ricevere)

9. I nostri amici _____ una casa enorme e
   _____ anche la piscina. (costruire, mettere)

10. La professoressa _____ la lezione e gli studenti non
    l'_____. (spiegare, capire)

Other Notable –ere Verb Irregularities

–**ere** verbs whose stems end in –**r** form the past participle in –**so** (correre, cor**so** *run*; occorrere, occor**so**, *needed*; soccorrere, soccor**so**, *helped*).

–**ere** verbs whose stems end in –**rd** drop the –**d** before the ending –**so** (ardere, ar**so**, *burned*; mordere, mor**so**, *bitten*; perdere, per**so**; *lost*).

Several –**ere** verbs whose stem ends in –**tt** form the past participle in –**sso**.

Mettere and its compounds follow this rule. Following are some of them:

INFINITIVE	PAST PARTICIPLE	MEANING
mettere	**messo**	*put*
ammettere	**ammesso**	*admit*
commettere	**commesso**	*committed*
omettere	**omesso**	*omitted*
permettere	**permesso**	*permitted*
promettere	**promesso**	*promised*
scommettere	**scommesso**	*bet*
smettere	**smesso**	*stopped*

Connettere and its compounds form the past participle in the same way as the verbs above. Here are some of the most common:

connettere	**connesso**	*connected*
sconnettere	**sconnesso**	*disconnected*

Muovere and **scuotere** and their compounds follow the same pattern:

INFINITIVE	PAST PARTICIPLE	MEANING
muovere	**mosso**	*moved*
commuovere	**commosso**	*moved (emotionally)*
rimuovere	**rimosso**	*removed*
scuotere	**scosso**	*shaken*
riscuotere	**riscosso**	*collected*

–Ere verbs with the stem **–sist–** form the past participle by adding **–ito** to the stem.

INFINITIVE	PAST PARTICIPLE	MEANING
consistere	**consistito**	*consisted*
esistere	**esistito**	*existed*
resistere	**resistito**	*resisted*

 ## Esercizio 12.3

Complete the sentences below with the correct forms of the verbs in parentheses.

1. Ieri noi _____ un film di guerra e ci
   _____ molto _____. (vedere, commuovere)

2. La nonna _____ in banca e _____ la sua
   pensione. (andare, riscuotere)

3. Lui _____ che _____.
   (ammettere, sbagliare)

4. Io _____ di andare subito a casa quando
   _____ di lavorare. (promettere, finire)

5. Quell'uomo _____ molti errori in gioventù, ma
   crescendo _____ tenore di vita. (commettere, cambiare)

6. I prigionieri _____ per molte miglia e
   _____ alla fame e alla sete. (camminare, resistere)

7. Questa mattina Luigi _____ una tavola e si è fatto male
   alla schiena. (muovere)

8. La mia classe di italiano _____ il congiuntivo, ma non
   l'_____. (studiare, capire)

9. I nostri amici _____ una gita e _____ le
   corse dei cavalli. (fare, vedere)

10. _____ brutto tempo tutta l'estate. (fare)

Irregular Past Participle of *–ire* Verbs

Several **–ire** verbs form their past participle like **–ere** verbs (**venire,** *to come* changes to **venuto** in the past participle). Some **–ire** verbs form the past participle in **–to** (some have a change of stem), others form the past participle in **–so.**

INFINITIVE	PAST PARTICIPLE	MEANING
aprire	**aperto**	*opened*
coprire	**coperto**	*covered*
morire	**morto**	*died*
offrire	**offerto**	*offered*
soffrire	**sofferto**	*suffered*
apparire	**apparso**	*appeared*
comparire	**comparso**	*appeared (showed up)*

The Present Perfect with *avere*

PARLARE TO SPEAK

ho parlato	abbiamo parlato
hai parlato	avete parlato
ha parlato	hanno parlato

VENDERE TO SELL

ho venduto	abbiamo venduto
hai venduto	avete venduto
ha venduto	hanno venduto

SPEDIRE TO SEND

ho spedito	abbiamo spedito
hai spedito	avete spedito
ha spedito	hanno spedito

CHIUDERE TO CLOSE

ho chiuso	abbiamo chiuso
hai chiuso	avete chiuso
ha chiuso	hanno chiuso

The present perfect with **avere** is used to depict several consecutive and completed actions in the past:

Ho preso la laurea in psicologia tanti. anni fa.	*I graduated in psychology many years ago.*
Ho conosciuto mio marito in Africa.	*I met my husband in Africa.*

 Note: Transitive verbs are verbs such as **mangiare, comprare, capire,** and so on that take a direct object. They use **avere** in compound tenses.

The Present Perfect with *essere*

Intransitive verbs do not take a direct object, and they use **essere** in compound tenses. They are typically verbs of motion (**venire, andare, partire,** etc.) or state of being (**stare, essere**). The past participle must agree in gender and number with the subject. Some exceptions of verbs that are intransitive but take **avere** in the present perfect are **viaggiare, camminare, dormire, ridere, nuotare, passeggiare, sciare, marciare,** and so on. These verbs indicate a certain type of movement (**ho viaggiato, hai camminato, ha dormito, abbiamo riso, avete sciato, hanno marciato**, etc.).

The verbs **correre** and **volare** use **avere** as the auxiliary verb when neither the starting nor the ending point is stated.

Ieri **ho corso** per due ore.	*Yesterday I ran for two hours.*
Sono corsa a casa perchè dovevo studiare.	*I ran home because I had to study.*
Luisa non **ha** mai **volato**.	*Luisa has never flown.*
Luisa **è** volata per terra.	*Luisa fell on the floor.*

Some verbs form the present perfect with **avere** when they are followed by a direct object or by the preposition **di** or **a** + the infinitive. Otherwise, they form it with **essere**. In these cases, the meaning of the verb changes:

Sono andata in banca e **ho cambiato** dei soldi.	*I went to the bank and exchanged some money.*
Isabella **è** molto **cambiata**.	*Isabella has changed a lot.*
Hai finito i compiti?	*Did you finish the homework?*
È finito il film?	*Is the movie over?*
Hai cominciato a studiare il cinese?	*Did you start studying Chinese?*
Lo spettacolo **è** già **cominciato**.	*The show is already started.*

The auxiliary **essere** is used with **dovere, potere, volere**, when they are followed by the infinitive of a verb that forms the present perfect tense with **essere**. Otherwise, use **avere** to form the present perfect.

Siamo dovuti partire (**partire** uses **essere** to form the present perfect) presto.	*We had to leave early.*
Sono potuti rimanere da mio fratello per due settimane.	*They could stay at my brother's for two weeks.*
Abbiamo voluto parlare (**parlare** uses **avere** to form the present perfect) con il direttore.	*We wanted to speak with the director.*

The auxiliary **essere** is used with impersonal verbs:

accadere	*to happen*	**dispiacere**	*to regret*
bastare	*to be enough*	**piacere**	*to please, like*
capitare	*to happen*	**sembrare**	*to seem*
costare	*to cost*	**succedere**	*to happen*

È **bastato** studiare per passare
  l'esame.
È **capitato** un brutto incidente.

*It was enough to study to pass the
  tests.*
A bad accident happened.

All reflexive verbs use **essere** in the present perfect tense:

Mi sono svegliata tardi.   *I woke up late.*

Esercizio 12.4

*Complete the following sentences with the correct form of the present perfect with
avere or essere as necessary.*

1. Che cosa vi _____ ieri sera? (capitare)

2. Vi _____ per due ore e poi _____ a casa.
   (aspettare, andare)

3. Quando _____ gli eami di maturità Erica? (finire)

4. Le ferie _____ che cosa (voi) _____?
   (finire, fare)

5. Noi _____ al mare, ma _____ tutti i
   giorni. (andare, piovere)

6. Io _____ in montagna, ma il villaggio dove
   _____, _____ molto. (andare, soggionare, cambiare)

7. Lucia _____ nel grande magazzino e _____
   il vestito che _____ due giorni fa. (entrare, cambiare,
   comprare)

8. Il nostro viaggio in Europa _____ molto anche se non
   _____ quasi niente. (costare, comprare)

9. Tu _____ a casa perchè volevi vedere la partita di tennis.
   (correre)

10. Il gelato del bambino _____ per terra e lui _____
    tanto. (finire, piangere)

Note: A Word on the Compound Tenses

Transitive verbs are verbs such as **mangiare**, **comprare**, **capire**, and so on,
that take a direct object, and they use **avere** in compound tenses.

Intransitive verbs do not take a direct object, and they use **essere** in compound tenses. They are typically verbs of motion (**venire**, **andare**, **partire**, etc.)

or state of being (**stare, essere**). The past participle must agree in gender and number with the subject. Some exceptions are **viaggiare, camminare, dormire, ridere, nuotare, passeggiare, sciare, marciare,** and so on, that are intransitive but take **avere** in compound tenses (**ho viaggiato, hai camminato, ha dormito, abbiamo riso, avete sciato, hanno marciato**).

The verbs **correre** and **volare** use **avere** as the auxiliary verb when neither the starting nor the ending point is stated:

Ieri **ho corso** per due ore.	*Yesterday I ran for two hours.*
Sono corsa a casa perchè dovevo studiare.	*I ran home because I had to study.*
Luisa non **ha** mai **volato**.	*Luisa has never flown.*
Luisa **è** volata per terra.	*Luisa flew on the floor.*

Reading Comprehension

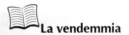**La vendemmia**

In autunno, uno degli eventi e delle sagre più particolari in Italia, è quello della vendemmia o raccolta dell'uva. È il momento in cui la campagna come per miracolo, prende un aspetto magico e mistico di ricchezza e abbondanza. Le viti cambiano colore e i vigneti appaiono dorati. I grappoli d'uva sono maturi e trasparenti e sembrano invitare la gente all'assaggio di quel nettare misterioso che la natura ci dona ogni anno. C'è molta trepidazione e aspettativa nell'aria per i preparativi alla vendemmia e alla produzione del nuovo vino. Inizialmente tutta l'uva è verde, ma poi piano piano in agosto, alcuni grappoli rimangono verdi e vengono usati per il vino bianco e altri prendono un ricco color porpora e vengono usati per il vino nero.

L'uva ha bisogno sia di pioggia che di sole, ma quando è in fase di maturazione il sole è il fattore più importante per bloccare lo zucchero che dà il gusto più o meno dolce al vino. I grappoli d'uva, un tempo, venivano raccolti a mano con molta delicatezza.scegliendoli anche in base alla maturazione e alla qualità degli acini. Erano messi in mastelli e pigiati con i piedi nudi.

Era un lavoro faticoso, ma anche una grande festa per tutti i partecipanti. Oggi a causa della mancanza di manodopera, l'uva viene raccolta con macchine speciali e la cernita non è così accurata come in passato. I grappoli, vengono poi messi in grossi contenitori, caricati su trattori e portati alle cantine sociali, o cooperative, dove vengono pigiati con presse automatiche. Il mosto ottenuto da tale pigiatura viene purificato e corretto con sostanze che ne regolano l'acidità e lo zucchero, e poi viene raccolto in grandi tini, o botti, a fermentare. La fermentazione può durare da uno a dieci giorni e durante questo processo lo zucchero contenuto nel mosto si trasforma gradualmente in alcol.

Se il mosto non viene fatto fermentare ed è filtrato e separato dalle bucce dell'uva che sono anche chiamate vinacce, il vino che si ottiene è bianco e va bevuto entro tre anni dalla data della vendemmia dopo che è stato filtrato e travasato. Il vino rosso si ottiene lasciando fermentare il mosto anche con le bucce, i semi, e i raspi (rami) che rilasciano il tipico color rosso e i tannini del vino e deve invecchiare per un periodo più esteso del bianco. I vini italiani sono fra i più conosciuti e apprezzati nel mondo, ma forse il più famoso è il Chianti, proveniente dalla regione Toscana.

Nomi

l'acino	acinus, grape	**il mastello**	tub
l'aspettativa	expectation	**il gusto**	taste
l'aspetto	look	**il vigneto**	vineyard
la buccia	skin	**la vinaccia**	remains of grapes
il grappolo	bunch	**il nettare**	nectar
la manodopera	manpower	**la cernita**	picking, selection
il mosto	stum	**il tino**	tub
il raspo	grape stalk	**l'invecchiamento**	aging
la vendemmia	harvest	**la vite**	vine

Verbi

apparire	to appear	**prendere**	to take
imbottigliare	to bottle	**regolare**	to regulate
invecchiare	to age	**travasare**	to decant
pigiare	to crush		

Aggettivi

mistico/a	mystic	**accurato/a**	taken care
dorato/a	golden		

Domande e risposte

After carefully reading the story, answer the questions with full sentences in Italian.

1. Che cos'è la vendemmia?

_____

2. Di che cosa necessita l'uva per maturare?

_____

3. Come estraevano il vino un tempo?

_____

4. Come si ottiene il vino bianco?

_____

5. Come si ottiene il vino rosso?

_____

6. Entro quanto tempo va bevuto il vino bianco?

_____

7. Qual'è il vino italiano più famoso all'estero?

_____

8. Quale vino preferisci? Il rosso o il bianco?

_____

Comparison of the Preterit, Present Perfect, and Imperfect

The preterit, the present perfect, and the imperfect are all tenses used to describe an action or an event in the past. Deciding which should be used is not always easy, since in English there is no distinction between these tenses. In Italian, they express different types of actions, and they cannot be used interchangeably. Compare the difference in meaning in the following sentences:

Maria è andata dal dottore.	_Maria went to the doctor._
Ieri, Maria andò dal dottore.	_Maria went to the doctor yesterday._
Di solito Maria andava dal dottore ogni giorno.	_Maria used to go to the doctor every day._
Noi siamo andati in vacanza al mare.	_We went on vacation by the sea._
Andammo in vacanza al mare.	_We went on vacation by the sea._
In estate, di solito, andavamo in vacanza al mare.	_In summer we used to go on vacation by the sea._
Dove hai comprato questi abiti?	_Where did you buy these suits?_
Dove comprasti questi abiti?	_Where did you buy these suits?_
Dove compravi gli abiti, di solito?	_Where did you used to buy your suits?_

- The present perfect or the preterit is used when the speaker considers the action started and completed at specific times in the past. The imperfect is used when the speaker considers the action going on in the past without focusing on its beginning or end.

- The present perfect is the tense of choice to list a series of events or actions:

Lucia è arrivata a casa, si è messa la tuta da ginnastica,

Lucia went home, put on the warm-up suit,

ha mangiato dei biscotti, si è messa la giacca ed è uscita.

ate a few cookies, put on her jacket, and went out.

- The imperfect and the present perfect may appear in the same sentence when the imperfect describes an action that was going on in the past, and another action or event took place. The last action or event is expressed in the present perfect:

Voi **guardavate** la televisione quando **è andata** via la luce.

You were watching television when the power went off.

Io **ero** al mercato, quando **ha cominciato** a piovere.

I was at the market when it started to rain.

- The imperfect describes ongoing actions or events in the past:

Uscivamo tutte le sere con i nostri amici.

We used to go out every evening with our friends.

- The present perfect or the preterit expresses an action or an event in the past:

Giovanni **ha chiamato** venerdì e sabato.

Giovanni called Friday and Saturday.

- The imperfect describes repeated or habitual actions in the past.

Giovanni **tagliava** l'erba tutti i lunedì e i venerdì.

Giovanni cut the grass every Monday and Friday.

Esercizio 12.5

Complete the sentences below using the imperfect or the present perfect as necessary.

1. Tu non _____ a casa quando io _____.
   (essere, chiamare)

2. Mentre io _____ _____ un forte temporale.
   (studiare, venire)

3. La batteria del mio cellulare _____ scarica e non
   _____ chiamarla. (essere, potere)

4. Mentre noi _____ in ferie, i ladri _____ in
   casa nostra. (essere, entrare)

5. Maria _____ di leggere il libro, ma non le
   _____. (finire, piacere)

6. Non _____ quando _____ a prendere
   i bambini da scuola. (piovere, andare)

7. Che tempo _____ quando voi _____ alla
   partita di tennis? (fare, andare)

8. Io _____ tutte le settimane ai suoi genitori, ma loro non
   _____ mai _____. (scrivere, rispondere)

9. Mentre loro _____, un ragazzo
   _____ la pizza. (dormire, consegnare)

10. Quando Roberto _____ il militare, _____ a tennis
    tutti i giorni. (fare, giocare)

Esercizio 12.6

*Complete the conversation below between Eva and Paolo with the imperfect or the
present perfect tense as necessary.*

1. Ciao Eva, che cosa _____ ieri? (fare)

2. Io _____ al museo con degli amici. (andare)

3. C'_____ molta gente? (essere)

4. Si, c'_____ un mare di gente e alla biglietteria c'_____
   una fila di 200 metri e (noi) _____ aspettare per due
   ore sotto il sole. (essere, essere, dovere)

5. Ma ne vale la pena? Io non ci _____ ancora _____.
   Io _____ che ci sono quadri molto belli. Io non
   _____ storia dell'arte e non me ne intendo molto di quadri.
   (stare, leggere, studiare)

6. Noi _____ una guida turistica che _____
   tutto molto bene e con chiarezza. (seguire, spiegare)

7. Mentre lei _____, alcuni non _____
   e _____. (spiegare, ascoltare, chiacchierare)

8. C'_____ anche molti studenti delle scuole superiori. Alcuni
   _____ la guida, altri _____ una
   grande confusione e non _____ molto interessati. (essere,
   ascoltare, fare, sembrare)

9. E tu che cosa _____ Paolo? (fare)

10. Mentre voi _____ sotto il sole ad aspettare di entrare
    nel museo, io _____ fino quasi a mezzogiorno.
    Quando mi _____, _____
    una passeggiata sulle colline perchè _____ una giornata
    bellissima. (essere, dormire, svegliarsi, fare, essere)

Esercizio 12.7

Complete the following sentences with the imperfect or the present perfect as necessary.

1. Perchè non _____(1) all'appuntamento ieri alle 3
   davanti al museo? Ti _____(2) per due ore, poi (io)
   _____(3) nel bar perchè _____(4) e _____(5)
   freddo. (venire, aspettare, entrare, piovere, fare)

2. Scusami tanto! Ieri mi _____(6) un terribile mal di testa. Alle
   3 _____(7) molto male e _____(8) a letto
   tutto il pomeriggio. (venire, stare, stare)

3. Perchè non mi _____(9)? Tu _____(10)
   mandarmi un messaggio sul cellulare. (avvertire, potere)

4. Io _____(11) una medicina e _____
   (12) tutto il pomeriggio. Quando _____(13) il
   telefono, mia madre mi_____(14), ma non
   _____ (15) tu. (prendere, dormire, suonare, chiamare,
   rispondere)

5. Io _____(16) casa tua, ma tua mamma mi
   _____(17) che _____(18) con degli
   amici. (chiamare, dire, uscire)

6. Questo _____(19) un'altra volta. (succedere)

7. È vero. L'ultima volta che noi _____(20) un
   appuntamento, _____(21) tu in ritardo, ma
   io non _____(22) per due ore. Quando non ti
   _____(23), _____(24) l'autobus e
   _____(25) a casa a studiare. (avere, arrivare, aspettare,
   vedere, prendere, andare)

8. Tu _____(26) molto arrabbiato con me perchè non ti
   _____(27). (essere, aspettare)

9. Hai ragione, ma non mi _____(28) mai aspettare. (piacere)

10. Io _____(29) ad aspettare perchè mio padre
    _____(30) sempre in ritardo, ma come a te non mi _____ mai
    _____(31) molto. (imparare, essere, piacere)

Esercizio 12.8

Complete the following dialog using the imperfect or the preterit as necessary.

1. Patrizia, che cosa _____ ieri? (fare)

2. Io_____(1) al supermercato e _____(2) una grande confusione perchè tutta la gente _____(3) la spesa per le Feste natalizie. (andare, trovare, fare)

3. Che cosa _____(4)? (comprare)

4. Io _____(1) dolci, cioccolata, spumante, tortellini, formaggi. (comprare) E tu Piero, che cosa _____(2)? (fare)

5. Quando _____(1) la confusione che c'_____(2) nei negozi, io_____(3) di rimandare i miei acquisti all'inizio della prossima settimana. (vedere, essere, decidere)

6. Anch'io _____(1) aspettare, ma _____(2) paura che finisse tutto. (volere, avere)

7. Ieri sera _____(1) in discoteca. C'_____(2) un gruppo rock abbastanza conosciuto. _____(3) molto divertente. Molti ragazzi _____(4), altri _____(5), altri _____(6) la musica. _____ (7) una serata molto allegra. (andare, essere, essere, ballare, bere, ascoltare, essere)

8. E voi _____(1) in casa tutta la sera? (rimanere)

9. No, dopo cena, _____(1) e _____(2) in piazza a vedere i fuochi artificiali. (uscire, andare)

10. Noi _____(1) anche in gelateria e _____(2) un ottimo gelato. (andare, mangiare)

The Present Perfect Tense of Modal Verbs

The modal verbs **dovere, potere, sapere, volere** are conjugated with **avere** in the present perfect:

Non **ho dovuto** studiare molto.	*I did not have to study a lot.*
La nonna **ha voluto** fare una torta.	*The grandmother wanted to make a cake.*
Tu **hai potuto** comprare una macchina nuova.	*You were able to buy a new car.*
Ha saputo cantare l'inno nazionale.	*He was able to sing the national anthem.*

In Italian, if the infinitive following these verbs forms the present perfect with **essere**, the modal verb forms the present perfect with **essere**. Notice the following sentences:

Lucia **ha dovuto** accompagnare i bambini a scuola.	*Lucia had to take the children to school.*
Lucia **è dovuta** uscire di casa presto.	*Lucia had to go out early.*
Giorgio **ha potuto** comprare una bicicletta nuova.	*Giorgio could buy a new bicycle.*
Giorgio **è potuto** andare in bicicletta tutto il giorno.	*Giorgio could ride the bicycle all day long.*
Mia moglie **ha voluto** invitare tutti i suoi amici italiani a cena	*My wife wanted to invite all her Italian friends for dinner.*
I miei genitori **sono voluti** partire presto.	*My parents wanted to leave early.*

Esercizio 12.9

Complete the following sentences with the present perfect form of the modal verbs.

1. Lisa _____ (dovere) andare a casa di sua nipote.

2. Sara e Giovanna non _____ (volere) venire con noi.

3. Paola _____ (dovere) andare in farmacia a comprare i cerotti.

4. Claudia _____ (volere) parlare con il direttore.

5. Luciana ed Enzo _____ (potere) visitare i loro figli in Portogallo.

6. Mio marito _____ (volere) guardare il film poliziesco.

7. Mio marito non _____(volere) venire perchè deve tagliare l'erba del suo prato.

8. Ieri notte io _____ (potere) dormire bene.

9. Questa mattina io _____ (potere) stare a letto perchè non avevo nessun appuntamento.

10. Lei non _____ (sapere) dove poteva comprare i libri di scuola.

Defective Verbs

Italian has some verbs that miss some voices of the paradigm. They may miss the past participle; therefore, they cannot form the compound tenses such as the present perfect, past subjunctive, past conditional, and so on. Most of them are used in all simple tenses: indicative, subjunctive, or conditional.

We cannot say:

Ieri il sole **ha splento** tutto il giorno.	*Yesterday the sun **shone** all day.*

but

Ieri **splendeva** il sole.	*Yesterday the sun was shining all day.*

or

Ieri c'**è stato** il sole tutto il giorno.	*Yesterday it was sunny all day long.*

Here is a list of the most common defective verbs. It is good practice to learn how to use them:

addirsi	*to be suitable*	**prudere**	*to be itchy, to itch*
aggradare	*to like*	**soccombere**	*to succumb*
competere	*to compete*	**solere**	*to be used to*
convergere	*to converge*	**splendere**	*to shine*
discernere	*to discern, recognize*	**transigere**	*to come to an agreement*
divergere	*to diverge, divide*	**urgere**	*to be urgent*
fervere	*to hum, work busily*	**vertere**	*to be about, concern*
incombere	*to impend, to be incumbent*	**vigere**	*to be effective, to be in force*

Following are some examples of how to use the verbs mentioned above:

Non si **addiceva** a loro fare una vita così dispendiosa.	*It was not suitable for them to live such an expensive life.*
Mi **aggradava** molto vedere la mostra d'arte.	*I liked very much seeing the art show.*
I giovani atleti **convergevano** per competere.	*The young athletes converged to compete.*
Lei non sa **discernere** fra le cose giuste e le cose sbagliate.	*She cannot recognize good from bad.*
Fervono i preparativi per le feste natalizie.	*People are busily active preparing for Christmas.*

L'esame di maturità **incombeva** sulla mente di Erica.	*The final exams were foremost in Erica's mind.*
Ho toccato la pianta velenosa e tutto il corpo **mi prudeva**.	*I touched the poisonous plant, and I was itching all over.*
Non voglio **che tu soccomba** alle sue richieste.	*I don't want you to succumb to her demands.*
D'estate, la nonna **soleva** dormire tutti i pomeriggi.	*In summer, Grandma used to sleep every afternoon.*
Il dottore **urgeva** i pazienti a prendere l'antibiotico.	*The doctor urged the patients to take the antibiotic.*
Bisogna seguire le leggi che **vigono**.	*It is necessary to follow the laws that are in force.*
Tutti sono felici quando **splende** il sole.	*Everybody is happy when the sun shines.*

Language Note

There are some verbs in Italian that can be part of two conjugations and have just about the same meaning. They are:

ad**e**mpiere	ademp**i**re	*carry out*
ammans**a**re	ammans**i**re	*to tame, calm*
annerare	**a**nnerire	*to blacken, darken*
dimagrare	dimagrire	*to lose weight*
comp**i**ere	comp**i**re	*to fulfill, perform*
empiere	emp**i**re	*to fill, satisfy*
intorb**i**dare	intorb**i**dire	*to muddy, make dirty, confuse*
ri**e**mpiere	riemp**i**re	*to fill up, stuff*
starnut**a**re	starnut**i**re	*to sneeze*

The meanings of other verbs can be changed by changing the conjugation. Here are some of them:

abbrunare	*to darken*	abbrunire	*to become dark (hair)*
arrossare	*to make red*	arrossire	*to blush*
fallare	*to make a mistake*	fallire	*to go bankrupt*
imboscare	*to hide*	imboschire	*to convert bare land into woods*

Esercizio 12.10

Complete the following sentences with the correct form of the verb in parentheses.

1. Maria _____ tutte le commissioni prima di partire per le vacanze. (adempiere)

2. È difficile _____ un leone. (ammansire)

3. Lisa era bionda ma è andata dal parrucchiere e le _____ i capelli. (annerire)

4. Fa sempre le diete ma non riesce a _____. (dimagrare)

5. La sua ditta _____ molto e alla fine _____. (fallare, fallire)

6. Il pozzo dell'acqua era vuoto, ma le ultime piogge l'_____. (riempire)

7. È importante che gli uomini del paese _____ la collina. (imboschire)

8. Credo che abbia preso il raffreddore perchè sento che _____ continuamente. (starnutare)

9. Io _____ la mia vita di attività molto interessanti. (riempire)

10. C'erano le nuvole e il sole non _____. (splendere)

13

Negatives

Negative Expressions

You already know how to make a sentence negative by placing **non** in front of the first verb in a sentence:

Io cammino.	*I walk.*
Io **non** cammino.	*I don't walk.*
Io **non** posso camminare.	*I can't walk.*

There are words that help make sentences negative:

affatto	*at all*	per niente	*at all*
giammai	*never*	nessuno	*no one, nobody*
mai	*never*	niente	*nothing*
neanche, neppure, nemmeno	*not even*	per niente	*at all*

Italian, unlike English, often uses a double negative:

Non c'è **nessuno**.	*There is no one.*

In forming a negative sentence with more than one negative word, **non** precedes the verb and the second negative follows it. Here are some examples:

Non ci penso **affatto** a comprare una macchina nuova.	*I am not thinking at all about buying a car.*
Lei **non** va **mai** in palestra.	*She never goes to the gym.*
Non la vedo **giammai**.	*I never see her.*
Non penso a **niente** quando viaggio.	*I don't think about a thing when I travel.*

223

- Both **mai** and **giammai** can also precede the verb. In this case, **non** is not used. **Mai** is used more frequently than **giammai** before the verb.

- **Neanche**, **neppure**, and **nemmeno** are interchangeable.

- **Nessuno** is the only negative expression that is an adjective; thus, it has to agree in gender and number with the noun it modifies.

- **Nessuno** is shortened to **nessun** before a masculine noun that starts with a consonant other than **z**, or **s** + a consonant, or a vowel. **Nessuno** is not used in the plural.

Giovanni, **mai** si mette la giacca.	*Giovanni never wears a jacket.*
Maria **non** sa **nemmeno** una parola di italiano.	*Maria doesn't even know one word of Italian.*
Io **non** dormo **neppure** due ore alla notte.	*I don't even sleep two hours at night.*
Lui **non** sa **neppure** dove abita la sua ragazza.	*He doesn't even know where his girlfriend lives.*
Non c'è **nessuna** casa in vendita vicino a noi.	*There are no houses for sale near us.*
Quel ragazzo **non** mi piace **per niente.**	*I don't like that young man at all.*

Esercizio 13.1

Translate the following sentences into Italian using the double negative.

1. I don't like her at all. _____

2. She never wants to go to school. _____

3. Her mother stays in the house, and she doesn't see anybody. _____

_____

4. I don't even have a penny to buy coffee. _____

_____

5. She has studied Italian for many years, but she doesn't even know one word.

_____

6. She never calls me, and she never comes to visit me. _____

_____

7. They don't want even to try skiing. _____

8. I never want to go horseback riding. _____

9. There is not even a drop of water in the desert. _____

10. I did not like the movie at all. _____

More Negative Expressions

non ... nè ... nè ...	*neither ... nor*
non ... più di ...	*not more than*
non ... più	*no longer*
quasi mai	*almost never, hardly at all*
adesso no	*not now*

Non riesco **nè** a mangiare, **nè** a parlare. bene	*I can't eat or speak well.*
Non mi ci vogliono **più di** sei ore per arrivare da mio figlio	*It doesn't take me more than six hours to get to my son's.*
Isabella **non** vuole **più** dormire al pomeriggio.	*Isabella doesn't want to nap anymore in the afternoon.*
Non la vedo **quasi mai**, perchè deve studiare.	*I almost never see her because she has to study.*
Adesso no, non faccio in tempo a comprare il biglietto.	*Right now, I don't have time to buy the ticket.*

Note: In Italian, unlike English, the more negatives you use, the more negative the statement becomes, and the stronger the statement is:

Nessuno mi ha **mai** detto **niente**.	*Nobody has ever said anything to me.*
Non ho **mai** chiesto l'aiuto di **nessuno**.	*I never asked for anybody's help.*

Esercizio 13.2

Rewrite the following sentences in the negative.

1. Lara finisce sempre i compiti estivi.

   _____

2. Per Natale, vanno tutti al parco dei divertimenti.

   _____

3. Io lo vedo spesso al supermercato.

   _____

4. Mangio sia uva che pesche.

_____

5. La mia casa è grande e luminosa.

_____

6. Mi piace sia l'inverno che l'estate.

_____

7. Noi vogliamo ancora viaggiare e vedere posti nuovi.

_____

8. La mia vita è molto interessante.

_____

9. Sono andata in centro e ho visto tante persone.

_____

10. Io cammino almeno sei kilometri durante il giorno.

_____

Mica and *Affatto*

There are a couple of words used a lot in spoken and written Italian to empha-size a negative statement. They are **mica** and **affatto**. **Mica** is used more in spoken Italian, while **affatto** is used for both spoken and written.

They are often interchangeable:

Non sono **mica** stanco. Possiamo continuare.	*I am not at all tired. We can go on.*
Or: Non sono **affatto** stanco. Possiamo continuare.	*I am not at all tired. We can go on.*

Mica replaces **non** before a verb, but it indicates a stronger feeling:

Mica ci vengono a trovare.	*They don't come to visit us at all.*

Mica often means *by chance*, in questions.

Sai mica **dove sono le mie ciabatte?**	*Do you by chance know where are my slippers?*

The expression **mica tanto** means ***not really, not so much***.

Avete mangiato bene al ristorante? **Mica tanto.**	*Did you eat well at the restaurant? Not really.*

Affatto is used in the same way as **mica**, but **mica** cannot be used with **niente**:

Ha studiato molto, ma non è **affatto** pronta per l'esame.	*She studied a lot, but she is not ready at all for the exam.*
Ha studiato molto, ma non è **mica** pronta per l'esame.	*She studied a lot, but she is not ready at all for the exam.*

Niente affatto means, *not at all, nothing at all*:

Il ricamo è **niente affatto** bello.	*The embroidery is not well done at all.*
Questa stoffa è **niente affatto** cara.	*This material is not expensive at all.*

The Use of Nessun altro

Very often, Italian **altro** is used for the English **else**.

nessun altro	*no one else*
nient'altro	*nothing else*
qualcun altro	*someone else, anyone else*
qualcos'altro	*something else*
da nessun'altra parte	*nowhere else*
da qualche altra parte	*somewhere else*
Nessun altro può entrare.	*No one else can come in.*
Hai parlato con **nessun altro**?	*Did you speak with anyone else?*
Non c'è **nient'altro** da fare.	*There is nothing else one can do.*
Vorrei mangiare qu**alcos'altro**.	*I would like to eat something else.*
Non ha guardato da **nessun'altra parte**.	*He did not look anywhere else.*
Penso che andremo **da qualche altra parte.**	*I think we will go somewhere else.*

Other Indefinite Expressions

che cos'altro?	*what else?*
chi altro?	*who else?*
senz'altro	*of course, certainly*

Expressions with Niente

niente affatto	*not at all*
Non fa niente.	*It doesn't matter.*
da niente	*unimportant, insignificant*
non per niente	*for good reason*

fare qualcosa per niente	*do something for nothing, without results*
niente di meno	*no one less than*
Non sono **niente affatto** soddisfatto della situazione.	*I am not satisfied at all with the situation.*
Non è importante. È una cosa **da niente**.	*It is not important. It is an insignificant thing.*
Dobbiamo sempre pagarlo. Non fa niente **per niente**.	*We always have to pay him. He never does something for nothing.*

 ## Esercizio 13.3

Rewrite the following sentences in the negative.

EXAMPLE: LUISA MANGIA TUTTO. *LUISA NON MANGIA NIENTE.*

1. Loro vanno sempre in piscina durante l'estate.

   _____

2. I miei amici vedono tutti i film stranieri.

   _____

3. Ha tante cose da dirmi.

   _____

4. Io arrivo sempre in ritardo agli appuntamenti.

   _____

5. Ho tutti gli ingredienti per fare la torta.

   _____

6. Faccio sempre un pisolino il pomeriggio.

   _____

7. Voi andate sempre a letto tardi la sera.

   _____

8. Mi piacciono molto i film di fantascienza.

   _____

9. Penso che la tua vita sia nè movimentata nè interessante.

   _____

10. I gattini vogliono giocare e dormire.

    _____

The Past Progressive Tense

The past progressive tense expresses a past action or actions that were in progress in the past, or were occurring in the past. They are equivalent to the English past progressive tense.

Gli uomini **stavano lavorando** per finire il lavoro prima della pioggia.	*The men were working to finish the job before it rained.*
I ragazzi **stavano pulendo** la loro camera.	*The boys were cleaning their room.*

Formation of the Past Progressive Tense

The past progressive tense is a compound tense. It is formed by conjugating **stare** in the imperfect and adding the gerund of the main verb. It is also called the imperfect continuous or past gerund:

Io stavo studiando.	*I was studying.*
Tu stavi dormendo.	*You were sleeping.*
Lui stava lavorando.	*He was working.*
Lei stava cucendo.	*She was sewing.*
Noi stavamo parlando.	*We were talking.*
Voi stavate guidando.	*You were driving.*
Loro stavano pulendo.	*They were cleaning.*

Uses of the Past Progressive Tense

The past progressive tense is used with actions or events going on in the past. Following are some examples:

Io stavo attraversando la strada, quando ho visto arrivare una macchina.	*I was crossing the road when I saw a car coming.*
Lei stava parlando con noi al telefono, quando sono arrivati i suoi amici.	*She was talking with us on the telephone when her friends arrived.*
Noi stavamo cenando, quando è andata via la luce e non avevamo le candele.	*We were having dinner when the electricity went off, and we did not have any candles.*
Tuo figlio stava migliorando piano piano, quando all'improvviso è peggiorato.	*Your son's health was improving little by little when all of a sudden he got worse.*

Verbs that generally are not used in the gerund form in the past progressive tense are **essere, stare, potere, sapere, avere, volere,** and **dovere**.

Esercizio 13.4

Complete the following sentences with the correct form of the past progressive of the verbs in parentheses.

1. Gli spazzini _____ le strade. (spazzare)

2. Gli operai _____ i fili della corrente elettrica. (riparare)

3. Ho letto sul giornale che i soldati _____ per aiutare i malati in Africa. (partire)

4. Io _____ ma mi sono attaccata al braccio di mio marito. (cadere)

5. Che cosa (voi) _____ ieri sera quando vi ho telefonato? (fare)

6. Dove (lei) _____ quando l'ho vista uscire di casa così presto? (andare)

7. Lei _____ all'aereoporto per prendere l'aereo per l'Italia. (andare)

8. Mia nipote _____ una lunga lettera a suo padre. (scrivere)

9. Che cosa _____ di noi la tua amica? (pensare)

10. Il meccanico _____ la mia macchina, ma era tardi e non ha finito. (riparare)

 Esercizio 13.5

Translate the following sentences into Italian, using the past progressive tense.

1. My husband was traveling when the water faucet broke.

   _____

2. The dog was barking because the owners were not at home.

   _____

3. I was going to the movies, but I left the money at home.

   _____

4. They were departing, but their flight was canceled.

   _____

5. The students were listening to the professor very carefully.

_____

6. You were sleeping when she got up and made herself breakfast.

_____

7. We were sleeping on the train when we arrived at the station.

_____

8. I was working very hard to get ready for the trip.

_____

9. We were going to the theater, but I felt sick.

_____

10. What were you doing? I was singing in the shower.

_____

 ## Esercizio 13.6

Complete the following sentences with the past progressive tense with the verb suggested in parentheses.

1. Carla _____ un regalo per il compleanno della figlia. (cercare)

2. Laura _____ i suoi parenti a pranzo, ma erano già in ritardo. (aspettare)

3. Giorgio _____ un nuovo libro e _____ di finirlo prima del suo viaggio. (scrivere, sperare)

4. Luigi _____ la facoltà di architettura all'Università di Padova. (frequentare)

5. Noi _____ a trovare Claudia, ma aveva cambiato casa. (andare)

6. Che cosa _____ Claudio quando abbiamo chiamato? (fare)

7. Lui _____ i biglietti per lo spettacolo di domenica. (comprare)

8. Io _____ e tu mi hai interrotto. (parlare)

9. Loro _____, ma li ho fermati alla stazione. (partire)

10. Voi _____ una lettera per la zia della mia amica. (tradurre)

Reading Comprehension

 La domenica pomeriggio

Da giovane, tutte le domeniche pomeriggio, andavo a ballare con degli amici in un club universitario per giovani della città dove abitavo a quei tempi. Quando andavo alle feste danzanti domenicali, ero con una comitiva di ragazzi e ragazze della mia età. Ci divertivamo molto, ed eravamo felici e non ci preoccupavamo mai di niente.

Il club dove ci radunavamo era un locale molto ampio, nel centro della città, era sicuro e nessuno doveva avere paura nè di essere aggredito, nè di uscire quando fuori era buio. Tutte le domeniche dalle 16,00 alle 20,00 c'era un gruppo musicale locale che ci intratteneva con della bella musica moderna e ci permetteva di divertirci ballando spensieratamente per qualche ora.

Era un locale serio, dove nè bevande alcoliche e neppure droghe erano disponibili e nessuno le cercava. I miei genitori mi davano il permesso di andare a questi pomeriggi danzanti, ma non potevo mai ritornare a casa tardi e neppure andare fuori a cena con le mie amiche quando il club chiudeva. Con il passare del tempo, abbiamo smesso quasi tutti di frequentarlo a causa degli obblighi e delle esigenze della vita quotidiana.

La domenica, gli uomini preferivano incontrarsi per guardare le partite di football alla televisione e non ne volevano mai perdere una e le donne dovevano accudire a tutte le necessità della vita domestica. Anche oggi, dopo tanti anni, quando incontro le mie amiche, parliamo ancora delle belle ore che abbiamo trascorso al club e che nessuna di noi ha mai dimenticato.

Nomi

l'allegria	*cheerfulness*	**la droga**	*drug*
la bevanda	*drink*	**il locale**	*place*
il buio	*darkness*	**l'obbligo**	*obligation*
la comitiva	*bunch (of people)*	**la spensieratezza**	*thoughtlessness*

Verbi

accudire	*to attend*	**radunarsi**	*to gather*
intrattenere	*to entertain*	**smettere**	*to stop*
permettere	*to allow*	**trascorrere**	*to spend*

Aggettivi

ampio	*large*
danzante	*dancing*
sicuro	*safe*

Domande e Risposte

After carefully reading the story, answer the questions in full sentences in Italian.

1. Che cosa c'era al club ogni domenica?

   _____

   _____

2. Che cosa facevano i giovani al club?

   _____

3. Perchè hanno smesso di andarci?

   _____

   _____

4. Di che cosa parlano le amiche quando si incontrano dopo tanti anni?

   _____

   _____

5. Ti piace ballare? Tu vai a ballare?

   _____

   _____

14

Direct Object Pronouns

Transitive Verbs and the Direct Object Pronouns

A direct object receives the action of the verb directly, and it can be a person or a thing. Verbs that take the direct object are called transitive verbs. The object pronouns are used to avoid repetition, but one has to know what the object is before using them, or it is impossible to know what one is saying:

> I write **the book**.

> I see **the girl**.

Direct object pronouns in Italian precede the verb except for the present participle, the infinitive, and some imperative forms when the direct object is attached to the verb. Object pronouns in Italian are never stressed.

Here are the Italian direct object pronouns:

Third person	lo/la/La	li/le/Le
	Io ascolto la musica	*I listen to the music.*

The object pronoun for **musica** is **la**. After you know what you are listening to, you can replace "la musica" with the object pronoun:

la ascolto (l'ascolto)	*I listen to it.*
Cerco la palla.	*I am looking for the ball.*
La cerco.	*I am looking for it.*
Nessuno capisce Giovanni.	*No one understands Giovanni.*
Nessuno **lo** capisce.	*No one understands him.*
Gli studenti non sanno le regole di grammatica.	*The students do not know the grammar rules.*
Gli studenti non **le** sanno.	*The students do not know them.*

The direct object pronoun can be placed in either of two positions in a sentence. It can be placed directly before the first verb, or it can be attached to the infinitive after dropping the final –**e** of the infinitive. In either case, the meaning does not change:

Giovanni vuole vedere Maria.	*Giovanni wants to see Maria.*
Giovanni **la vuole** vedere.	*Giovanni wants to see her.*
Giovanni vuole **vederla**.	*Giovanni wants to see her.*

To make a sentence negative, **non** is placed before the direct object pronoun:

Non la compro.	*I don't buy it.*
Non lo mangio.	*I don't eat it.*

When the direct object is attached to the infinitive, **non** is placed in front of the first verb:

Non voglio studiarla.	*I don't want to study it.*
Non devo portarla.	*I don't have to bring it.*

Keep in mind that the direct object pronoun does not need any clarification. It is clear that **lo** refers only to a masculine person or thing, and it can only mean *him*; **la** can only mean *her*; **li** can only mean *them*, masculine plural; and finally, **le** can only mean *them*, feminine plural.

In compound tenses, the past participle must agree in gender and number with the **lo, la, li, le** forms:

Ieri ho comprato il giornale.	Ieri l'ho comprato.

Agreement with the other forms (**mi, ti, ci, vi**) is optional:

Maria, **ti** ha chiamato Gianni?	No, non **mi** ha chiama**ta**.

Notice the elision of the pronoun in front of a noun starting with a vowel in the singular form. This is not true for plural pronouns:

Ieri ho comprato i giornali.	Ieri **li** ho comprat**i**.

 ## Esercizio 14.1

Complete the following sentences with the correct forms of the direct object pronoun.

1. Paola _____ visita tutte le settimane. (loro)

2. Ho visto il fratello di lui, ma non _____ ricordo. (lui)

3. I nostri amici vogliono che andiamo a _____. (visitare loro)

4. Sai dov'è tua sorella? Voglio _____ per due minuti. (vedere lei)

5. Io invito i miei amici a cena. _____ invito raramente perchè abitano lontano them. (loro)

6. Oggi vado in centro e compro due libri. _____ compro in libreria. (li)

7. I ragazzi si lavano, si vestono e la mamma prepara la colazione e _____ saluta quando vanno a scuola. (them)

8. A che ora dobbiamo incontrare il professore? _____ dobbiamo incontrare alle 15:00. (him)

9. Loro leggono molte riviste. _____ leggi anche tu? No, non _____ leggo, preferisco guardare la televisione. (them, lthem)

10. Scrivo una lettera e _____ spedisco domani. (it)

Esercizio 14.2

Complete the following sentences with the correct form of the direct object pronoun.

1. Quando vado in Italia faccio molte fotografie. Quando ritorno dall'Italia _____ stampo e _____ mostro a tutti gli amici.

2. I miei zii e cugini partono domani mattina e _____ voglio salutare perchè non _____ vedrò per tanto tempo.

3. Preferite la pasta o la carne? Preferiamo la pasta. _____ mangiamo tutti i giorni e la carne _____ mangiamo alla sera.

4. Claudia telefona a suo padre. _____ chiama ogni sera prima di andare a coricarsi.

5. Io non conosco la strada per andare a casa sua, ma mio marito _____ conosce bene,

6. Gianni ha chiamato tutti gli amici. _____ ha chiamati ieri sera tardi.

7. Maria ha comprato la rivista? Sì, ____ ha comprata ritornando a casa dal lavoro.

8. Hai visto Teresa? Sì, ____ ho vista al supermercato.

9. Erica ha ricevuto i voti degli esami? Sì, _____ la settimana scorsa.

10. Hai comprato le scarpe nuove? No, non _____ ho comprate perchè non _____ ho trovate.

The agreement of the object pronoun and the past participle in compound tenses applies also to the reflexive verbs. In front of the direct object forms, **lo, la, li, le**, the reflexive forms **mi, ti, ci, vi** become **me, te, se, ce**, respectively:

Isabella si è messa le scarpe.   Isabella **se le** è messe.

Ieri mi sono fatta la doccia.   **Me la** sono fatta **ieri**.

Direct object pronouns also have tonic forms (**me, te, sè, noi, voi, loro**). These are used to avoid ambiguity and confusion, and are used for emphasis. They are also used after prepositions and adverbs such as **con, anche, solo**, and **per**.

 Esercizio 14.3

Rewrite the following sentences with the correct form of the reflexive object pronouns as shown in the example.

EXAMPLE: SABATO SI COMPRA LE SCARPE NUOVE.
             SE LE COMPRA SABATO.

1. Silvia si taglia i capelli. _____

2. Laura e Paola si comprano un abito nuovo domani. _____

3. Quando finiamo di sciare ci togliamo subito gli scarponi. _____

4. Diana vuole fumarsi una sigaretta sul balcone. _____

5. Diana si è fumata una sigaretta di nascosto. _____

6. Noi beviamo una birra dopo il lavoro. _____

7. Mi sono letta la lettera tutto d'un fiato. _____

8. Vi ricordate l'indirizzo della casa di Maurizio? _____

9. Mi sono comprato un bel cappotto. _____

10. Ci siamo cotti una frittata deliziosa. _____

Pronomi oggetto diretto (tonici)

me	*me*	**noi**	*us*
te	*you* (fam. sing.)	**voi**	*you* (fam. pol. pl.)
lui, lei	*him, her*	**loro**	*them*
Lei	*you* (m. and f. sing.)	**Loro**	*you* (m. and f. pl.)

Maria **mi** chiama tutte le mattine.   Maria chiama **me** tutte le mattine (non **te**).

Maria calls me every morning.   *Maria calls me every morning (not you).*

Luigi **ti** invita ad andare a una festa.   Luigi invita **solo te** alla festa.

Luigi invites you to the party.   *Luigi invites only you to the party.*

 ## Esercizio 14.4

Complete the following sentences with the direct object pronoun.

1. Vengo a visitar _____ (lei) e visito anche _____ (you).

2. Abbiamo scelto _____ (you) per questo lavoro, perchè sei molto competente.

3. Non mi piace quella ragazza, per questo se invitate _____ (her) io sto a casa.

4. Non ho mai conosciuto una persona gentile come _____ (you).

5. Non ascoltar _____ (lei). Ti racconta tante frottole. Ascolta _____ (me).

6. Arturo mangia gli spaghetti tutti i giorni. _____ mangia con la salsa di pomodoro (them).

7. Arturo ha mangiato il pesce tutti i giorni. _____ ha mangiato fritto e alla griglia (it).

8. Ho portato solo _____ alla festa. Tuo fratello _____ porto la prossima volta (you, him).

9. Io e _____ formiamo veramente una bella coppia (you).

10. So che non _____ conosci bene, ma io conosco _____ (me, you).

The Indirect Object Pronoun

The indirect object pronoun replaces indirect objects. In general, they answer the questions *to whom*, *for whom*. In Italian, indirect object nouns are connected to the verb by the preposition **a**:

Scrivo una lettera **a mia figlia**.   *I write a letter to my daughter.*

The indirect object pronouns are:

SINGULAR		PLURAL	
mi	(a me)	**ci**	(a noi)
ti	(a te)	**vi**	(a voi)
gli, le, Le	(a lui, a lei, a Lei)	**loro (gli), Loro**	(a loro, a Loro)

The indirect object pronouns usually come before the verb:

Riccardo, che cosa **ti ho detto**?   *Riccardo, what did I tell you?*

Erica, che cosa **mi hai portato?**   *Erica, what did you bring me?*

With the imperative, indirect object pronouns may form one word:

Quando arrivi, **scrivimi**.   *When you arrive, write me.*

Portateci due caffè, per favore!   *Bring us two coffees, please!*

With the infinitive and the gerund, the indirect pronouns may form one word, but they may also precede the verb form:

Puoi **darmi** quella sedia, per favore?   *Could you give me that chair?*

but also

Mi puoi dare quella sedia?

With the verb **fare** + the infinitive, the indirect object pronouns precede the verb **fare**. When **fare** is in the infinitive, or gerund, the indirect object pronoun can be attached to **fare** or may precede the main verb:

Voglio **far lavare** il cappotto di Erica.

Voglio **farle lavare** il cappotto.

Le voglio far lavare il cappotto.

The indirect object pronoun is used with all the verbs that are followed by the preposition **a**, especially verbs such as **parlare, telefonare, dire, domandare, chiedere, rispondere,** etc.

Very often, the indirect object pronouns are used with the following verbs, mostly in the third person singular and third person plural (also sometimes used with the other forms):

bastare a qualcuno	*to be enough for someone*
convenire a qualcuno	*to be worth to someone, to be wise*
dispiacere a qualcuno	*to displease*
fare piacere a qualcuno	*to be pleasing to someone*
interessare a qualcuno	*to be of interest to someone*
sembrare a qualcuno	*to seem*
servire a qualcuno	*it is needed by someone*

Gli basta poco per essere felice.	*He doesn't need much to be happy.*
Non **ti conviene** fare il furbo con me.	*It is not wise for you to be smart with me.*
Le tue idee non **dispiacciono al** capo.	*Your ideas are pleasing the boss.*
Ti sembra bello quello che ha detto?	*Does it seem nice what he said?*
Vi servono dei bicchieri per la festa?	*Do you need some glasses for the party?*

It is possible to use the verbs mentioned above as follows:

Se non **ti bastiamo,** andiamo via.	*If we are not enough for you, we'll leave.*
Da quando **ti interesso**?	*How long have I been interesting to you?*
Io non **le piaccio**.	*He doesn't like me.*
Paola, **mi sembri** molto stanca.	*Paola, you seem very tired to me.*

The verb **andare,** used exclusively in the third person singular + the indirect object pronoun acquires a special meaning of feeling like, wishing for something, and so on:

Ti va una birra? Sì, **mi va,** se è molto fredda.	*Would you like a beer? Yes, if it is very cold.*
Se non **vi va** di andare a teatro, . state a casa	*If you do not like to go to the theater, stay at home.*
Le vongole non **gli vanno**.	*He doesn't like clams.*
Signora, **le va** di insegnarci a ricamare?	*Madam, would you like to teach us to embroider?*

 ## Esercizio 14.5

Select and circle the correct form of the indirect object pronoun in the following sentences.

1. Giovanni è una persona molto attiva, non (A) gli piace (B) le piace (C) si piace perdere tempo.

2. Alla televisione guardo solo i programmi Italiani. I notiziari non (A) mi interessa (B) mi interessano (C) mi interesso.

3. Il regalo che avete fatto ai vostri genitori (A) vi farà (B) gli faranno (C) gli farà molto piacere.

4. Mia figlia è arrivata a casa tardi. Lo so perchè (A) le ho telefonate (B) le ho telefonato (C) gli sono telefonato.

5. La proposta di lavoro che ho ricevuto è molto interessante, ma devo ancora valutare se (A) mi conviene (B) gli conviene, (C) si conviene accettare.

6. È tardi, non posso rimanere a cena, (A) mi dispiaccio (B) mi dispiacciono (C) mi dispiace, ma devo andare a casa a finire di studiare.

7. Mi hanno detto che Carlo non si sente bene e sono venuta a (A) fargli visita (B) gli fare visita (C) farci visita.

8. Loro vogliono comprare una casa, ma per farlo (A) si servono (B) gli serve (C) gli servono molti soldi.

9. Silvia abita molto vicino alla sua scuola. Per arrivare a casa (A) ci basta (B) le bastano (C) si basta pochi minuti.

10. So che (A) le dispiace (B) ci dispiace (C) vi dispiace che sua mamma parte.

 Esercizio 14.6

Complete the sentences with the indirect object pronoun as necessary.

1. Ciao Carlo. _____ va di venire con me a visitare Carolina?

2. Pensavo di andare a trovare la nostra amica Giulia perchè è influenzata.

3. _____ dispiace molto.

4. Pensi che _____ serva qualcosa?

5. Abita vicino a me. Posso portar _____ della frutta o una minestra calda.

6. Anch'io voglio andar _____ a trovare e portar _____ qualche cosa da mangiare.

7. Se _____ fa piacere, possiamo andare assieme.

8. Forse è meglio se _____ telefoniamo e _____ chiediamo se possiamo andare.

9. Possiamo anche chieder _____ a che ora preferisce che andiamo.

10. Certo, se vuoi _____ chiamo io.

Several verbs that take the direct object in English take the indirect object in Italian. Following are some of the most commonly used ones:

chiedere a qualcuno	*to ask someone*
disobbedire a qualcuno	*to disobey someone*
domandare a	*to ask someone*
insegnare a	*to teach someone*
obbedire a	*to obey someone*
pagare a	*to pay someone*
piacere a	*to be pleasing to someone*
rispondere a	*to answer someone*
scrivere a	*to write someone*
telefonare a	*to phone someone*

Le ho chiesto dove voleva andare.   *I asked her where she wanted to go.*
Gli ho pagato la cena al ristorante.   *I paid for his dinner at the restaurant.*
A loro piace sciare.   *They like to ski.*

Verbs That Take Two Objects

Many Italian verbs take two objects: a direct object (a thing) and an indirect object (a person).

Some of these verbs are:

cantare qualcosa a qualcuno	*to sing something for someone*
comprare qualcosa a qualcuno	*to buy something for someone*
consegnare . . .	*to deliver something to someone*
dare . . .	*to give something to someone*
dire . . .	*to tell something to someone*
domandare . . .	*to ask someone for something*
insegnare . . .	*to teach something to someone*
inviare . . .	*to send something to someone*
lasciare . . .	*to leave something for someone*
leggere . . .	*to read something to someone*
mandare . . .	*to send something to someone*
offrire . . .	*to offer something to someone*
portare . . .	*to bring something to someone*
preparare . . .	*to prepare something for someone*
promettere . . .	*to promise something to someone*
regalare . . .	*to give a gift to someone*
restituire . . .	*to return something to someone*
ricordare . . .	*to remind someone something*
ripetere . . .	*to repeat something for someone*
spedire . . .	*to send something to someone*
spiegare . . .	*to explain something to someone*
suggerire . . .	*to suggest something to someone*
vendere . . .	*to sell something to someone*

Esercizio 14.7

Rewrite the following sentences with an indirect object pronoun as shown in the example.

EXAMPLE: LUI CANTA UNA CANZONE A ISABELLA.
            LUI **LE** CANTA UNA CANZONE.

1. Tu compri le scarpe ai bambini. _____

2. Il postino ha consegnato una lettera alla mia amica. _____

3. Noi diamo la penna ad Antonio. _____

4. Diciamo sempre ai bambini di leggere. _____

5. Noi diamo le istruzioni ai turisti. _____

6. Tu presti la macchina a Luca. _____

7. Paolo ha regalato un orologio alla sua ragazza. _____

8. Loro mandano un pacco ai nonni. _____

9. Giorgio ha dato il suo indirizzo a Marcello. _____

10. Il professore ha ripetuto la lezione a tutti noi. _____

11. Abbiamo pagato la cena a Filippo. _____

Esercizio 14.8

Complete the following sentences with the proper indirect object by substituting the noun in parentheses.

1. Noi _____ abbiamo mandato l'acconto per l'albergo. (al padrone)

2. Noi _____ abbiamo prenotato una camera. (per Lucia)

3. Tu _____ hai comprato i biglietti. (per noi)

4. Bisogna spedir_____ il regalo. (a Marisa)

5. Dobbiamo ordinar _____ il regalo di nozze. (a Giorgio)

6. Voglio restituir _____ il libro che _____ ha imprestato. (a Luigi, a Paola)

7. Bisogna portar _____ la lista di nozze. (a lei)

8. Bisogna comprar _____ dei giocattoli nuovi. (a voi bambini)

9. Bisogna vender_____ i biscotti. (a mia mamma)

10. Lei _____ ha ordinato tante torte. (a Irene)

15

The Pronouns *Ci* and *Vi* and *Ne*

Pronouns *Ci* and *Vi*

The Italian object pronouns **ci** and **vi**, are used a lot and are very useful. Initially they are quite intimidating, but once understood, their meaning and how to use them are quite easy to use correctly. **Ci** is used more than **vi**. They replace prepositional phrases of location. They are identical in form to the first and the second person plural object pronouns, but context clarifies if they are used as direct objects, indirect objects, or pronouns of location. They are referred to as "locative pronouns," and they replace a prepositional phrase consisting of the prepositions **a**, **in**, **su**, + location. Some examples are:

al bar	*at the bar*	**al cinema**	*at the movies*
a Roma	*to Rome*	**in Italia**	*in Italy*
sul tetto	*on the roof*	**in trattoria**	*in the restaurant*

Sei mai andato in quel bar?	*Have you ever been in that bar?*
No, non **ci** sono mai andato.	*No, I have never been there.*
I miei amici vanno allo stadio.	*My friends are going to the stadium.*
Io non **ci vado**.	*I am not.*

When referring to a location, **ci** is often used with verbs such as **andare**, **essere**, **rimanere**, **stare**, and **venire**:

Siamo andati al ristorante e	*We went to the restaurant, and*
ci siamo rimasti per molte ore.	*we stayed there for many hours.*

Ci has many different uses quite different from English and is rather confusing to students of Italian. In the following pages, some of these uses will be shown.

244

Ci can take the place of a phrase introduced by **a** + the infinitive of verbs such as **credere, pensare, provare, rinunciare,** and **riuscire**:

Riesci a correre per un'ora?	*Are you able to run for an hour?*
No, non **ci** riesco, ma preferisco camminare.	*No, I am not able, but I prefer walking.*

Ci is attached to the same verb forms to which object and reflexive pronouns are attached. It changes to **ce** before the direct object pronouns **lo, la, li, le,** and before **ne**. (**ne** will be covered in the next chapter.)

Hai messo la macchina nel garage?	Sì, l'ho messa nel garage.
Sì, **ce l'**ho messa.	

Ci does not change form when it follows other pronouns:

Ti trovi bene in Italia?	Sì, mi **ci** trovo molto bene.

Ci, like a direct object pronoun, can precede a conjugated verb or attach to an infinitive. When **ci** is attached to the infinitive, the infinitive's final **–e** is dropped. **Ci** precedes the formal forms of the imperative but attaches to the **tu, noi,** and **voi** forms:

Non ho mai provato a fare la torta di mele.	*I have never tried to make an apple pie.*
Prova**ci**! Non è difficile farla.	*Try it! It is not hard to make it.*

Ci precedes the third person reflexive pronoun singular or plural:

Paola si trova bene in Italia?	Si, **ci si** trova bene.
Gli studenti si trovano bene in Italia?	Si, **ci si** trovano bene.

Ci has an idiomatic function with a few verbs: **vederci** and **sentirci** which translate as *to be able to see, to be able to hear*; **pensarci,** *to think about*; and **crederci,** *to believe in*:

Senza occhiali non **ci vedo**. Puoi leggermi il menù?	*Without glasses I cannot see. Can you read me the menu?*
Devo parlare ad alta voce perchè non **ci sente** bene.	*I have to speak loudly because he can't hear well.*
Io **credo** in Dio. E tu **ci credi**?	*I believe in God. What about you?*
Sì, **ci credo**.	*Yes, I believe.*

The verbs **volerci** and **metterci** both mean *to take time*, but they are not interchangeable. **Volerci** is impersonal, and it is used only in the third person singular and plural. **Metterci** is conjugated in all forms and agrees with the subject:

Ci vuole molto tempo per scrivere un libro.	*It takes a long time to write a book.*
Ci vogliono molti volontari per lavorare al Festival italiano.	*Many people are needed to work at the Italian festival.*
Ci mettiamo sei ore di macchina per arrivare da nostro figlio.	*It takes us six hours by car to get to our son's house.*

Other verbs that are used idiomatically with **ci** are:

cascarci *to fall for, to be tricked*

tenerci *to be important for someone*

contarci *to count on something*

avercela (con) *to have it in for (someone)*

Vieni alla festa a casa nostra? **Ci tengo**.	*Will you come to the party at my house? It is important to me.*
Non credo di **farcela**, ma ci provo.	*I don't think I can make it, but I will try.*
Pietro **ce l'ha** con me perchè non l'ho chiamato ieri sera.	*Pietro is mad at me because I did not call him last night.*

Ci replaces the construction **da** + *place*, which relates the idea of *at, to someone's place*:

Domani vado dal dottore.	*I am going to the doctor's tomorrow.*
Ci vado domani.	*I will go tomorrow.*

 ## Esercizio 15.1

*Rewrite the following sentences using the verbs and **ci** in place of the words written in cursive.*

1. *Sono necessarie* due ore di aereo per andare in Florida. (volerci)

   _____

2. Accendi la luce. *Non posso vedere niente.*

   _____

3. Quel ristorante è caro e non è buono. Non *voglio andare lì*.

   _____

4. *È molto importante per me* che tu venga a casa mia per la mia festa.

_____

5. *Non posso sentire bene.* Puoi ripetere quello che hai detto?

_____

6. Ho troppe cose da fare *non riesco a fare* tutto.

_____

7. *Riesci* a cucinare tutti i giorni?

_____

8. Sei mai stato in Florida? Sì, *sono andato lì* l'anno scorso.

_____

9. Vieni da noi questa estate? Non sono sicura se *posso venire.*

_____

10. Quanto tempo sei stato in montagna? *Sono stato lì* due mesi.

_____

Esercizio 15.2

Answer the questions using the pronoun **ci**.

1. Vuoi imparare a lavorare ai ferri? Sì, _____. (provarci)

2. Sei arrabbiato con tuo fratello? Sì, _____. (avercela)

3. Perchè usi gli occhiali? Perchè _____. (vederci)

4. Volete venire con noi a teatro domenica? Forse, _____.
   (pensarci)

5. Pensate spesso a vostra figlia? Sì, _____.
   (pensarci)

6. Loro vanno alla partita tutti i sabati. E voi _____?
   (andarci)

7. Credete ai fantasmi? No, non _____. (crederci)

8. Devo alzare il volume della TV perchè lui non _____.
   (sentirci)

9. _____ molti ingredienti per fare la torta natalizia. (volerci)

10. Ai vostri vicini piace venire a casa vostra? Non credo perchè non
_____ mai (venirci).

Esercizio 15.3

*Complete the following sentences with the pronoun **ci** or **ce**.*

1. Per andare a casa _____ abbiamo messo molte ore a causa di un
incidente.

2. È un test molto difficile, non _____ capisco niente.

3. Laura segue molto la moda, invece Veronica non _____ tiene affatto.

4. Tutte le favole che _____ raccontavano quando earvamo piccoli,
cominciavano con le parole "____" era una volta.

5. Chiara, Giorgio ha detto che _____ accompagna lui a casa perchè è
troppo tardi.

6. Ti trovi bene in Italia? Sì, mi _____ trovo abbastanza bene.

7. Domani vado dal medico. E tu quando _____ vai?

8. ____ erano molte persone al ristorante questa sera. Di solito _____ poca
gente.

9. Hai vinto al casinò? No, ma _____ ho rinunciato perchè non volevo
sprecare soldi.

10. Ti aspetto a casa mia. Io e la mia famiglia _____ teniamo molto.

Pronoun *Ne*

The pronoun **ne** can also be intimidating until it is understood. It can replace
an indefinite article or a partitive article + noun. It conveys the meaning of
some of it, some of them. **Ne** also can replace nouns after words of quantity such
as **molto, tanto, poco**, and **alcuni/alcune**, as well as nouns after numbers.
It can refer to people and things. To stress the *some*, you must use **alcuni/
alcune** with the count nouns, e *un po' di* with non count nouns:

Vuoi del pollo? Sì, **ne voglio.**   Vuoi del pollo? Sì, **ne** voglio **un po'.**
(unstressed)   (stressed)

Would you like some chicken?   *Would you like some chicken? Yes, I do*
Yes, I would like some.   *like some.*

Vuoi delle patate? Sì, **ne** voglio. (unstressed)	Vuoi delle patate? Sì, **ne** voglio **alcune.** (stressed)
Would you like some potatoes? Yes, I would like some.	*Would you like some potatoes? Yes. I do like some.*

Ne also replaces numerical and indefinite expressions, in which case it means *of it, of them*. The numerical or indefinite modifier of the noun in the expression is retained:

Voglio comprare tre **vestiti**.	*I want to buy three dresses.*
Ne voglio comprare **tre.**	*I want to buy three.*
Ne voglio **tre.**	*I want three of them.*

Ne can replace **di** + *person/thing*, in which case it means *of, about*:

Lei parla sempre **della nipote**.	*She always speaks about her granddaughter.*
Lei **ne** parla sempre.	*She always speaks about her.*

Ne can be attached to the same verb forms to which objects and reflexive pronouns are attached:

Prendi**ne un po'.**	*Take some.*

In compound tenses, the past participle agrees in gender and number with the noun that **ne** replaces.

If **ne** replaces **di** + *a person or a thing*, there is no agreement:

Ho mangiato **molte lasagne.** **Ne ho** mangiate molte.	*I ate a lot of lasagna. I ate a lot of it.*
Ho bevuto **molta acqua.** **Ne** ho bevut**a** molta.	*I drank a lot of water.*
Ho parlato di politica tutta la sera. **Ne** ho parlato tutta la sera.	*I spoke of politics all night long.* *I spoke all night long about it.*

If **tutto** is used in the sentence, **ne** cannot replace it, because **tutto** does not convey a partitive notion. In this case the direct object pronoun is used:

Ho mangiato **tutte** le fragole.	*I ate all the strawberries.*
Le ho mangiate tutte.	*I ate all of them.*

Ne can be used in combination with object and reflexive pronouns, including the impersonal **si**:

Gli ho dato tanti soldi. **Gliene** ho dati tanti.	*I gave him a lot of money. I gave him a lot of it.*

Esercizio 15.4

Rewrite the sentences below and substitute the words written in cursive with the pronoun **ne**. *Follow the example.*

EXAMPLE: OGGI HO SCRITTO *TRE LETTERE AI MIEI PARENTI.*
                OGGI NE HO SCRITTE TRE.

1. Ho letto solo *due riviste.* _____

2. Abbiamo comprato *3 kg. di mele.* _____

3. Che cosa pensi *del Presidente?* _____

4. Quanta *pasta ha cucinato* tua madre? _____

5. Quanti *pasticcini hai mangiato?* _____

6. *Abbiamo comprato* molte *riviste.* _____

7. Il doganiere *chiede un documento.* _____

8. Chi *si occupa dell'organizzazione?* _____

9. Quante *sigarette fumi?* _____

10. Quante *sigarette hai fumato?* _____

 Esercizio 15.5

Complete the following sentences with the pronouns **ci** *and* **ne** *or* **ce ne** *as necessary.*

1. Quante ore _____ vogliono per arrivare a casa di tuo figlio?

2. _____ vogliono sei ore in macchina, ma _____ vogliono solo due in aereo.

3. Che _____ dici di iniziare il pranzo con un antipasto di calamari?

4. _____ penso perchè non mi piacciono molto i calamari.

5. Questa minestra è troppo salata. Devi metter _____ meno sale.

6. È vero, _____ metto sempre troppo.

7. Per fortuna abbiamo trovato un taxi che _____ ha portato all'aereoporto.

8. _____ erano pochi, perchè i mezzi pubblici erano in sciopero.

9. _____ abbiamo chiamati tre, ma avevamo troppe valige e non si sono fermati.

10. Secondo me questa ragazza non è così brutta come dicono, tu che _____ pensi?

Esercizio 15.6

Complete the following sentences with **ci** *or* **ne** *as necessary.*

EXAMPLE: QUANTI PANINI VUOI? (VOLERE) DUE, HO FAME.
              QUANTI PANINI VUOI? **NE** VOGLIO DUE, HO FAME.
              VAI TU A COMPRARE I PANINI? VA BENE, **CI VADO** SUBITO.

1. Vuoi bere della birra. Sì, grazie _____ (prendere) un bicchiere.

2. Conosci una trattoria dove si mangia bene? No, non _____ (conoscere) nessuna.

3. Vai spesso in trattoria? No, non _____ (andare) quasi mai.

4. Quanto latte metti nel caffè? Io _____ (mettere) poco zucchero perchè non mi piace molto dolce.

5. Vuoi venire con me in palestra? Io _____ (andare) tutti i giorni per un'ora o due.

6. Andate alla festa italiana? Sì, i _____ andiamo sia sabato che domenica.

7. Quanti biglietti volete comprare? Noi _____ (volere) comprare almeno sei.

8. Tua mamma vuole comprare del pesce? Sì, _____ (comprare) tanto tutti i venerdi.

9. Io vado al mercato a comprare il pesce. Vuoi venir__ anche tu? Io _____ vado oggi pomeriggio.

10. La tua famiglia è lontana e tu _____ (sentire) molto la mancanza.

11. Vai spesso a visitare la famiglia? No, non _____ (andare) spesso. _____ (volere) troppo tempo per arrivar _____ e di tempo non _____ (avere) molto.

 Esercizio 15.7

Complete the following sentences with the direct or the indirect object pronoun as necessary.

1. Ho visto Paolo e _____ ho detto di venire da me la settimana prossima.

2. _____ (to me) hai portato i libri che ti ho prestato, ma _____ hai sciupati.

3. _____ ho fatto una domanda, ma non _____ hai risposto perchè stavi ascoltando le notizie.

4. Che cosa _____ consigli di fare? Vado o non vado in Italia?

5. Ho scritto una lettera, ma non _____ ho ancora spedita.

6. Roberto e sua moglie, lavorano molto. Il dottore _____ ha consigliato di riposarsi.

7. _____ ho aspettati fino alle 20:00, poi sono andato a casa e _____ ho chiamati al telefono.

8. Sono molto stanca. _____ puoi aiutare a portare la legna in casa?

9. Che cosa _____ (to him) vuoi chiedere quando _____ (him) vedete?

10. Se volete _____ (to her) telefono più tardi.

Reading Comprehension

 Preoccupazione per la figlia

L'altro giorno mentre ritornavo a casa dal lavoro, mi sono imbattuta in Marco e Francesca, i genitori di una mia amica di scuola. Erano molto seri e quasi quasi non mi hanno vista. Li ho fermati e mi hanno guardato con sorpresa. I loro occhi erano seri e pieni di preoccupazione. Ho chiesto loro se qualche cosa non andava e mi hanno risposto che la loro figlia Giulia era andata in Colombia con un gruppo scolastico per esplorare e studiare il paese, e non telefonava da oltre una settimana.

Erano sicuri che le era successo qualche cosa di serio perchè Giulia telefonava tutti i giorni oppure mandava dei messaggi con il telefonino. Non sapevano che cosa fare e a chi rivolgersi per avere notizie della figlia. Francesca voleva telefonare all'ambasciata, ma io le ho detto che era ancora troppo presto per fare delle indagini. Ho suggerito di chiamare gli altri genitori e chiedere se loro avevano notizie dei propri figli. Ho anche suggerito di chiamare l'albergo in Colombia dove dovevano pernottare gli studenti e chiedere se erano ancora lì o erano già partiti.

Mi è dispiaciuto molto vederli così preoccupati e ansiosi. Erano pronti a prendere l'aereo e andare a cercare loro stessi la ragazza. L'incognita dello stato della figlia e il timore che le fosse successo qualche cosa di nefasto, gli offuscava la mente e non riuscivano a ragionare. Per fortuna hanno deciso che non era molto saggio andare a cercarla ed era meglio aspettare qualche altro giorno.

Sono andata a casa e non ho più avuto notizie. Dopo che era trascorso qualche giorno, ho chiamato la famiglia di Giulia e sono rimasta molto sorpresa, ma felice, perchè ha risposto lei. Mi ha detto che aveva perso il telefonino e non voleva chiedere ai compagni di viaggio di usare il loro. Non aveva immaginato che la sua famiglia fosse in ansia per lei. Io volevo rimproverarla per l'ansia che aveva causato, ma non l'ho fatto perchè anch'io ero molto contenta che tutto fosse finito bene.

Nomi

l'ansia	anxiety	**la preoccupazione**	worry, preoccupation
l'esplorazione	exploration	**il telefonino**	cellular phone
l'incognita	unknown	**il timore**	fear
l'indagine	research		

Verbi

esplorare	to explore	**rimproverare**	to scold
imbattersi	to meet	**rivolgersi**	to turn to
mandare	to send	**suggerire**	to suggest
offuscare	to cloud	**trascorrere**	to go by (as in time)
pernottare	to spend the night		

Aggettivi

nefasto	ill fated
saggio	wise

Domande e Risposte

After carefully reading the selection, answer the following questions in Italian.

1. Chi ha incontrato l'amica di Giulia?

_____

2. Come erano? E perchè?

_____

_____

3. Che cosa volevano fare?

_____

_____

4. Che cosa ha suggerito l'amica di Giulia?

_____

_____

5. Quando è ritornata a casa ha telefonato per far sapere che era ritornata?

_____

6. Perchè non aveva telefonato ai genitori per oltre una settimana?

_____

_____

7. Che cosa faresti tu se tua figlia non chiamasse?

_____

_____

16

Combined Pronouns and Their Use

In sentences where there are direct and indirect object pronouns, it is possible to combine them. When indirect and direct object pronouns are combined, the indirect object precedes the direct object. The indirect object pronouns change their endings from **–i** to **–e** to ease their pronunciation. The indirect object pronouns **mi**, **ti**, **gli**, **ci**, **vi**, and **gli** become **me**, **te**, **glie**, **ce**, **ve**, **glie** when combined with the direct object pronouns and they look as follows:

me lo	me la	me li	me le
te lo	te la	te li	te le
glielo	gliela	glieli	gliele
ce lo	ce la	ce li	ce le
ve lo	ve la	ve li	ve le
glielo	gliela	glieli	gliele

They are written as two words, except for **glielo, gliela, gliele, glieli** that are written as one word. **Glie** in modern Italian is used for the third person singular and plural, masculine and feminine:

Porto subito il caffè a mio marito.	*I am taking the coffee to my husband right away.*
Gli porto subito **il caffè**.	*I am taking him the coffee right away.*
Glielo porto subito.	*I am taking it to her right away.*

In negative sentences, the word **non** goes directly before the direct and indirect pronoun combination:

Io porto **le chiavi** a Giovanna.	*I bring the keys to Giovanna*
Gliele porto.	*I bring them to her.*

Giovanni ti dice la verità.   *Giovanni tells you the truth.*

Giovanni **te la** dice.   *Giovanni tells it to you.*

 ## Esercizio 16.1

Rewrite the following sentences substituting the noun with a direct and an indirect object pronoun combination.

1. Quando ritorno a casa chiamo Pietro e gli do la notizia.

   _____

2. Dobbiamo comprare la macchina a nostro figlio.

   _____

3. Ho visto Olga e mi ha raccontato tutto sul suo viaggio.

   _____

4. Loro la chiamano e raccontano la loro storia.

   _____

5. L'idraulico è venuto e mi ha riparato il mangiarifiuti.

   _____

6. Ho promesso alle mie amiche che manderò loro una cartolina dall'Italia.

   _____

7. Ho detto tante volte a Giovanna che desidero vederla e portarle il cibo.

   _____

8. Io esco, faccio la spesa e la porto ai nonni.

   _____

9. Elena mi ha mostrato i quadri che ha dipinto.

   _____

10. Devo raccontare la storia della mia vita al direttore.

    _____

 ## Esercizio 16.2

In the following sentences, replace nouns and names with the direct and indirect object combined pronouns.

EXAMPLE: I WILL GIVE THE WEDDING GIFT TO MY FRIEND AT THE PARTY.

DARÒ IL REGALO DI NOZZE AL MIO AMICO ALLA FESTA.

GLIELO DO ALLA FESTA.

1. Lei scrive una lettera a sua figlia oggi. _____

2. Io faccio la fotografia a tutti gli ospiti. _____

3. Lei prepara la cena a suo marito. _____

4. Roberta mi mostra il suo quadro. _____

5. Io racconto una storia a Isabella. _____

6. Voi mandate un pacco a noi per Natale. _____

7. Io vi mando un regalo prima di partire. _____

8. Giovanna ci canta una bella canzone. _____

9. Noi compriamo una nuova macchina a nostro figlio. _____

10. Vi imprestiamo la macchina, ma dovete stare attenti. _____

Combined Pronouns with the Imperative, the Infinitive, and the Gerund

When the verb is in the imperative (second person singular and plural), the infinitive, or the gerund, the double pronouns are attached to the verb:

Compra**melo**!	*Buy it for me!*
Comprando**melo** mi fai felice.	*By buying it, you make me happy.*
Penso di comprar**melo**.	*I think I will buy it.*

When we use the strong forms of the indirect object pronouns, only the direct object pronoun is attached to the verb:

Compra**lo a lui**.	*Buy it for him.*
Comprando**lo a lui**, risparmi molto.	*By buying it for him, you save a lot.*
Se pensi di comprar**lo a lui** sarà felice.	*If you think of buying it for him, he will be happy.*

Esercizio 16.3

In the following sentences, replace the noun that forms the direct object and attach it to the verb while expressing the indirect object pronoun with a strong form.

1. Manda la lettera a Carla! _____

2. Imprestate il vostro dizionario a Paola! _____

3. Porta il telecomando alla nonna. _____

4. Offrite un caffè agli ospiti. _____

5. Mandando la lettera alla tua amica, la fai felice. _____

6. Leggi il libro alle bambine. _____

7. Offri un pezzo di torrone ai bambini. _____

8. Compra una palla piccola ai bambini. _____

9. Mostra le posate nuove alla tua amica. _____

10. Portate il telefono in camera alla nonna. _____

_____

 Esercizio 16.4

In the following sentences, replace the nouns or the names in Italian with double pro-nouns, attaching them to the infinitive, the gerund, or the imperative.

1. Dando le informazioni a Luisa, l'hai aiutata molto. _____

2. Restituisci il libro a Giovanna? _____

3. Pensano di spedire il pacco a Isabella? _____

4. Comprando i biglietti per il cinema ci avete fatto un grande regalo.

_____

5. Porti il caffè a letto a tuo marito tutti i giorni? _____

6. Portando il caffè a lui tutte le mattine lo svegli. _____

7. Offri un cioccolatino a tua sorella! _____

8. Porta il caffè al tuo amico! _____

9. Quando esco di casa do le chiavi alla portinaia. _____

10. Dobbiamo lasciare le chiavi ai ragazzi quando usciamo. _____

Double Pronouns with the Negative Form of the Imperative

With the negative form of the imperative, double pronouns can be either attached to the verb or placed between the negation **non** and the verb:

Non comprar**mela**!	*Don't buy it for me!*
Non comprate**cele**!	*Don't buy them for us!*
Non me la comprare!	*Don't buy it for me!*
Non ce la comprare!	*Don't buy it for us!*
Non comprar**cele**!	*Don't buy them for us!*

Esercizio 16.5

Translate the following sentences, putting the double pronouns in front of the verb or attaching them to the end.

1. Don't wear the new shoes in the rain! Don't wear them! _____
   _____

2. I don't need a new coat. Don't buy it for me! _____
   _____

3. Don't bring the new CD to us! Don't bring it to us! _____
   _____

4. Don't make Italian coffee for him. Don't make it for him! _____
   _____

5. Tell us your story! Don't tell it to us! _____
   _____

6. Don't show me your new dress! Don't show it to me! _____
   _____

7. Don't serve the dinner to us! Don't serve it to us! _____
   _____

8. Don't bring us the side dish! _____
   _____

9. Don't open the book! Don't open it for me!_____
   _____

10. Don't write the letter to them! Don't write it to them!_____
    _____

Double Pronouns with Compound Tenses

With the present perfect or any other compound tense, the double pronouns are placed before the verb form, and this form will be coordinated with the gender and number of the pronoun. It does not matter if the auxiliary preceding the past participle in the compound tenses is **essere** or **avere**:

Ci ha comprato **la pianta**.   **Ce l(la)**'ha comprat**a**.
He bought us a plant.   *He bought it for us.*

Mi ha comprato **i panini**.   **Me li** ha comprat**i**.
He bought me the bread rolls.   *He bought them for me.*

With the present progressive, the double pronouns can either be placed before the verb form or attached to the gerund. Remember that the gerund is invariable. The ending, does not change:

Ci sta comprando il gelato. **Ce lo** sta comprando.

He is buying us an ice cream. *He is buying it for us.*

The same goes for the past infinitive. The double pronouns can be attached to the infinitive:

Dice di **aver detto la verità** a sua mamma. Dice di **avergliela detta**.

He says he told the truth to his mother. *He says he told it to her.*

 Esercizio 16.6

In the following sentences, replace the simple present tense with the present progressive and the nouns with double pronouns placed in front of the verb form and then after the gerund.

1. Dai la penna a tua sorella. _____

   _____

2. Racconta una storia a Lisa. _____

   _____

3. Preparano la minestra per te. _____

   _____

4. Suggeriamo il ristorante agli amici. _____

   _____

5. Maria pianta i fiori per la nonna. _____

   _____

6. Voi portate le foglie autunnali alla maestra. _____

   _____

7. Io preparo la festa per mia figlia. _____

   _____

8. Lui compra un anello a sua moglie. _____

   _____

9. La professoressa spiega il congiuntivo agli studenti. _____

   _____

10. Diamo le direzioni ai turisti. _____

    _____

Esercizio 16.7

Translate the following sentences using the double pronouns placing them before the verb suggested in parentheses. (Remember that the past participle must be coordinated with the gender of the direct pronoun when it precedes the verb.)

1. I mailed the pictures to him. _____
   _____ (spedire)

2. You bought Isabella the new dresses. _____
   _____ (comprare)

3. He gave her the book. _____
   _____ (dare)

4. My husband wrote the letters to me. _____
   _____ (scrivere)

5. Her dad built her a playhouse. _____
   _____ (costruire)

6. I gave the homework to the students. _____
   _____ (dare)

7. I forgave their mistakes. _____
   _____ (perdonare)

8. She returned the book to me. _____
   _____ (restituire)

9. I cleaned your grandmother's house. _____
   _____ (pulire)

10. She ironed the shirts for her husband. _____
    _____ (stirare)

Double Pronouns with Modal Verbs

With the modal verbs **dovere** (*must, have to*), **potere** (*to be able, may, can*), and **volere** (to want) used as modifiers of another verb in the infinitive, the double pronoun can either be attached to the infinitive or placed before the verb form:

Posso cucinare la cena per tutti voi.	*I can cook dinner for everybody.*
Posso cucinar**vela**.	*I can cook it for you.*
Ve la posso cucinare.	*I can cook it for you*

Deve portare i biscotti alla sua amica.	*She has to take the cookies to her friend.*
Deve portar**glieli**.	*She has to take them to her.*
Glieli deve portare.	*She has to take them to her.*
Vogliamo mandare le cartoline ai nonni.	*We want to send the postcards to the grandparents.*
Vogliamo mandar**gliele**.	*We want to send them to them.*
Gliele vogliamo mandare.	*We want to send them to them.*

 ## Esercizio 16.8

In the following sentences, replace the noun or the name with the correct form of the double pronouns attached to the infinitive.

1. Devo raccontare la mia storia ai miei nipoti. _____

   _____

2. Vuole mandare il passaporto al Consolato. _____

   _____

3. Vuole regalare un anello a sua moglie. _____

   _____

4. Posso levarmi la giacca? _____

   _____

5. Dobbiamo dire a te e a tua sorella di essere puntuali. _____

6. Potete portare l'orologio a Giovanni? _____

7. I miei figli vogliono comprare una televisione nuova a me e a mio marito.

   _____

8. Il padre deve mettere la giacca a Isabella. _____

9. Io voglio comprare il giornale a te e a tua zia. _____

10. Noi possiamo comprare la pizza per tutti noi. _____

Esercizio 16.9

Using the same sentences, place the double pronouns before the verb forms.

1. Devo raccontare la mia vita ai miei nipoti. _____

2. Vuole mandare il passaporto al Consolato. _____

3. Vuole regalare un anello a sua moglie. _____

4. Posso levarmi la giacca? _____

5. Dobbiamo dire a te e a tua sorella di essere puntuali. _____

6. Potete portare l'orologio a Giovanni? _____

7. I nostri figli vogliono comprare una televisione nuova a me e mio marito.

8. Il padre deve mettere la giacca a Isabella. _____

9. Io voglio comprare il giornale a te e a tua zia. _____

10. Possiamo comprare la pizza per tutti noi. _____

 Esercizio 16.10

Answer the questions in the affirmative, using the double pronouns attached to the verb in the infinitive.

1. Volete pagare il viaggio di Erica? _____

2. Dovete vendere la casa ai vostri figli? _____

3. Puoi regalare una sciarpa alla mamma? _____

4. Vuoi cantare la canzone a Isabella quando la metti a letto? _____

5. Dobbiamo scaricare il programma per Luigi? _____

6. Volete stampare il biglietto di Lucia? _____

7. Devi chiudere il conto in banca di Lara? _____

8. Vuoi portare il regalo alla tua nipotina? _____

9. Devono portare il passaporto a Eric? _____

10. Può aprire le finestre nella casa di Cristina? _____

17

Reflexive Verbs

Reflexive Versus Transitive Verbs

A verb is called "reflexive" when both the subject and the object reflect on the same person. Reflexive verbs are easy to recognize because they add the reflexive pronoun **si** *oneself* to the infinitive form of the verb after omitting the final **–e** of the infinitive. In English, reflexive verbs comprise a rather small category. However, in Italian, reflexive verbs comprise a very large category, and their English equivalents are very seldom reflexive verbs.

I get up myself

SUBJECT	VERB	OBJECT
I	*get up*	*myself*

Reflexive Pronouns

To conjugate a reflexive verb, drop the **–si** from the infinitive and place the reflexive pronoun in front of the conjugated verb. The reflexive pronoun always accompanies the verb.

The reflexive pronouns are object pronouns:

mi	*myself*	**ci**	*ourselves*
ti	*yourself*	**vi**	*yourselves*
si	*himself, herself, yourself* (form.)	**si**	*themselves, yourselves*

To conjugate a reflexive verb, drop the final **–si** from the infinitive, and place the reflexive pronoun in front of the conjugated verb. The reflexive always has a reflexive pronoun. The reflexive pronouns always agree with the subject.

264

SVEGLIARSI	TO WAKE ONESELF UP	*LAVARSI*	TO WASH ONESELF, TO WASH UP
mi sveglio	*I wake myself*	**mi** lavo	*I wash myself*
ti svegli	*you wake yourself*	**ti** lavi	*you wash yourself*
si sveglia	*he/she wakes herself*	si lava	*he/she washes himself/herself*
ci svegliamo	*we wake ourselves*	**ci** laviamo	*we wash ourselves*
vi svegliate	*you wake yourselves*	**vi** lavate	*you wash yourselves*
si svegliano	*they wake themselves*	**si** lavano	*they wash themselves*

Many verbs that are used to express an aspect of the daily routine are reflexive:

abbuffarsi	*to get stuffed (with food)*
addormentarsi	*to fall asleep*
allacciarsi le scarpe	*to tie the shoes*
alzarsi	*to get up*
asciugarsi	*to dry oneself*
coricarsi	*to go to bed*
farsi il bagno	*to take a bath*
farsi la barba	*to shave*
farsi la doccia	*to take a shower*
lavarsi il viso, le mani, ecc.	*to wash one's face, hands, etc.*
lucidarsi le scarpe	*to polish one's shoes*
mettersi le scarpe, guanti, ecc.	*to put on the shoes, gloves, etc.*
pettinarsi	*to comb one's hair*
radersi	*to shave*
spazzolarsi i capelli, i denti	*to brush one's hair, teeth*
spogliarsi	*to get undressed*
svegliarsi	*to wake up*
tagliarsi i capelli	*to get a haircut*
togliersi le scarpe, i calzini, ecc.	*to take off the shoes, socks, etc.*
truccarsi	*to put on makeup*
vestirsi	*to get dressed*

The nonreflexive forms of **fare il bagno** and **fare la doccia** are also commonly used instead of **farsi il bagno** e **farsi la doccia**.

Esercizio 17.1

Eric and Isabella have a special daily routine. Using the verbs in parentheses, complete the sentences that describe what they do each day.

1. Eric _____ alle 7:00 tutte le mattine. (svegliarsi)

2. Isabella non _____ subito, ma sta ancora sotto le coperte. (alzarsi)

3. Alle 7:15 _____ e _____. (fare la doccia, vestirsi)

4. Intanto Eric _____ e canta a squarciagola. (farsi la barba)

5. Anche lui _____ e _____ per allenare la sua amica al tennis. (vestirsi, prepararsi)

6. Isabella _____ e va in cucina a fare colazione. Isabella è pronta per andare a scuola dove rimane fino alle tre del pomeriggio. (pettinarsi)

7. Alla sera dopo aver giocato, nuotato e cenato, Isabella _____ per andare a letto. (prepararsi)

8. Si _____ e mette i vestiti della giornata nella roba sporca e _____. (spogliarsi, lavarsi i denti e le mani)

9. Isabella _____ la camicia da notte e va a letto. Eric le canta una canzone e lei _____ e _____. (mettersi, rilassarsi, addormentarsi)

10. Anche Eric finalmente può _____ e _____ sul divano e guardare un programma alla televisione. (rilassarsi, coricarsi)

Other common reflexive verbs are:

accomodarsi	*to make oneself comfortable*
accorciarsi	*to shorten*
ammalarsi	*to get sick*
laurearsi	*to graduate from college*
sbrigarsi	*to hurry*
sedersi	*to sit*
sentirsi male	*to feel bad*

sporcarsi	to get dirty
sposarsi	to get married
spostarsi	to move
trasferirsi	to relocate to a different city, town, etc.

 ## Esercizio 17.2

Complete the following sentences with the correct form of the reflexive verb in parentheses.

1. Mia figlia Cristina _____ ancora male. (sentirsi male)

2. Lei _____ spesso quando comincia la scuola.
   (ammalarsi)

3. All'Università dell'Ohio State, ogni anno _____ oltre
   diecimila studenti. (laurearsi)

4. Sono stanca, _____ e _____ un po', poi
   posso continuare a camminare. (sedersi, riposarsi)

5. Forse i suoi vicini _____ in un'altra città. (trasferirsi)

6. Io _____ a pulire la casa, poi _____ a
   leggere un bel libro. (sbrigarsi, sedersi)

7. I nostri amici costruiscono una casa nuova e quando è finita
   _____, lì e _____. (trasferirsi, sposarsi)

8. Siamo in autunno e le giornate _____ rapidamente.
   (accorciarsi)

9. Quando gli ospiti arrivano a casa mia io chiedo loro di _____ .
   (accomodarsi)

10. So che ti _____ quest'anno. Che cosa farai dopo? Tu ____
    _____? (laurearsi, trasferirsi)

A Word About Reflexive Verbs

It is not necessary to use both the subject pronoun and the reflexive pronoun, except in the third person singular. The third person plural does not need the subject pronoun either since the ending of the verb indicates who is performing the action. From now on, the subject pronouns are omitted.

Reflexive Verbs Whose English Translations Do Not Include Oneself

The following list consists of reflexive verbs of daily routines and their non-reflexive counterparts.

REFLEXIVE VERBS		NONREFLEXIVE VERBS	
addormentarsi	*to fall asleep*	addormentare qualcuno	*to put someone to sleep*
alzarsi	*to get up, to get out of bed*	alzare qualcuno o qualcosa	*to pick someone up, to lift something*
asciugarsi	*to dry*	asciugare qlcu/qlco	*to dry someone/something*
lavarsi	*to wash up*	lavare qlcu/qlco	*to wash someone/something*
pettinarsi	*to comb one's hair*	pettinare qualcuno	*to comb someone's hair*
svegliarsi	*to wake up*	svegliare qualcuno	*to wake someone up*

Verbs of feeling and emotion are also used in reflexive and nonreflexive mode:

annoiarsi	*to be bored*	annoiare qlcu	*to bore someone*
calmarsi	*to calm down*	calmare qlcu	*to calm someone down*
commuoversi	*to be moved, touched*	commuovere qlcu	*to move, touch someone*
divertirsi	*to have fun*	divertire qlcu	*to entertain someone (not used a lot)*
emozionarsi	*to be moved, touched*	emozionare	*to touch, move someone*
fermarsi	*to stop*	fermare qlcu/qlco	*to stop someone, something*
meravigliarsi di qlco	*to be amazed*	meravigliare qlcu	*to astonish someone*
muoversi	*to move someone*	muovere qlcu/qlco	*to move someone, something*
preoccuparsi	*to worry*	preoccupare qlcu	*to worry someone*
rallegrarsi	*to be happy*	rallegrare qlcu	*to cheer someone up*
rattristarsi	*to become sad*	rattristare qlcu	*to make someone sad*
scoraggiarsi	*to get discouraged*	scoraggiare qlcu	*to discourage someone*
spaventarsi	*to to be scared*	spaventare qlcu	*to scare someone*
tranquilizarsi	*to calm down*	tranquilizzare qlcu	*to calm someone down*
spaventarsi	*to get scared*	spaventare qlcu	*to scare someone*
stancarsi	*to get tired*	stancare qlcu	*to make someone tired*

A Word About Reflexive Versus Transitive Verbs

Many reflexive verbs can be used without the reflexive pronoun. In this case the verb is transitive, and it takes a direct object pronoun, which is usually mandatory in Italian. With a transitive verb, the subject and the direct object refer to a different person or thing.

The Position of Reflexive Pronouns

The reflexive pronouns **mi, ti, si, ci, vi,** and **si** always precede the verb. The endings of the verb are not affected by the reflexive pronouns in the simple tenses.

In the negative form, the reflexive pronouns come right after the negative word **non:**

Mi lavo i capelli.	*I wash my hair.*
Non mi lavo i capelli.	*I don't wash my hair.*

When the first verb is one of the modal verbs **dovere, volere,** or **potere,** the reflexive pronoun may be placed before the modal verb or be attached to the second verb, which is always in the infinitive:

Devo lavarmi i capelli.	*I have to wash my hair.*
Mi devo lavare i capelli.	*I have to wash my hair.*

 Esercizio 17.3

Complete the following sentences with the reflexive or the nonreflexive forms of the verb in parentheses.

1. I miei genitori _____ per noi. Noi _____
   i nostri genitori. (preoccuparsi, preoccuparsi)

2. Lei _____ quando ha visto le Cascate di Iguazu in Brasile.
   Lisa _____ tutti con la sua intelligenza. (meravigliarsi,
   meravigliare)

3. Roberto _____ molto quando guarda i film di Hallmark.
   (commuoversi)

4. Mio marito si _____ molto presto alla mattina. Io
   _____ i ragazzi perchè devono _____ per
   andare a scuola. (svegliarsi, svegliare, prepararsi)

5. Noi _____ un taxi e chiediamo all'autista di
   _____ alla stazione ferroviaria. (prendere, fermarsi)

6. Il ragazzo non _____ al segnale dello stop, continua, la
   polizia lo _____ e gli fa una multa. (fermarsi, fermare)

7. Tu non _____ a stare a casa tutto il giorno, ma
   _____ Marco quando _____ la storia della
   tua vita. (annoiarsi, annoiare, raccontare)

8. Di fronte a un pericolo, cerco di _____ perchè devo
   _____ le altre persone. (calmarsi, calmare)

9. Chiedo a Eric di _____ Isabella perchè lei non sa
   _____ bene. (pettinare, pettinarsi)

10. Se oggi pomeriggio sei a casa, io _____ da te a prendere
    il caffè. (fermarsi)

Esercizio 17.4

Rewrite the sentences using the example below with the reflexive pronouns before the modal verb or attached to the infinitive.

EXAMPLE: OGGI È DOMENICA, IO/VOLERE/PORTARE LEI AL PARCO.
             OGGI È DOMENICA, LA VOGLIO PORTARE AL PARCO.
             OGGI È DOMENICA, VOGLIO PORTARLA AL PARCO.

1. Io/non volere/alzarsi presto il sabato.

   _____

   _____

2. Tu/dovere/pettinarsi prima di andare a scuola.

   _____

   _____

3. Io non/potere/calmarsi e piango continuamente.

   _____

   _____

4. Enrico non/volere/lavarsi, ma/volere/fare il bagno.

   _____

   _____

5. Noi/dovere/tagliarsi i capelli prima di andare in Italia.

_____

_____

6. Voi non/dovere/preoccuparsi per vostra figlia.

_____

_____

7. Io/volere/comprarsi un vestito nuovo per il matrimonio del mio amico.

_____

_____

8. Lei/dovere/togliersi le ciabatte e dovere/mettere le scarpe prima di uscire.

_____

_____

9. Tu/potere/vestirsi nella cabina della spiaggia.

_____

_____

10. Voi/potere/comprarsi una casa in Italia o in Francia.

_____

_____

The Present Perfect of Reflexive Verbs

In Italian, all reflexive verbs form the present perfect with **essere** as the auxiliary verb. The auxiliary agrees in gender and number with the subject.

CALMARSI	TO CALM DOWN	SEDERSI	TO SIT DOWN	DIVERTIRSI	TO HAVE FUN
mi sono calmato/a		mi sono seduto/a		mi sono divertito/a	
ti sei calmato/a		ti sei seduto/a		ti sei divertito/a	
si è calmato/a		si è seduto/a		si è divertito/a	
ci siamo calmati/e		ci siamo seduti/e		ci siamo divertiti/e	
vi siete calmati/e		vi siete seduti/e		vi siete divertiti/e	
si sono calmati/e		si sono seduti/e		si sono divertiti/e	

Esercizio 17.5

Complete the following sentences with the correct form of the present perfect reflexive with the verbs suggested in parentheses.

1. Lei ha pianto tutta la notte e non _____ fino alla mattina, quando _____. (calmarsi, alzarsi)

2. Lisa _____ durante il viaggio in autobus e _____ di chiamarci prima di partire. (addormentarsi, dimenticarsi)

3. La vecchia signora è andata in chiesa, _____ e _____. (sedersi, riposarsi)

4. Quando siamo andati in montagna _____ e _____. (divertirsi, abbronzarsi)

5. Quando _____, ho sognato tante cose e _____ stanca. (addormentarsi, svegliarsi)

6. Prima di uscire, Luisa non _____ la giacca di lana e _____ il raffreddore. (mettersi, prendersi)

7. Sabato scorso non ho insegnato e _____ tardi, _____ i capelli, sono andata in centro e _____ delle scarpe moderne. (alzarsi, lavarsi, comprarsi)

8. Noi _____ molto alla festa di compleanno, ma _____ e oggi non _____ molto bene. (divertirsi, abbuffarsi, sentirsi)

9. Lei _____ la doccia prima di andare al parco, ma _____ e ha dovuto farne un'altra prima di _____. (farsi, sporcarsi, coricarsi)

10. Io _____ sempre di tutto e per tutti. Non _____ fino a quando non ho avuto frequenti notizie dai miei figli. (preoccuparsi, tranquilizzarsi)

Reciprocal Reflexives

Reciprocal reflexives express a reciprocal action. More than one person is involved. The expressions **l'un l'altro** (*one another* or *each other*) and **a vicenda** (*each other*) are often used to clarify the meaning of the reflexive.

Here is a list of the most commonly used reciprocal reflexives:

abbracciarsi	*to embrace one another, each other*
aiutarsi	*to help each other*
amarsi	*to love one another, each other*
assomigliarsi	*to look alike*
baciarsi	*to kiss one another, each other*
capirsi	*to understand each other*
conoscersi	*to know one another, each other*
desiderarsi	*to desire each other*
evitarsi	*to avoid each other*
fidanzarsi	*to get engaged*
guardarsi	*to look at each other*
incontrarsi	*to meet one another, each other*
innamorarsi	*to fall in love with each other*
lasciarsi	*to leave each other*
presentarsi	*to introduce each to the other*
riconoscersi	*to recognize one another, each other*
rispettarsi	*to respect one another, each other*
rivedersi	*to see one another, each other*
salutarsi	*to greet one another, each other*
sposarsi	*to get married to each other*
telefonarsi	*to call each other*
vedersi	*to see one another, each other*
visitarsi	*to visit one another, each other*
volersi bene	*to care for each other*

Si and Impersonal Expressions

Expressions with **si** are used when the verb has no personal subject. In English these sentences are translated by subjects such as *one, they, you,* or by the passive voice. The third person singular or plural of the verb is used in these sentences:

English construction	*How **do you say** "I will see you tomorrow" in Italian?*
Italian construction	Come **si dice** *"I will see you tomorrow"* in italiano?

In Italian we can use **tu, voi, loro, la gente,** but the most common form is the impersonal pronoun **si.** This is used when the subject may or may not be included:

Questa sera **si** sta a casa.	*This evening we'll stay at home.*
In Italia **si mangia** bene.	*In Italy one eats well.*

Other Expressions

Qui **si vendono** biglietti per la partita di calcio.	*Tickets for the soccer game are sold here.*
Si sa che per passare gli esami bisogna studiare.	*One knows that to pass the exams, it is necessary to study.*

When **si** + verb in the third person singular is used, the auxiliary will be **essere** and the past participle will be in the masculine. When using impersonal verbs, such as **importa** or **non importa** (*it matters* or *doesn't matter*), **bisogna** (*it is necessary*), **sembra** (*it seems*), and **conviene** (*it is advantageous*) cannot be used in the reflexive form.

 ## Esercizio 17.6

Translate the following sentences into English.

1. Dicono che in Italia non si lavora molto.

   _____

2. Non si impara se non si studia.

   _____

3. L'italiano non si impara in dieci giorni.

   _____

4. Non importa se non mi chiami prima di venire a casa mia.

   _____

5. Bisogna comprare una mappa prima di mettersi in viaggio.

   _____

6. Conviene parlare con il direttore.

   _____

7. Si conoscono troppo poco le malattie tropicali.

_____

8. Bisogna togliersi le scarpe prima di entrare in casa.

_____

9. Un tempo non si lavorava alla domenica.

_____

10. Non succede mai niente di interessante in questa città.

_____

Reading Comprehension

 Incontro

Qualche anno fa, ho organizzato un incontro con le mie amiche di scuola e di gioco degli anni della nostra gioventù. Dopo tanti anni che non ci si vedeva, ci siamo ritrovate in un piccolo villaggio in Umbria, in Italia. Quando ci siamo viste, ci siamo salutate, ci siamo abbracciate, ci siamo baciate con tanto entusiasmo e ci siamo molto commosse. Lì per lì, non ci siamo riconosciute. L'ultima volta che ci eravamo viste eravamo giovani. Adesso eravamo attempate, con capelli bianchi e col viso delineato da tante rughe. Quando ci siamo perse di vista eravamo ragazze spensierate e piene di vita, ma con molta speranza per il futuro.

Eravamo tutte sposate con figli e nipoti. Non sapevamo dove e come cominciare a parlare di noi. Siamo andate a casa di una delle amiche del gruppo che gentilmente ci ha ospitate. Abbiamo cenato in fretta, abbiamo dato la buona notte ai mariti che ci hanno accompagnate, ma che, dato che non si conoscevano, erano contenti di poter andare a dormire. Noi ci siamo sedute nel salotto e abbiamo parlato per ore e ore, o per meglio dire, per tutta la notte, ricordando quando eravamo a scuola, quando ci siamo innamorate e quando abbiamo lasciato la città dove vivevamo, seguendo i mariti e le incognite della vita.

Abbiamo scoperto che dopo tanti anni non eravamo poi cambiate molto e anche il mannerismo del passato, tipico di ognuna di noi, era ancora presente. Alcune hanno avuto una vita felice, altre hanno avuto una vita piuttosto burrascosa e avventurosa, ma tutte abbiamo imparato tanto.

Dopo due giorni trascorsi assieme in oblivio e in allegria, è venuto il momento di salutarci. Ci siamo ripromesse di rivederci e di incontrarci presto e di non lasciar passare tanto tempo prima di rivederci. Con le lacrime agli occhi ci siamo abbracciate, ci siamo salutate e ci siamo allontanate con un grande tesoro di ricordi e di amicizie rinnovate.

Nomi

l'allegria	cheerfulness	il mannerismo	mannerism
l'incognita	unknown	la ruga	wrinkle
l'incontro	meeting, gathering	il salotto	living room
la lacrima	tear	il viso	face

Verbi

organizzare	to organize	seguire	to follow
abbracciarsi	to hug each other	rinnovare	to renew
riconoscersi	to recognize each other	allontanarsi	to go away from each other
innamorarsi	to fall in love		

Aggettivi

attempato	aged	delineato	marked
avventuroso/a	adventurous	spensierato/a	cheerful
burrascoso/a	stormy		

Espressioni

Lì per lì	at first

Domande e Risposte

After you have read the selection, answer the questions in Italian.

1. Dove si incontrano le amiche?

_____

2. Che cosa fanno appena si rivedono dopo tanti anni?

_____

_____

3. Chi le ha accompagnate e che cosa hanno fatto i mariti?

_____

_____

4. Che cosa hanno fatto le amiche?

_____

_____

_____

5. Come è stata la loro vita?

_____

_____

6. Che cosa hanno promesso prima di lasciarsi?

_____

_____

18

Pronominal Verbs

Italian pronominal verbs (*verbi pronominali*) are verbs conjugated with two different pronouns (pronominal particles). Some of them use **ce + *la*** (*farcela, to make it*) attached to the infinitive. Some use the reflexive pronoun *si* and the pronominal particle *ne* (*andarsene, to go away*). Others use **se + la** attached to the infinitive of the verb such as (cavar**sela**, *to get by*). Most of them have idiomatic meaning.

Pronominal Verbs *Farcela* and *Andarsene*

The verb **farcela** is a pronominal verb, which means that it has two pronouns that go with it and modify the meaning of the verb. In this case it is the verb **fare**. The verb **farcela** means *to make it*, and it is used in oral and written Italian. Following is its conjugation:

farcela	*to make it, to manage*		
PRESENT		**PRESENT PERFECT**	
io ce la **faccio**	*I make it.*	io ce l'ho **fatta**	*I have made it.*
tu ce la **fai**	*You make it.*	tu ce l'**hai fatta**	*You have made it.*
lui/lei ce la **fa**	*He/she makes it.*	lui/lei ce l'**ha fatta**	*He/she has made it.*
noi ce la **facciamo**	*We make it.*	noi ce l'**abbiamo fatta**	*We have made it.*
voi ce la **fate**	*You make it.*	voi ce l'**avete fatta**	*You have made it.*
loro ce la **fanno**	*They make it.*	loro ce l'**hanno fatta**	*They have made it.*

In the present tense only the verb **fare** is conjugated, while in the present perfect the auxiliary **avere** is conjugated. The past participle has the same form **fatta** for all persons. There are several pronominal verbs which are intransitive and describe a reciprocal action. The pronoun *si* changes to *se* when it is followed by another pronoun (*andarene* and not *andarsine*).

andarsene   *to go away*

PRESENT		PRESENT PERFECT	
me ne vado	*I am going away.*	me ne sono andato/a	*I went away.*
te ne vai	*You are going away.*	te ne sei andato/a	*You went away.*
lui, lei se ne va	*He, she is going away.*	lui, lei se ne è andato/a	*He, she went away.*
ce ne andiamo	*We are going away.*	ce ne siamo andati/e	*We went away.*
ve ne andate	*You are going away.*	ve ne siete andati/e	*You went away.*
se ne vanno	*They are going away.*	se ne sono andati/e	*They went away.*

Other Pronominal Verbs

Below is a list of some of the most common pronominal verbs:

aspettarsela	*to expect something*
avercela con qualcuno	*to be offended*
bersela	*to believe something which is false*
cavarsela	*to manage*
darsela a gambe	*to escape, to run away*
dormirsela	*to be fast asleep*
farcela	*to succeed, to manage*
filarsela	*to run away*
godersela	*to have a good time*
infischiarsene	*to not care about anything*
intendersene	*to have a good knowledge of something*
legarsela al dito	*to not forget something someone has done*
mettercela (tutta)	*put all one can in doing something*
partirsene	*to go away*
passarsela bene	*to live a good life*
passarsela male	*to live a bad life*
pentirsene	*to regret*
prendersela con qualcuno	*to to be angered*
ridersela	*to laugh about something*

ritornarsene a	*to go back to*
sbrigarsela	*to make it quickly, or well*
sentirsela	*to feel up to do something*
smetterla	*to stop doing something*
spassarsela	*to have a good life, to have fun*
squagliarsela	*to sneak away*
svignarsela	*to sneak away*
starsene	*to stay put*
tornarsene	*to return*
vedersela brutta	*to not see a way out*
volerne	*to hold a grudge*

Esercizio 18.1

Complete the following sentences with the pronominal verb suggested in parentheses.

1. Ti vedo stanco, _____ di guidare per tante ore? (sentirsela)

2. Silvia, _____ ad arrivare in tempo per l'inizio della partita? (farcela)

3. Noi siamo stanchi, _____ a casa a dormire. (andarsene)

4. Pietro e Andrea non _____ di fare la maratona. (sentirsela)

5. Con il francese _____, nelle altre materie, invece, sono molto brava. (cavarsela)

6. Maria, _____ di andare al cinema con noi dopo il lavoro? (sentirsela)

7. Appena mi vede, lui _____. (svignarsela)

8. Dopo il lavoro, tutti _____ a casa in fretta. (tornarsene)

9. Mi sembra che Giovanni _____ bene con il nuovo lavoro. (sbrigarsela)

10. Per superare quell'esame devo veramente _____ tutta. (mettercela)

Esercizio 18.2

Complete the following sentences with the present perfect of the pronominal verbs suggested in parentheses.

1. _____ ma non ho superato l'esame. (mettercela tutta)

2. I miei amici non sono venuti al cinema con noi. _____ a casa con i bambini. (starsene)

3. Il ladro _____ appena ha sentito qualcuno entrare in casa. (svignarsela)

4. Ero stanca, ma _____ a finire tutti i compiti. (farcela)

5. Non ha voluto che noi l'aiutassimo, _____ molto bene da sola. (cavarsela)

6. I miei genitori sono venuti per le feste, ma _____ dopo una settimana. (andarsene)

7. Sabato scorso _____ tutto il giorno. (dormirsela)

8. Mi ha detto che _____ al dito. (legarsela)

9. Mi ha detto che _____ con lui perchè non le ha dato l'anello di fidanzamento. (prendersela)

10. Durante l'inverno non _____ bene, è stata molto male. (passarsela)

The Present Perfect with Modal Verbs

When the first verb is one of the modal verbs, **dovere, volere,** and **potere,** and the second verb is a reflexive, the auxiliary verb **essere** is used to form the present perfect. In these cases, the reflexive pronoun usually precedes the form of **essere,** and the past participle of **dovere, volere,** and **potere** agree in gender and **number** with the subject of the sentence.

Anna **si è dovuta** far operare d'urgenza.	*Anna had to have an emergency surgery.*
Non **mi sono potuta** lavare i capelli.	*I couldn't wash my hair.*
Non **ci siamo volute** fermare in albergo.	*We did not want to stop at the hotel.*

Esercizio 18.3

Change the following sentences into the present perfect using the modal verb suggested in parentheses and the reflexive form of the verb. Follow the example.

EXAMPLE: PAOLA NON SI ALZA PRESTO. (DOVERE)
            PAOLA NON SI È DOVUTA ALZARE PRESTO.

1. Isabella non si sporca il vestito. (volere)

   _____

2. Gli studenti si preparano per l'esame. (dovere)

   _____

3. La nonna non si prende cura della sua salute. (volere)

   _____

4. Il nonno Giovanni non si avvia senza bastone. (potere)

   _____

5. Erica si mette a studiare con diligenza. (dovere)

   _____

6. Teresa non si iscrive al corso di inglese. (volere)

   _____

7. Giorgio e Luisa si mettono in viaggio. (volere)

   _____

8. Maria non si lamenta del suo lavoro. (dovere)

   _____

9. I turisti si preparano per il viaggio. (potere)

   _____

10. Le signore non si bagnano i capelli. (volere)

   _____

The Imperative of Reflexive Verbs

In affirmative command forms for the second person singular (**tu**), the first person plural (**noi**), and the second person plural (**voi**), the reflexive pronoun follows the verb and is attached to it:

Alzati.	*Get up.*	**Fermatevi.**	*Stop.*
Riposiamoci.	*Let's rest.*		

In the negative command forms for the second person singular (**tu**), the first person plural (**noi**), and the second person plural (**voi**), the reflexive pronoun may precede or follow the verb:

Non ti stancare.	*Don't get tired.*
Non stancarti.	
Non ci arrabbiamo.	*Let's not get mad.*
Non arrabbiamoci.	
Non vi sporcate.	*Don't get dirty.*
Non sporcatevi.	

In the formal commands **Lei** and **Loro,** the reflexive pronoun always precedes the verb in the affirmative as well as the negative:

Si accomodi. Non si preoccupi.	*Make yourself comfortable. Don't worry.*
Si accomodino. Non si preoccupino.	*Make yourself comfortable. Don't worry.*

 Esercizo 18.4

Change the following sentences from the infinitive to the negative imperative as shown in the example.

EXAMPLE: NON LAMENTARSI

NON TI LAMENTARE. NON LAMENTARTI.

1. Non impazientirsi con le persone che non imparano. (tu)

   _____

   _____

2. Non rattristarsi se siete lontani dai nipoti. (voi)

   _____

   _____

3. Non bagnarsi quando piove. (tu)

   _____

   _____

4. Non dimenticarsi di prendere le chiavi. (noi)

   _____

   _____

5. Non fidarsi di nessuno. (voi)

_____

_____

6. Non preocuparsi se non puoi venire. (tu)

_____

_____

7. Non deprimersi perchè l'estate è finita. (noi)

_____

_____

8. Non meravigliarsi della bellezza della spiaggia. (voi)

_____

_____

9. Non lavarsi i capelli. (tu)

_____

_____

10. Non fermarsi in centro. (noi)

_____

_____

19

The Future

The future tense expresses an action that will take place in the near or distant future. Italian uses only one word to express the future, while English uses *will* or *shall* + the infinitive of a verb. The future tense of regular verbs in Italian is formed by dropping the final **−a, −e, or −i** of the infinitive and adding the future endings.

The Future Tense of Regular Verbs

The future tense is used to express a supposition, a probability, or an approximation. To form the regular conjugation of the future tense, replace the final **−e** of the infinitive with **−ò, −ai, −à, −emo, −ete, −anno**.

In **−are** verbs, the **−a−** of the infinitive changes to **−e−**. All regular verbs follow this pattern for the future tense:

Infinitive	Future
parlare	parlerò
	parlerai
	parlerà
	parleremo
	parlerete
	parleranno

Io parl**e**rò meno in classe.	*I will speak less in class.*
Tu cant**e**rai con il coro.	*You will sing with the choir.*
Lui cammin**e**rà per due ore.	*He will walk for two hours.*
Noi studi**e**remo l'italiano.	*We will study Italian.*
Voi torn**e**rete dall'Italia tra tre settimane.	*You will return from Italy in three weeks.*
Loro parleranno con l'insegnante.	*They will speak with the teacher.*

The future tense of regular **–are**, **–ere**, **–ire** verbs is formed as follows.

CANTARE	TO SING	VENDERE	TO SELL
cant**e**rò	cant**e**remo	vend**e**rò	vend**e**remo
cant**e**rai	cant**e**rete	vend**e**rai	vend**e**rete
cant**e**rà	cant**e**ranno	vend**e**rà	vend**e**ranno

FINIRE	TO FINISH
finir**ò**	**finiremo**
finir**ai**	finir**e**te
finir**à**	finir**anno**

 NOTE: In colloquial Italian, a future action is often expressed using the present tense instead of the future. This is especially true when either the context or the sentence makes it clear that the action is going to happen in the future, but it is sure that it is going to happen:

Domani vado in chiesa con mia sorella.	*Tomorrow I will go to church with my sister.*
Domani andrò in chiesa con mia sorella.	*Tomorrow I will go to church with my sister.*

The future tense is preferred when a dependent clause referring to an action taking place in the near future is introduced by **se** *if*, **quando** *when*, or **appena** *as soon as*:

Leggeremo, quando avremo tempo.	*We will read when we have time.*
Viaggeremo, se avremo i soldi.	*We will travel if we have the money.*

Stem Changes in the Future Tense

Verbs like **pregare** *to pray* and **cercare** *to search, to look for* add an **–h** in the future tense to preserve the hard sound of the infinitive. In the present tense, the **–h** is used only in the first singular and the first plural person; in the future tense it is used for all the persons.

PREGARE	TO PRAY	CERCARE	TO SEARCH, TO LOOK FOR
io pregherò	noi pregheremo	io cercherò	noi cercheremo
tu pregherai	voi pregherete	tu cercherai	voi cercherete
lui pregherà	loro pregheranno	lui cercherà	loro cercheranno

Other verbs that follow the same pattern include:

giocare	*to play*	**legare**	*to tie*
giudicare	*to judge*	**litigare**	*to quarrel*
imbarcare	*to board*	**obbligare**	*to oblige*
imbiancare	*to paint a wall*	**pagare**	*to pay*

Tu ti imbarcherai su una nave molto grande.	You will board a very large ship.
Loro mi obbligheranno a fumare.	They will force me to smoke.

Verbs such as **cominciare** *to start* and **mangiare** *to eat* drop the **–i-** before adding the future tense endings.

COMINCIARE	TO START	MANGIARE	TO EAT
io comincerò	noi cominceremo	io mangerò	noi mangeremo
tu comincerai	voi comincerete	tu mangerai	voi mangerete
lui comincerà	loro cominceranno	lui mangerà	loro mangeranno

Other verbs that follow the same pattern in the future include:

abbracciare	*to hug*	**bruciare**	*to burn*
assaggiare	*to taste*	**combaciare**	*to match*
baciare	*to kiss*	**viaggiare**	*to travel*

Io abbraccerò la mia nipotina.	I will hug my little granddaughter.
Noi assaggeremo molti tipi di cibo alla festa.	We will taste many different types of food at the party.

The Future Tense of Irregular Verbs

There are many other verbs that have irregular stems in the future tense. The endings are the same for irregular verbs as those used for the regular verbs. Some of the most common irregular verbs in the future include the following:

INFINITIVE	FUTURE STEM	CONJUGATION
andare, *to go*	**andr–**	andrò, andrai, andrà, etc.
avere, *to have*	**avr–**	avrò, avrai, avrà, etc.
bere, *to drink*	**berr–**	berrò, berrai, berrà, etc.
dare, *to give*	**dar–**	darò, darai, darà, etc.
dovere, *to have to*	**dovr–**	dovrò, dovrai, dovrà, etc.
essere, *to be*	**sar–**	sarò, sarai, sarà, etc.
fare, *to do, to make*	**far–**	faro, farai, farà, etc.
potere, *to be able*	**potr–**	potrò, potrai, potrà, etc.
sapere, *to know*	**sapr–**	saprò, saprai, saprà, etc.
tenere, *to keep*	**terr–**	terrò, terrai, terrà, etc.
vedere, *to see*	**vedr–**	vedrò, vedrai, vedrà, etc.
venire, *to come*	**verr–**	verrò, verrai, verrà, etc.
vivere, *to live*	**vivr–**	vivrò, vivrai, vivrà, etc.

Daremo il libro ai ragazzi domani.	*Tomorrow we will give the book to the boys.*
Saremo molto contenti se verrai.	*We will be very happy if you will come.*
Voi sarete molto stanche domani.	*You will be very tired tomorrow.*

 Esercizio 19.1

Translate the following sentences into Italian using the future tense.

1. I will need some medicine because I have heartburn.

   _____

2. She will eat at the restaurant, and she will sleep at the hotel.

   _____

3. Erica will visit her friend after she is done studying.

   _____

4. You will win the race, if you practice a lot.

_____

5. We will talk on the phone, and we will decide where to meet.

_____

6. I will keep my friend's dog, and I will take good care of it.

_____

7. They will be able to cross the ocean in a week.

_____

8. You (pl.) will take a taxi, and then you will go to the station.

_____

9. Luca will study in Italy, and he will come home only for the holidays.

_____

10. Giovanna and Claire will have to lower the price for a haircut, or they will lose all their clients.

_____

_____

Esercizio 19.2

Complete the following sentences with the correct form of the future tense of the verb in parentheses.

1. Noi _____ dall'Italia sabato prossimo. (partire)

2. Giuditta _____ molti libri polizieschi e li _____ alle sue amiche. (comprare, suggerire)

3. Alla festa le signore _____ di moda e gli uomini _____ del calcio. (parlare, discutere)

4. Io _____ in casa tutta la mattina e ti _____ per un caffè. (stare, aspettare)

5. La prossima estate tu non _____ al mare, così non _____ tua nuora. (andare, vedere)

6. Quando voi _____ alla stazione _____ prendere un taxi per venire a casa nostra, dove noi vi _____ con ansia. (essere, dovere, aspettare)

7. Questo fine settimana, noi _____ poco tempo per studiare l'italiano perchè _____ a fare una gita in montagna. (avere, andare)

8. Se ritorniamo presto, noi _____ in un agriturismo in campagna, dove _____ in un ristorante molto rinomato. (andare, cenare)

9. A causa della crisi economica, gli italiani _____ poco per le vacanze e i regali natalizi. (spendere)

10. I genitori di Luisa _____ fra due settimane e _____ due mesi a casa della loro figlia. (arrivare, stare)

Expressing the Future Using the Present Tense

The present tense is often used when there is another element in the sentence that indicates future time:

Maria viene domani.	*Mary will come tomorrow.*
Luigi fa gli esami in luglio.	*Luigi will take the exams in July.*

The present tense is also used instead of the future tense when asking for instructions:

Giro a destra o a sinistra?	*Shall I turn right or left?*

The present tense, not the future, is used when you are asking for things. These are not actions that take place in the future:

Mi presti la penna, per favore?	*Will you loan me a pen please?*
Mi chiami quando hai tempo?	*Will you call me, when you have time?*
Gli compri una camicia?	*Will you buy him a shirt?*

Expressing Doubt or Probability in the Present

Probability or doubt in Italian is expressed with the future, while in English it is expressed with the present:

Che ore saranno?	*I wonder what time it is.*
Saranno le tre.	*It is probably three o'clock.*
Dove saranno i bambini?	*I wonder where the children are.*
Saranno già a letto.	*They are already in bed.*
Quanti anni avrà quella signora?	*How old is that lady?*

Esercizio 19.3

Complete the following sentences with the future tense or the present indicative as required.

1. Io ti _____ la penna se ne hai bisogno. (imprestare)

2. Ti _____ appena _____ dal lavoro. (chiamare, ritornare)

3. Mi _____ quando ritorni a casa? Io _____ parlarti. (chiamare, dovere)

4. Mi hanno detto che _____ l'anno prossimo. (sposarsi)

5. Giovanna _____ tutti i parenti e loro hanno detto che _____ senz'altro. (invitare, venire)

6. Isabella _____ sei anni il nove aprile. (compiere)

7. Se non _____ attenta a dove cammina, _____ e _____ male. (stare, cadere, farsi)

8. Quante persone ci sono in quella casa? Ce ne _____ una decina. (essere)

9. Quanti anni _____ quella signora? Ne _____ circa ottanta. (avere, avere)

10. Domani _____ al concerto con la nostra famiglia e quando _____, _____ al ristorante. (andare, uscire, cenare)

The Future Perfect Tense

In Italian, as in English, the future perfect tense refers to an action that will be completed in the future before another action occurs or that it will happen at some time in the future.

Formation of the Future Perfect Tense

The future perfect tense is a compound tense. It is formed by the conjugated **avere** or **essere** in the future and followed by the past participle of the main verb. (Remember that when **essere** is used, the past participle agrees in gender and number with the subject.)

Io avrò mangiato.	*I will have eaten.*
Tu avrai parlato.	*You will have spoken.*
Lui/lei avrà letto.	*He/she will have read.*
Noi avremo camminato.	*We will have walked.*
Voi avrete comprato.	*You will have bought.*
Loro avranno pulito.	*They will have cleaned.*
Io sarò andato/a.	*I will have gone.*
Tu sarai ritornato/a.	*You will have returned.*
Lui/lei sarà entrato/a.	*He/she will have entered.*
Noi saremo scesi/e.	*We will have come down.*
Voi sarete partiti/e.	*You will have left.*
Loro saranno arrivati/e.	*They will have arrived.*

Uses of the Future Perfect Tense

The future perfect tense expresses an action that will have taken place by a certain time in the future:

Erica avrà finito l'esame venerdì.	*Erica will have finished the exams by Friday.*
Io avrò letto il libro quando ci riuniremo la prossima settimana.	*I will have read the book by the time we will meet next week.*
Lui sarà ritornato dal suo viaggio in oriente quando inizieremo il nuovo corso.	*He will have returned from the Orient when we will start the new class.*

 Esercizio 19.4

Translate the following sentences into English.

1. Quando ci incontreremo, avrò già comprato il biglietto per andare a vedere la partita di pallone.

   _____

   _____

2. Avremo capito che non vale la pena di punirli.

   _____

3. Fra un mese, avremo vissuto in questa casa per venti anni.

_____

4. Avrai finito di viaggiare quando cominceranno i lavori di ristrutturazione?

_____

5. Sarete stanche dopo che avrete ballato per tutta la sera oppure potrete andare a casa e fare le valigie?

_____

_____

6. In Agosto, mia nipote avrà vissuto a Chicago per due anni.

_____

7. I nostri amici avranno discusso per molte ore l'esito delle elezioni quando arriveranno i risultati.

_____

_____

8. La banca avrà rimborsato a mia figlia i soldi rubati mentre era in vacanza.

_____

9. Le giornate sembreranno più corte quando avremo finito il nostro viaggio perchè avranno tolto l'ora legale.

_____

10. Quando avremo pagato tutti i debiti, riusciremo a dormire meglio.

_____

Reading Comprehension

 I ponti di Roma e Venezia

Il fiume è il cuore di una città, e il cuore di Roma è il fiume Tevere, uno dei fiumi storici più famosi nel mondo. Roma, capitale d'Italia e soprannominata Città Eterna, si stende lungo le rive del fiume Tevere, attraversandolo con tredici ponti.

I Romani sono stati i più famosi e i primi costruttori di ponti e acquedotti. Purtroppo è impossibile stabilire la data e l'origine della costruzione del primo ponte. Il materiale è lo stesso usato anche nei palazzi, negli archi, nelle colonne, nelle fondamenta e nei punti di congiungimento. Si dice che Roma in passato, abbia avuto almeno novecento ponti, alcuni fatti di pietra e altri di legno, ma oggigiorno, pochi sono ancora in esistenza.

I più famosi sono: il Ponte Sant'Angelo, il Ponte Sisto e il Ponte Vittorio Emanuele III. Quando l'imperatore Adriano costruì la sua monumentale tomba Castel Sant'Angelo, decise di darne accesso costruendo un ponte sopra il fiume Tevere, decorato con otto colonne, quattro in ogni lato e su ciascuna mise una splendida statua. Castel Sant'Angelo ha l'onore di essere ritenuto il più bel ponte di Roma. Altri ponti romani sono: il Ponte Sisto, che consiste di quattro archi ed è famoso perchè è il primo ponte costruito oltre mille anni dopo la caduta dell'impero romano. Un tempo era l'equivalente del Ponte Vecchio a Firenze, dovuto al fatto che entrambi erano affiancati da negozi e venditori ambulanti che, in un secondo tempo, a Roma vennero scacciati perchè ne disturbavano la bellezza.

Un altro ponte famoso è il Ponte Vittorio Emanuele III, completato nel 1911 per il cinquantesimo anniversario dell'unificazione d'Italia e ha decorazioni che rappresentano l'Italia Unita, la Libertà, la Fedeltà e la Sconfitta dell'Oppressione. I ponti romani non sono però paragonabili in bellezza a quelli veneziani. Il più famoso dei quali è il Ponte del Rialto. La leggenda dice che amore eterno e felicità sono garantiti a due amanti che andando in gondola al tramonto si baciano mentre passano sotto il ponte del Rialto.

Un altro ponte molto ben conosciuto è il Ponte dei Sospiri che unisce il palazzo dei Dogi alle Nuove Prigioni. All'origine del suo romantico nome cè una leggenda secondo la quale i prigionieri che attraversavano il ponte prima di entrare nelle prigioni dove sarebbero stati rinchiusi per sempre, gettavano un ultimo sguardo alla città di Venezia e alla sua laguna attraverso le piccole finestrelle del ponte, e lasciavano andare un respiro profondo, rimpiangendo la libertà che stavano per perdere.

Nomi

l'accesso	access	l'onore	honor
l'arco	arch	l'oppressione	oppression
la caduta	fall	il ponte	bridge
il costruttore	builder	la riva	banks (of a river)
il congiungimento	connection	la sconfitta	defeat
la decorazione	decoration	il sospiro	sigh
le finestrelle	small windows	il tramonto	sunset
le fondamenta	foundation	l'unificazione	unification
la leggenda	legend	il venditore	seller

Verbi

attraversaare	to cross	costruire	to build
baciarsi	to kiss one another	mettere	to put
completare	to complete	rappresentare	to represent
considerare	to consider	soprannominare	to nickname
consistere	to consist		

Aggettivi

splendido/a	splendid	monumentale	monumental
ambulante	traveling	paragonabile	comparable

Avverbi

almeno	at least	lungo	along

Domande e Risposte

After reading the story above, answer the following questions in complete sentences.

1. Come si chiama il fiume che attraversa Roma e che cosa rappresentano i fiumi per le città?

   _____

2. Quali sono i ponti più importanti di Roma?

   _____

   _____

3. Di quali materiali sono fatti i ponti romani?

   _____

4. Perchè è impotante il Ponte Sant'Angelo? Per chi era stato costruito?

   _____

   _____

   _____

5. A che cosa è dovuta l'importanza del Ponte Sisto?

   _____

   _____

   _____

6. Quando fu completato il Ponte Vittorio Emanuele III? In quale occasione e che cosa rappresenta?

_____

_____

_____

_____

7. In quale altra città si trovano ponti famosi?

_____

8. Che cosa dice la leggenda del Ponte di Rialto?

_____

_____

_____

_____

9. Perchè il Ponte dei Sospiri è stato chiamato così?

_____

_____

_____

20

The Conditional

The conditional tense is used to describe actions that are uncertain in the future. Unlike the future tense that expresses certainty in the future, the conditional expresses an action that would happen if another condition were present. The conditional has two tenses: present conditional and past conditional. The present conditional is a simple tense, which means it does not have a helping verb.

Formation of the Conditional Tense

Most verbs are regular in the conditional tense. If verbs are irregular in the future, they are irregular in the conditional. To form the conditional, use the infinitive as the stem and add the conditional endings to the infinitive after omitting the final **–e**. For **–are** verbs, the **–a–** of the infinitive changes to **–e–**, as it does in the future tense.

All conditional forms are stressed on the first **–e–** of the ending: **parlerebbero**, leggerebbero.

CANTARE	TO SING	VENDERE	TO SELL
canter**ei**	canter**emmo**	vender**ei**	vender**emmo**
canter**esti**	canter**este**	vender**esti**	vender**este**
canter**ebbe**	canter**ebbero**	vender**ebbe**	vender**ebbero**

CAPIRE	TO UNDERSTAND
capir**ei**	capir**emmo**
capir**esti**	capir**este**
capir**ebbe**	capir**ebbero**

Verbs with Irregular Conditional Stems

Verbs with irregular future tense stems have the same stems in the conditional tense.

Verbs Whose Infinitives End in *-care, -gare, -ciare, -ciare*

CERCARE	TO LOOK FOR	COMINCIARE	TO START
cercherei	cercheremmo	comincerei	cominceremmo
cercheresti	cerchereste	ominceresti	comincereste
cercherebbe	cercherebbero	comincerebbe	comincerebbero

GIOCARE	TO PLAY	IMPIEGARE	TO EMPLOY
giocherei	giocheremmo	impiegherei	impiegheremmo
giocheresti	giochereste	impiegheresti	impieghereste
giocherebbe	giocherebbero	impiegherebbe	impiegherebbero

INDICARE	TO POINT OUT	NOLEGGIARE	TO RENT, TO HIRE
indicherei	indicheremmo	noleggerei	noleggeremmo
indicheresti	indichereste	noleggeresti	noleggereste
indicherebbe	indicherebbero	noleggerebbe	noleggerebbero

OBBLIGARE	TO FORCE	PAGARE	TO PAY
obbligherei	obbligheremmo	pagherei	pagheremmo
obbligheresti	obblighereste	pagheresti	paghereste
obbligherebbe	obbligherebbero	pagherebbe	pagherebbero

PESCARE	TO FISH	RINUNCIARE	TO REFUSE
pescherei	pescheremmo	rinuncerei	rinunceremmo
pescheresti	peschereste	rinunceresti	rinuncereste
pescherebbe	pescherebbero	rinuncerebbe	rinuncerebbero

TOCCARE	TO TOUCH	VIAGGIARE	TO TRAVEL
toccherei	toccheremmo	viaggerei	viaggeremmo
toccheresti	tocchereste	viaggeresti	viaggereste
toccherebbe	toccherebbero	viaggerebbe	viaggerebbero

−are Verbs That Keep or Drop the −a− of the Infinitive

ANDARE	TO GO	DARE	TO GIVE
andrei	andremmo	darei	daremmo
andresti	andreste	daresti	dareste
andrebbe	andrebbero	darebbe	darebbero

FARE	TO DO, MAKE	STARE	TO STAY
farei	faremmo	starei	staremmo
faresti	fareste	staresti	stareste
farebbe	farebbero	starebbe	starebbero

−ere Verbs That Drop the −e− of the Infinitive

AVERE	TO HAVE	CADERE	TO FALL
avrei	avremmo	cadrei	cadremmo
avresti	avreste	cadresti	cadreste
avrebbe	avrebbero	cadrebbe	cadrebbero

DOVERE	TO HAVE TO, OUGHT, SHOULD	GODERE	TO ENJOY
dovrei	dovremmo	godrei	godremmo
dovresti	dovreste	godresti	godreste
dovrebbe	dovrebbero	godrebbe	godrebbero

POTERE	TO BE ABLE, CAN	SAPERE	TO KNOW
potrei	potremmo	saprei	sapremmo
potresti	potreste	sapresti	saprebbe
potrebbe	potrebbero	saprebbe	saprebbero

VEDERE	TO SEE	VIVERE	TO LIVE
vedrei	vedremmo	vivrei	vivremmo
vedresti	vedreste	vivresti	vivreste
vedrebbe	vedrebbero	vivrebbe	vivrebbero

−are− Verbs That Have −rr− in the Stem

BERE	TO DRINK	RIMANERE	TO REMAIN
berrei	berremmo	rimarrei	rimarremmo
berresti	berreste	rimarresti	rimarreste
berrebbe	berrebbero	rimarrebbe	rimarrebbero

SUPPORRE	SUPPOSE	*TENERE*	TO KEEP
supporrei	supporremmo	terrei	terremmo
supporresti	supporreste	terresti	terreste
supporrebbe	supporrebbero	terrebbe	terrebbero

Uses of the Conditional Tense

The conditional tense expresses what would happen if something else occurred or if another condition existed. It is most commonly used in a combination of two sentences where the *if clause* is in the imperfect subjunctive. (The imperfect subjunctive will be extensively covered in the next unit.) The conditional is used to soften statements and requests, especially when the verbs **volere**, **potere**, and **dovere** are used:

Che cosa **vorrebbe** mangiare?   *What would you like to eat?*

Potresti darmi un passaggio?   *Could you give me a lift?*

Non **dovreste** gettare le carte   *You shouldn't throw papers on*
per terra.   *the ground.*

 ## Esercizio 20.1

Change the following sentences from the present to the conditional to soften the requests.

1. Voglio un caffè e un cornetto alla crema.

   _____

2. Devi lavare il pavimento.

   _____

3. Deve smettere di fumare.

   _____

4. Maria deve compilare il modulo e firmarlo.

   _____

5. Puoi mettere in ordine la tua camera?

   _____

6. Potete parlare più piano?

   _____

7. Posso dare la tua penna a Isabella.

   _____

8. Possiamo usare la tua macchina.

  _____

9. Dovete ritornare a casa presto.

  _____

10. Noi vogliamo spegnere la luce.

  _____

Esercizio 20.2

Complete the following sentences with the correct conditional form of the verb in parentheses.

1. Io _____ il tema, ma non ho tempo. (finire)

2. Tu _____ questo film, ma l'hai già visto. (guardare)

3. Che cosa _____ fare questa sera? (voi-volere)

4. Quanto mi _____ per questo armadio? (tu-dare)

5. Io _____ che cosa fare se il bambino non ascolta. (sapere)

6. Dove _____ se non c'è nessuno a casa? (voi-andare)

7. Come _____ finire i compiti se non ritorna la luce? (tu-potere)

8. Vi _____ bere una cioccolata calda. (piacere)

9. I bambini _____ i genitori, ma non li vedono mai. (ascoltare)

10. La vita _____ essere meno difficile, ma la gente la complica molto. (potere)

Reflexive, Indirect, and Direct Object Pronouns in the Conditional

The reflexive, indirect, and direct object pronouns have two possible positions when used with the conditional tense:

- Object pronouns can be placed directly before the conjugated verb.

- Object pronouns can be attached to an infinitive if one is used in the sentence.

Io ti impresterei la mia bicicletta, ma ha le gomme bucate.

I would loan you my bike, but it has flat tires.

Io vorrei imprestartela, ma ha le gomme bucate.

I would loan it to you, but it has flat tires.

Esercizio 20.3

Rewrite the following sentences in the conditional tense.

1. Io la ascolto ma non mi piace quello che dice. _____

2. Tu vai al cinema con gli amici. _____

3. Lei da il cibo alle oche, ma è proibito. _____

4. Venite a casa mia per la festa del mio compleanno? _____

5. Devi portare i fiori a tua sorella. _____

6. Vuoi portare dei fiori alla nonna? _____

7. I bambini possono guardare la televisione. _____

8. Noi veniamo se ci chiamate. _____

9. Io non le dico niente. _____

10. Vai da sola o con tuo marito? _____

 Esercizio 20.4

Use the conditional to express your wishes and those of the people you know.

1. A me piace studiare le lingue straniere.

   _____

2. I nostri genitori preferiscono tenerci sempre in casa con loro.

   _____

3. Ai tuoi amici piace viaggiare in posti nuovi ed esotici.

   _____

4. Mio fratello desidera trovare una brava moglie.

   _____

5. I loro vicini preferiscono non avere bambini in casa loro.

   _____

6. Noi desideriamo parlare con il direttore della banca.

   _____

7. La mia professoressa preferisce parlare sempre in italiano.

   _____

8. La nostra casa è fredda, ma noi alziamo la temperatura.

_____

9. A noi piace molto vivere in Italia.

_____

10. Loro preferiscono la polenta alla pasta.

_____

 ## Esercizio 20.5

For fun, a group of friends tells what kinds of jobs they would like to do. Each one of them has to say what job each would choose. Fill in the blanks with the present conditional of the verb in parentheses.

1. Maria: Mi _____(1) (piacere) fare la pittrice. Io
   _____(2) (pitturare) dei bellissimi quadri. Io
   _____(3) (vivere) in una mansarda con delle grandi finestre.
   Io _____ (4) (volere) una terrazza con tanti fiori e con un bel
   panorama. Io _____(5) (volere) essere famosissima. Il mio genere
   favorito di pittura _____(6) (essere) i paesaggi in collina, i cipressi e
   i campi di papaveri.

2. Luca: A me _____(7) (piacere) fare lo scrittore. Io
   _____(8) (scrivere) dei romanzi gialli complicatissimi.
   Il protagonista _____(9) (essere) un poliziotto privato.
   Le storie _____(10) (svolgersi) in luoghi esotici
   e su isole remote. Io _____(11) (scrivere) sempre
   delle storie romantiche e le _____ (12) (finire)
   sempre bene. Il poliziotto _____ (13) (prendere)
   l'assassino, lo _____(14) (mettere) in prigione e lui
   _____ (15) (andare) a riposare su una delle isole di cui
   ha scritto.

3. Marco: A me _____(16) (piacere) fare il pilota
   di aerei di linea. Io _____(17) (viaggiare) sempre e
   _____(18) (visitare) tanti paesi vicini e lontani. Io
   _____(19) (essere) molto felice. _____(20)
   (comprare) un aereo per me e per la mia famiglia. In questo modo
   _____(21) (avere) la possibilità di andare in paesi remoti dove
   ci _____(22) (godere) una vita privata e intima dopo lo
   stress della vita giornaliera.

4. Silvia: A me _____(23) (piacere) essere una brava ballerina.
Io _____(24) (essere) sempre sui giornali con le mie storie
di successo. _____(25) (abitare) in una casa molto
grande con una bella piscina circondata da alberi e fiori di tanti
colori e tipi. _____ (26) (girare) il mondo con altri
ballerini e _____(27) (conoscere) molte culture diverse e
_____(28) (studiare) molte lingue straniere.

5. Gianni: Io _____(29) (scegliere) di fare il politico.
Io _____(30) (volere) fare una carriera politica di
responsabilità e raggiungendo l'età pensionabile _____(31)
(volere) essere ricordato come una persona onesta, piena di compassione e
generosa.

The Conditional Perfect

The conditional perfect tense, the equivalent of English past conditional, consists of the conditional of the auxiliary verb **avere** or **essere** plus the past participle. The perfect conditional is used to express an action that would have taken place but did not. *I would have written you, but I did not have your address*, for example.

Formation of the Conditional Perfect Tense

The conditional perfect tense is a compound tense. To form this tense, conjugate the auxiliary verb **avere** or **essere** in the conditional tense and follow it with the past participle of the main verb:

Io avrei mangiato.	*I would have eaten.*
Tu avresti studiato.	*You would have studied.*
Lui avrebbe pianto.	*He would have cried.*
Noi avremmo cantato.	*We would have sung.*
Voi avreste lavorato.	*You would have worked.*
Loro avrebbero viaggiato.	*They would have traveled.*
Io sarei andato/a.	*I would have gone.*
Tu saresti partito/a.	*You would have left.*
Lui /lei sarebbe ritornato/a.	*He/she would have returned.*
Noi saremmo usciti/e.	*We would have gone out.*
Voi sareste nati/e.	*You would have been born.*
Loro sarebbero caduti/e.	*They would have fallen.*

capire

avrei capito	avremmo capito
avresti capito	avreste capito
avrebbe capito	avrebbero capito

arrivare

sarei arrivato/a	saremmo arrivati/e
saresti arrivato/a	sareste arrivati/e
sarebbe arrivato/a	sarebbero arrivati/e

alzarsi

mi sarei alzato/a	ci saremmo alzati/e
ti saresti alzato/a	vi sareste alzati/e
si sarebbe alzato/a	si sarebbero alzati/e

The conditional perfect tense, which is used to refer to an event or an action that would have occurred but did not, is often followed by the English *but*:

| Sarei rimasta, ma non mi piaceva l'albergo. | *I would have stayed, but I did not like the hotel.* |

The reflexive, direct, and indirect object pronouns precede the verb form. The object pronouns are never attached to the past participle:

| Io ti avrei chiamato, ma non avevo il tuo numero di telefono. | *I would have called you, but I did not have your phone number.* |

The conditional perfect tense may also express speculation or conjecture in the past:

| Una persona onesta avrebbe portato alla polizia il portafoglio che ha trovato per la strada. | *An honest person would have taken to the police the wallet he found in the street.* |

 Esercizio 20.6

Change the following sentences from the indicative into the correct perfect conditional forms.

1. La ragazza ha accettato un appuntamento con una persona che non conosceva.

   _____

2. Mario e Nadia hanno portato il loro bambino in aereo quando era piccolo.

   _____

3. Gabriele ha comprato una macchina nuova.

_____

4. La vita in Italia era molto caotica.

_____

5. La ragazza ha speso tutti i soldi per cose inutili.

_____.

6. Sapevo che venivano tutti alla festa.

_____

7. La polizia ha segnalato i problemi dopo la partita.

_____

8. Hanno pubblicato la notizia sul giornale.

_____

9. Le giornate si sono già accorciate.

_____

10. Ha cambiato casa lo scorso mese.

_____

Sequence of Tenses in Indirect Speech

After verbs that express saying, knowing, and thinking with the present tense in the main clause, a future tense in the dependent clause usually follows:

So che porteranno un buon dolce.	_I know they will bring a nice dessert._
Dicono che questo sarà un inverno molto freddo.	_They say this winter will be very cold._

If the verb in the main clause is in the past, the future tense changes to the conditional in English but to the conditional perfect in Italian:

Sapevo che avrebbero portato un buon dolce.	_I knew they would have brought a good dessert._
Ho saputo che la sua casa sarebbe. stata molto grande.	_I found out that his house would be very large._

 Esercizio 20.7

Change the present into present perfect and the future into past conditional.

1. Avvisano che cancelleranno il volo a causa del tempo.

_____

2. Luisa promette che dimagrirà.

_____

3. La professoressa dice che mi aiuterà a capire la matematica.

_____

4. Luisa conferma che comprerà le scarpe.

_____

5. Erica dice che farà tutti gli esami nel primo trimestre.

_____

6. I nonni dicono che si trasferiranno vicino al figlio.

_____

7. Roberto taglia l'albero che danneggerà le fondamenta esterne della casa.

_____

8. Io compro le piante che sopravviveranno l'inverno.

_____

9. Lei afferma che finirà il libro a primavera.

_____

10. Il dottore conferma che Isabella crescerà molto durante l'estate.

_____

 ## Esercizio 20.8

Rewrite the following sentences changing the verbs from the present conditional to the past conditional.

1. Vorrei andare a sciare con una comitiva della scuola.

_____

2. Desidereremmo uscire presto dal lavoro.

_____

3. Il nonno mangerebbe volentieri una fetta di torta.

_____

4. Ci piacerebbe cantare e recitare.

_____

5. Dovresti parlare con il tuo capo.

_____

6. Preferirebbe guardare un film alla TV.

_____

7. Noi dormiremmo bene anche in tenda.

     _____

8. Voi comprereste una macchina nuova.

     _____

9. Io leggerei molti libri italiani, ma non ho tempo.

     _____

10. Gli dovrei chiedere un prestito.

     _____

🖊 Esercizio 20.9

Complete the following sentences, and choose between present or past conditional using the verbs suggested in parentheses.

1. Monica _____ (comprare) volentieri una bicicletta nuova il prossimo anno.
2. Io _____ (dovere) ritornare a casa presto ieri sera.
3. Io _____ (preferire) andarci a piedi, ma Carlo ha insistito e siamo andati in macchina.
4. Chi _____ (sapere) darci questa informazione?
5. Ci _____ (piacere) vivere qui e per questo siamo tristi di non poter rimanere.
6. Tu _____ (dare) un prestito a quell'uomo.
7. Dove _____ (volere-tu) andare questa sera?
8. Chi _____ (dire) che lui non è italiano?
9. Quale lingua ti _____ (interessare) studiare l'anno prossimo
10. Io _____ (divertirsi) molto, ma non sono potuto venire.

🖊 Esercizio 20.10

Complete the following sentences with the present conditional, past conditional, or future form of the verbs in parentheses.

1. Voi _____ (fare) volentieri questo viaggio la prossima estate?
2. Domani io _____ (dare) i soldi indietro a Giacomo.
3. Ti _____ (piacere) vedere questa commedia stasera?
4. Voi _____ (dovere) mangiare di meno, siete molto ingrassati.

5. Io _____ (fare) volentieri una passeggiata sulla spiaggia con questo bel tempo.

6. Chi _____ (potere) aiutarci a verniciare le pareti domani?

7. Chi _____ (potere) aiutarci a verniciare le pareti?

8. I nostri amici _____ (potere) aiutarci, invece hanno preferito dormire.

9. Io _____ (essere) interessato a collaborare con la vostra ditta.

10. Il mese scorso _____ (essere) interessato a collaborare con la vostra ditta, ma ho cambiato idea.

Reading Comprehension

 La fabbrica del vetro a Venezia

Venezia è forse la più esotica fra le città italiane. È un misto di stile orientale e occidentale. Molto famosa per i suoi canali, la mancanza di automobili, le sue chiese e i suoi musei. Un tempo, Venezia era conosciuta per le sue banche commerciali sul Ponte del Rialto. La moneta veneziana, il ducato, era l'equivalente in prestigio e valore al dollaro di oggi. La ricchezza di Venezia poteva procurare il lavoro a numerosi artisti e artigiani che, a loro volta, furono responsabili per la costruzione dei suoi magnifici palazzi e chiese.

Oggi come in passato, Venezia è importante e molto conosciuta in tutto il mondo, oltre che per la sua bellezza, anche per la sua storia del lavoro artigianale del vetro. La supremazia del lussuoso vetro veneziano e la posizione dominante ottenuta da questa industria sono uno dei più straordinari capitoli della storia della città. In passato, Venezia era un'importante città-stato e sovrana di un potente impero marittimo. Era il porto orientale più importante attraverso il quale venivano importati oggetti di lusso dai paesi dell'Est. Oltre lo scambio di merci, Venezia voleva stabilire sè stessa come centro di produzione di oggetti di lusso.

Così già dal periodo del Medioevo stabilì la sua fama come produttrice di oggetti artigianali, artistici di vetro di grande pregio e finezza. A causa dei rischi per tale produzione e per facilitarne il controllo, tutti coloro che lavoravano il vetro furono trasferiti sull'isola di Murano, circa un'ora da Venezia con la barca. Ancora oggi, si trovano in questa piccola, tranquilla isola, abbastanza isolata e vivono in un'atmosfera di spazio aperto e di pace.

Sono stati i lavoratori del vetro veneziani a creare un prodotto speciale senza difetti e completamente trasparente che chiamarono cristallo, nome preso da una roccia che più tardi diverrà il marchio dell'industria del vetro veneziano. Gli artigiani impararono a creare oggetti colorati aggiungendo vari minerali. L'aggiunta dei coloranti come l'argento, il piombo, o il rame resero possibile la creazione di pezzi artistici con colori vivaci, sfumati e sgargianti. Più tardi aggiunsero lo smalto con un procedimento molto complicato e molto segreto che dona incredibili sfumature agli oggetti fatti ogni giorno nelte fabbriche di Murano.

Un tempo, questi oggetti, erano molto costosi e solo le persone benestanti potevano permettersi di acquistarli. Oggi sono più economici e chiunque lo desideri, può avere il piacere di essere proprietario di uno o più di uno di questi lavori d'arte.

Nomi

l'argento	silver	**il pregio**	quality
l'artigiano	artisan	**il prestigio**	prestige
la fabbrica	factory	**il rame**	copper
la fama	fame	**il rischio**	risk
la finezza	finesse	**il segreto**	secret
la mancanza	lack, absence	**la sfumatura**	hue
il marchio	trademark	**lo smalto**	enamel
il periodo	period	**il valore**	worth, value
il piombo	lead	**il vetro**	glass

Aggettivi

benestante	well off, well to do	**lussuoso/a**	luxurious
costoso/a	costly	**prestigioso/a**	prestigious
dominante	dominating	**esotico/a**	exotic

Avverbi

attraverso	across	**oggi**	today
abbastanza	enough	**solo**	only

Verbi

aggiungere	add	**permettersi**	allow himself/herself
stabilire	establish	**acquistare**	acquire
procurare	provide	**trasferire**	transfer
facilitare	make it easier	**donare**	donate
divenire	become		

Domande e Risposte

After reading the above story, answer the questions with full answers in Italian.

1. Perchè è famosa Venezia?

_____

_____

_____

2. Per che cosa è ancora conosciuta in tutto il mondo?

_____

_____

3. Che cos'era Venezia nel 1200?

_____

_____

_____

4. Perchè gli artigiani del vetro vennero trasferiti a Murano?

_____

_____

_____

5. Che cosa aggiunsero per ottenere il vetro colorato?

_____

_____

_____

_____

6. Era possibile acquistare oggetti di vetro? Che cosa è cambiato?

_____

_____

_____

_____

21

The Present Subjunctive

So far you have studied the present tense in the indicative mood, which is the most frequently used mood in Italian. This chapter introduces the present subjunctive, which is used much more in Italian than in English.

The present subjunctive is never used independently and is usually preceded by a main clause connected by **che**: main clause + **che** + dependent clause:

Io credo **che** loro vadano in Irlanda.   *I think they are going to Ireland.*

You will often find the subjunctive is needed after the following sentence elements:

Certain verbs

Certain expressions

Certain impersonal expressions

Certain conjunctions

Certain dependent adjective clauses

Formation of the Present Subjunctive

Keep the following rules in mind when you are using the present subjunctive in Italian:

- The present subjunctive is formed by adding the required subjunctive endings to the stem of the verb.

- Verbs that are irregular in the present indicative are also irregular in the present subjunctive.

- To create the subjunctive mood, the **–o** of the present tense conjugation in the first person singular (**io** form) is replaced by the endings of the present subjunctive.

-are Verbs in the Present Subjunctive

In order to conjugate both regular and irregular **-are** verbs in the present subjunctive, start with the **io** form of the present indicative. Drop the **-o** and add to the stem the endings for the present subjunctive (**-i, -i, -i, -iamo, -iate, -ino**).

INFINITIVE	io FORM	PRESENT SUBJUNCTIVE	
camminare	io cammino	io cammini	noi camminiamo
		tu cammini	voi camminiate
		lui/lei cammini	loro camminino
contare	io conto	io conti	noi contiamo
		tu conti	voi contiate
		lui/lei conti	loro contino
parlare	io parlo	io parli	noi parliamo
		tu parli	voi parliate
		lui/lei parli	loro parlino
ricordare	io ricordo	io ricordi	noi ricordiamo
		tu ricordi	voi ricordiate
		lui/lei ricordi	loro ricordino

-care and *-gare*

Verbs ending in **-care** and **-gare** add an **-h-** before the final ending to all forms of the present subjunctive.

INFINITIVE	io FORM	PRESENT SUBJUNCTIVE	
buscare	io busco	io buschi	noi buschiamo
		tu buschi	voi buschiate
		lui/lei buschi	loro buschino
giocare	gioco	io giochi	noi giochiamo
		tu giochi	voi giochiate
		lui/lei giochi	loro giochino
impiegare	impiego	io impieghi	noi impieghiamo
		tu impieghi	voi impieghiate
		lui/lei impieghi	loro impieghimo
legare	lego	io leghi	noi leghiamo
		tu leghi	voi leghiate
		lui/lei leghi	loro leghino

pagare	pago	io paghi	noi paghiamo
		tu paghi	voi paghiate
		lui/lei paghi	loro paghino
toccare	tocco	io tocchi	noi tocchiamo
		tu tocchi	voi tocchiate
		lui/lei tocchi	loro tocchino

–*ere* and –*ire* Verbs in the Present Subjunctive

In order to conjugate both the regular and the irregular –**ere** and the –**ire** verbs in the present subjunctive, drop the –**o** from the first person singular of the present indicative, and add –**a**, –**a**, –**a**, –**iamo**, –**iate**, –**ano** to the stem.

–*ere* Verbs

INFINITIVE	io FORM	PRESENT SUBJUNCTIVE	
chiedere	io chiedo	io chieda	noi chiediamo
		tu chieda	voi chiediate
		lui/lei chieda	loro chiedano
chiudere	io chiudo	io chiuda	noi chiudiamo
		tu chiuda	voi chiudiate
		lui/lei chiuda	loro chiudano
vedere	io vedo	io veda	noi vediamo
		tu veda	voi vediate
		lui/lai veda	loro vedano
vincere	io vinco	io vinca	noi vinciamo
		tu vinca	voi vinciate
		lui/lei vinca	loro vincano

–*ire* Verbs in the Present Subjunctive

INFINITIVE	io FORM	PRESENT SUBJUNCTIVE	
aprire	io apro	io apra	noi apriamo
		tu apra	voi apriate
		lui/lei apra	loro aprano
dormire	io dormo	io dorma	noi dormiamo
		tu dorma	voi dormiate
		lui/lei dorma	loro dormano

sentire	io sento	io senta	noi sentiamo
		tu senta	voi sentiate
		lui/lei senta	loro sentano
soffrire	io soffro	io soffra	noi soffriamo
		tu soffra	voi soffriate
		lui/lei soffra	loro soffrano

–*isc* Verbs in the Present Subjunctive

–ire verbs that add **–isc** to the present indicative also add **–isc** in the present subjunctive.

INFINITIVE	io FORM	PRESENT SUBJUNCTIVE	
capire	io capisco	io capisca	noi capiamo
		tu capisca	voi capiate
		lui/lei capisca	loro capiscano
finire	io finisco	io finisca	noi finiamo
		tu finisca	voi finiate
		lui/lei finisca	loro finiscano
preferire	io preferisco	io preferisca	noi preferiamo
		tu preferisca	voi preferiate
		lui/lei preferisca	loro preferiscano

–*ere* and –*ire* Verbs with –*g*- and –*c*- in the *io* Form

In the present subjunctive, some **–ere** and **–ire** verbs carry the irregularity of the first person singular through the conjugation, except for the first person plural or the **noi** form and the second person plural or the **voi** form. No **–are** verbs have these irregularities.

INFINITIVE	io FORM	PRESENT SUBJUNCTIVE	
conoscere	io conosco	io conosca	noi conosciamo
		tu conosca	voi conosciate
		lui/lei conosca	loro conoscano
dire	dico	io dica	noi diciamo
		tu dica	voi diciate
		lui/lei dica	loro dicano

porre	pongo	io ponga	noi poniamo
		tu ponga	voi poniate
		lui/lei ponga	loro pongano
rimanere	rimango	io rimanga	noi rimaniamo
		tu rimanga	voi rimaniate
		lui/lei rimanga	loro rimangano
salire	salgo	io salga	noi saliamo
		tu salga	voi saliate
		lui/lei salga	loro salgano
tenere	tengo	io tenga	noi teniamo
		tu tenga	voi teniate
		lui/lei tenga	loro tengono
venire	vengo	io venga	noi veniamo
		tu venga	voi veniate
		lui/lei venga	loro vengano

Irregular Verbs in the Subjunctive

There are only five verbs that have the present subjunctive that are not formed from the first person singular or the **io** form. This is why they are considered irregular.

INFINITIVE	io FORM	PRESENT SUBJUNCTIVE	
avere	ho	io abbia	noi abbiamo
		tu abbia	voi abbiate
		lui/lei abbia	loro abbiano
dare	do	io dia	noi diamo
		tu dia	voi diate
		lui/lei dia	loro diano
essere	sono	io sia	noi siamo
		tu sia	voi siate
		lui/lei sia	loro siano
sapere	so	io sappia	noi sappiamo
		tu sappia	voi sappiate
		lui/lei sappia	loro sappiano
stare	sto	io stia	noi stiamo
		tu stia	voi stiate
		lui/lei stia	loro stiano

Uses of the Present Subjunctive

The subjunctive is not a tense but a mood that expresses wishes, doubts, thoughts, and what is possible, rather than what is certain. The present subjunctive in a dependent clause is introduced by **che** and followed by the present tense in the main clause. The use of the subjunctive or the indicative is regulated by the meaning of the verb in the sentence.

If we want to announce an event, the indicative is used:

Sostengo che **è** colpa sua. *I maintain that it is his fault.*

If we want to announce a possible or probable event, the subjunctive will be used. The dependent clause is always introduced by **che** with conjugated verbs:

Credo **che sia** colpa sua. *I believe it is his fault.*

In the formal written or spoken forms, there is a tendency to use the subjunctive, while in informal usage, the indicative is more frequently used:

Penso che **sia** colpa Sua. (formal) *I think it is your fault.*

Penso che è colpa tua. (informal) *I think it is your fault.*

To help you choose between the subjunctive or the indicative, remember that verbs expressing a will, a wish, a request, an opinion, a prayer, a fear, and a doubt require the use of the subjunctive.

Some of these verbs are:

accettare	*to accept*	**immaginare**	*to imagine*
attendere	*to wait for*	**lasciare**	*to let*
augurare	*to wish for*	**negare**	*to negate, deny*
chiedere	*to ask*	**ordinare**	*to order*
credere	*to believe*	**permettere**	*to allow*
desiderare	*to wish*	**preferire**	*to prefer*
disporre	*to have at one's disposal, manage*	**pregare**	*to pray, beg*
		ritenere	*to believe, to assume*
domandare	*to ask*	**sospettare**	*to suspect*
dubitare	*to doubt*	**sperare**	*to hope*
esigere	*to require, expect*	**temere**	*to fear*
supporre	*to imagine, suppose*		

Esercizio 21.1

Complete the following sentences with the correct form of the subjunctive of the verbs in parentheses.

1. Accetto che lei _____ quel ragazzo anche se non mi piace. (sposare)

2. Maria aspetta che voi _____ la scuola per andare in vacanza. (finire)

3. Tu chiedi che loro non _____ troppo rumore il pomeriggio e la sera tardi. (fare)

4. Io lascio che loro mi _____ prima di andare a visitarli. (chiamare)

5. Chiediamo che lui gentilmente _____ l'orchestra per le persone anziane. (dirigere)

6. Il generale ordina che la squadra di soldati si _____ a combattere. (preparare)

7. Il nostro amico dispone che noi _____ l'aereo e andiamo in albergo con il taxi. (prendere)

8. La nonna prega che il figlio _____ la nipotina a visitarla. (portare)

9. Ritenete che _____ meglio arrivare in treno o in macchina? (essere)

10. Le maestre esigono che Isabella non _____ con le sue amiche a scuola durante il giorno. (parlare)

Esercizio 21.2

Select the sentence with the correct form of the subjunctive.

1a. Mario ha detto che non è stato lui a rompere il vetro.

1b. Mario ha detto che non sia stato lui a rompere il vetro.

2a. Desidero che voi studiate e vi laureate presto.

2b. Desidero che voi studiate e vi laureiate presto.

3a. Giorgio ammette che mi mentite.

3b. Giorgio ammette che voi mi mentiate.

4a. Maria non mi ha detto che lei deve fare un esame importante.

4b. Maria non mi ha detto che lei debba fare un esame importante.

5a. I miei colleghi chiedono che io alleno la squadra di tennis.

5b. I miei colleghi chiedono che io alleni la squadra di tennis.

6a. I ragazzi fanno molto chiasso quando sono in piscina.

6b. I ragazzi facciano molto chiasso quando sono in piscina.

7a. Il bambino finge di dormire quando la mamma entra nella sua camera.

7b. Il bambino finge che dorma quando la mamma entra nella sua camera.

8a. Non avere paura che lui ti dimentica se non ti vede tutti i giorni.

8b. Non avere paura che lui ti dimentichi se non ti vede tutti i giorni.

9a. Immagino che voi sognate di andare a fare un safari in Africa quando avrete i soldi.

9b. Immagino che voi sogniate di andare a fare un safari in Africa quando avrete i soldi.

10a. Temiamo che voi vogliate lasciare il lavoro e andare in giro per il mondo.

10b. Temiamo che voi volete lasciare il lavoro e andare in giro per il mondo.

The indicative and not the subjunctive is used with the verbs expressing judgment or perception. Following are some of these verbs:

accorgersi	*to realize*	**percepire**	*to receive, perceive*
affermare	*to declare*	**promettere**	*to promise*
confermare	*to confirm*	**ricordare**	*to remember*
constatare	*to realize*	**riflettere**	*to reflect*
dichiarare	*to declare*	**rispondere**	*to respond*
dimostrare	*to demonstrate*	**scoprire**	*to discover*
dire	*to tell, say*	**scrivere**	*to write*
giurare	*to swear*	**sentire**	*to hear*
insegnare	*to teach*	**sostenere**	*to claim, support*
intuire	*to sense, perceive*	**udire**	*to hear*
notare	*to note*	**vedere**	*to see*

A few verbs require the subjunctive or the indicative depending on how they are used.

Ammettere (*to admit*) requires the indicative when it is used in the sense of recognizing:

Ammettete che vi siete addormentati tardi.	*Admit that you fell asleep late.*
Ammetti che non ti piace giocare d'azzardo.	*Admit that you do not like to gamble.*

Ammettere takes the subjunctive when it means *to concede*, *to allow*, and so on.

Ammettiamo che tu non voglia **studiare,** che cosa vuoi fare?	*Let's suppose that you do not want to study, what do you want to do?*
Ammetti che lui non ti **parli** mai, come sai tante cose di lui?	*Let's allow that he doesn't speak a lot to you, how do you know so much about him?*

Take a careful look at the specific uses of the present subjunctive.

After Certain Impersonal Expressions

A sentence or question may consist of a main clause and a dependent clause connected by the conjunction **che**. The following sentence consists of a main clause and a dependent clause in the indicative mood:

Main clause	Lei vede
Dependent clause	che tu parli con me.

If the main clause has an impersonal expression, such as **è possibile**, the dependent clause has to be in the subjunctive:

È possibile che io **venga**.	*It is possible that I may come.*

Following are some commonly used impersonal expressions:

è assurdo che . . .	*It is absurd that . . .*
basta che . . .	*It is enough that . . .*
bisogna che . . .	*It is necessary that . . .*
è bene che . . .	*It is good that . . .*
è difficile che . . .	*It is difficult that . . .*
è giusto che . . .	*It is right that . . .*
è importante che . . .	*It is important that . . .*
è impossibile che . . .	*It is impossible that . . .*

è male che . . .	It is bad that . . .
è meglio che . . .	It is better that . . .
è necessario che . . .	It is necessary that . . .
è opportuno che . . .	It is opportune that . . .
è peccato che . . .	It is a pity that . . .
è possibile che . . .	It is possible that . . .
è probabile che . . .	It is probable that . . .
è raro che . . .	It is rare that . . .
è urgente che . . .	It is urgent that . . .
non importa che . . .	It isn't important that . . .

| È meglio che **tu stia a casa** se non stai bene. | It is better that you stay at home if you do not feel well. |
| È peccato che **sia venuta** la brina. | It is a shame that we had frost. |

Impersonal expressions are followed by an infinitive instead of the subjunctive if the subject is not expressed.

| È necessario che **tu chiuda** tutte le finestre prima che **tu esca**. | It is necessary that you close all windows before you go out. |
| È necessario **chiudere** tutte le finestre prima di uscire. | It is necessary to close all the windows before going out. |

When the impersonal expressions imply certainty, the indicative is used instead of the subjunctive in the dependent clause. The expressions that require the indicative are:

è certo che . . .	It is certain that . . .
è chiaro che . . .	It is clear that . . .
è evidente che . . .	It is evident that . . .
è ovvio . . .	It is obvious that . . .

 ## Esercizio 21.3

Complete the following sentences with the correct form of the verbs in parentheses.

1. È probabile che domani _____ un temporale. (venire)

2. È necessario che lui _____ bene il professore. (ascoltare)

3. È possibile che voi non _____ a vendere tutto alla festa. (riuscire)

4. È difficile che noi _____ a sciare questo inverno. (andare)

5. È un peccato che le giornate _____ così in fretta. (accorciarsi)

6. È raro che le nostre amiche _____ a trovarci al mare. (venire)

7. È assurdo che i bambini nelle elementari _____ tanti compiti dopo la scuola. (avere)

8. È urgente che lei _____. (dimagrire)

9. Io l'aspetto, basta che _____ puntuale. (essere)

10. È difficile che voi _____ parlare al telefono con lei. (potere)

The subjunctive is used after certain verbs.

Verbs Expressing Wishes or Preferences

Verbs expressing wishes in the main clause have the subjunctive in the subordinate clause. The subject in the main clause must be different from the subject in the dependent clause:

desiderare	*to desire, to want, to wish for*
preferire	*to prefer*
volere	*to want*

If the main verb of a sentence contains one of the verbs above, such as **volere**, the dependent clause has to use the subjunctive:

Tu desideri che io **parli** con il direttore.	*You wish that I speak with the director.*

If there is only one subject for the two verbs in a sentence, there is neither a dependent clause nor a subjunctive clause:

Io voglio **dormire**.	*I want to sleep.*
Dobbiamo **scrivere** la lettera.	*We have to write the letter.*
Voi preferite **guardare** la TV.	*You prefer to watch the television.*

Here is a sentence with a main clause and a subordinate clause in the indicative:

Main Clause	Lucia sa
Dependent Clause	che noi non parliamo l'inglese.

Verbs Expressing Hope, Happiness, Sadness, Regrets, or Fear

Verbs that express hope, happiness, sadness, regrets, or fear will use the subjunctive in the dependent clause when there is a change of subject:

avere paura	*to be afraid*	**piacere a uno**	*to be pleasing*
dispiacere	*to regret*	**rallegrarsi**	*to be glad*
essere contento/a	*to be happy*	**sperare**	*to hope*
essere triste	*to be sad*	**temere**	*to fear*

Abbiamo paura che il dottore lo mandi in ospedale.	*We are afraid the doctor will put him in the hospital.*
Mi dispiace che tu non **venga** alla festa.	*I am sorry that you will not come to the party.*
Siete contenti che lui **si laurei**?	*Are you happy that he is graduating?*
Speri che noi **veniamo a** visitarti?	*Do you hope that we will come to visit you?*

If the subject is the same for the two verbs in the sentence, the second verb will remain in the infinitive:

Lisa è contenta di vedere le sue cugine.	*Lisa is happy to see her cousins.*
Lei non ha paura di volare.	*She is not afraid of flying.*

Verbs Expressing Doubt, Emotion, or Opinion

Verbs that express doubt, emotion, or opinion will use the subjunctive in the dependent clause when there is a change of subject in the dependent clause.

Some of these verbs are:

credere	*to believe*	**pensare**	*to think*
immaginare	*to imagine*	**dubitare**	*to doubt*
avere paura	*to be afraid*	**essere contento/a**	*to be happy*
essere commosso	*to be moved*	**temere che** . . .	*to be afraid that* . . .
essere convinto	*to be convinced*	**non mi spiego che** . . .	*I am bewildered that* . . .

Many expressions of emotion consist of a third person singular verb and a direct to indirect object pronoun. The third person object pronouns may be replaced by other pronouns:

Gli piace che . . .	*He likes that . . .*
Gli dispiace che . . .	*He regrets that . . .*
Gli fa pena . . .	*He feels sorry that . . .*
Gli fa schifo . . .	*He is disgusted that . . .*
Lo sorprende . . .	*He is surprised that . . .*
Lo stupisce . . .	*He is surprised/astonished that . . .*

 ## Esercizio 21.4

Complete the following sentences with the correct form of the present subjunctive from the verbs in parentheses.

1. Abbiamo paura che lei _____ male al suo capo e _____ licenziata. (rispondere, venire)

2. Il papà è contento che sua figlia _____ un buon lavoro. (avere)

3. Alla mamma dispiace che sua figlia _____ in un paese lontano e che non può vederla spesso. (vivere)

4. I ragazzi si rallegrano che il loro fratello più piccolo _____ l'Università in pochi anni e che _____ una buona sistemazione. (finire, trovare)

5. Mi dispiace che tu _____ andare via così presto. (dovere)

6. Mi dispiace di _____ andare via, ma domani mi devo alzare molto presto. (dovere)

7. Non ho comprato il biglietto della lotteria pechè so di _____. (perdere)

8. Io temo che tu _____ le chiavi di casa e che tu _____ stare fuori di casa ad aspettare che qualcuno _____ la serratura. (perdere, dovere, rompere)

9. Pensiamo che _____ ora che tu e tuo fratello _____ a guadagnarvi la vita. (essere, cominciare)

10. Siete contenti che lei _____ all'estero oppure volete che _____ a casa? (studiare, ritornare)

Esercizio 21.5

Complete the following sentences with the present subjunctive form of the verb in parentheses.

1. Lui è commosso che loro gli _____ così di frequente. (scrivere)

2. È normale che voi _____ in vacanza in Italia perchè volete vedere la famiglia. (andare)

3. Siamo contenti che _____ viaggiare e non _____ paura di volare. (potere, avere)

4. È logico che _____ paura di nuotare se siete nell'acqua fonda e non avete il salvagente. (avere)

5. Al mio amico fa schifo che noi _____ i molluschi fritti. (mangiare)

6. Non mi spiego che lei non _____ mai i compiti. (finire)

7. La stupisce che voi _____ in America e non _____ ritornare in Italia. (studiare, volere)

8. Vi fa pena che lui non _____ indumenti per cambiarsi e non _____ fare la doccia perchè non ha casa. (possedere, potere)

9. Ci sorprende che Erica non _____ a fare l'Università in America. (venire)

10. Ho paura che le ragazze _____ e _____ tardi alla festa. (perdersi, arrivare)

Verbs Expressing Orders, Requests, or Advice

Verbs expressing orders, requests, or advice in the main clause require the subjunctive in the dependent clause:

chiedere	*to ask*	**ordinare**	*to order*
consigliare	*to advise*	**permettere**	*to allow, permit*
dire	*to tell, say*	**insistere**	*to insist*
lasciare	*to let*	**proibire**	*to prohibit*
suggerire	*to suggest*		

Io suggerisco che tu stia attenta alle lusinghe della gente.	*I suggest that you pay attention to flattery.*
Lascia che loro pensino a sè stessi.	*Let them think for themselves.*
Io proibisco che loro usino il cellulare a tavola.	*I don't want them to use the cellular phone at dinner.*
Insiste che voi mettiate la giacca e la cravatta.	*She insists that you wear a jacket and a tie.*

Lasciare, permettere, proibire, and **ordinare** can be used with the subjunctive or the infinitive. In the latter, the indirect pronoun precedes the verb:

Permetto che tu tenga le scarpe in casa.	*I allow you to keep the shoes in the house.*
Ti permetto **di tenere** le scarpe in casa.	*I allow you to keep the shoes on in the house.*
Proibisco che **fumino** in casa.	*I prohibit them from smoking in the house.*
Gli proibisco di **fumare** in casa.	*I prohibit them from smoking in the house.*
Ordino che portino il vino a casa mia.	*I order them to bring the wine to my house.*
Gli ordino di **portare** il vino a casa mia.	*I order them to bring the wine to my house.*
Lascio che **vadano** alla festa.	*I let them go to the party.*
Li **lascio** andare alla festa.	*I let them go to the party.*

Note: When **dire** is used to give an order, the subjunctive is required in the dependent clause:

Gli **dico** che stia attento.	*I tell him to be careful.*
Le dice che **vada e stia** a letto.	*She tells her to go and stay in bed.*

Esercizio 21.6

Complete the sentences with the correct form of the present subjunctive of the verbs in parentheses.

1. Volete che _____ a Mario di venire a casa? (dire)

2. Speriamo che lui _____ l'orchestra. (dirigere)

3. Noi crediamo che la vita _____ corta e che dobbiamo aiutare la gente meno fortunata di noi. (essere)

4. Io dubito che gli UFO _____ e che _____ sulla terra a nostra insaputa. (esistere, venire)

5. Mi rattristo che loro non _____ che è pericoloso guidare la macchina e parlare al telefono. (capire)

6. Il dottore non vuole che mio marito _____ a tennis. (giocare)

7. Mi rattrista che tu non _____ più sciare a causa dell'incidente al ginocchio. (potere)

8. Noi speriamo che _____ un viaggio tranquillo e che vi _____. (fare, riposare)

9. È meglio che _____ a casa fino a quando sapete se siete ancora contaggiosi. (stare)

10. Mi permette che io _____ solo due sere alla settimana perchè devo studiare. (uscire)

Esercizio 21.7

Change the sentences from the indicative tense to the subjunctive mood, using the verbs in parentheses to introduce and make the sentences subjunctive.

EXAMPLE: SO CHE IL BAMBINO DORME GIÀ TUTTA LA NOTTE.
                PENSO CHE IL BAMBINO DORMA TUTTA LA NOTTE.

1. Erica studia giorno e notte. _____
   _____. (credere)

2. La mamma di Silvia parte per l'Italia domani. _____
   _____. (credere)

3. Sono sicuro che loro vincono anche questa settimana. _____
   _____. (dubitare)

4. Noi sappiamo che alla mamma piacciono le rose rosse. _____
   _____. (immaginare)

5. La storia della sua vita è molto interesssante. _____
   _____. (pensare)

6. Sappiamo che a Eric piace la macchina nuova. _____

_____. (pensare)

7. Venite a casa nostra a cena. _____

_____. (credere-io)

8. Il volo per l'Europa è stato cancellato. _____
_____. (dubitare-tu)

9. Loro hanno una vita molto avventurosa. _____

_____. (desiderare-lei)

10. Sappiamo che la scuola cancella la lezione di italiano a causa dello
sciopero dei trasporti pubblici._____

_____. (desiderare-voi)

The Present Subjunctive After Certain Conjunctions

The subjunctive form immediately follows one of the following conjunctions when the main clause has a different subject from the dependent clause:

a condizione che	*provided that*	a patto che	*provided that*
affinchè	*in order that*	fino a quando	*until*
benchè	*although, even if*	malgrado	*although, in spite of*
così che	*so that*	nel caso che	*in case*
dopo che	*after*	prima che	*before*
finchè	*until*	senza che	*without*
nonostante	*although*	per paura che	*for fear that*
qualora	*if, in case*	sebbene	*although*
seppure	*even if*	perchè	*so that, in order that*

Here is a sentence where there is only one subject:

Lei studia **prima di giocare**.   *She studies before playing.*

In the following examples, there are two subjects connected by the conjunction **che**:

Lei fa il bagno prima che lo **faccia lui**.   *She takes a bath before him.*

If there is only one subject in the sentence, an infinitive follows the conjunction:

Lui lavora **per mangiare.**   *He works (in order) to eat.*

Luisa cammina **senza guardare**.   *Luisa walks without looking.*

Some conjunctions of time require the subjunctive, whether there is one subject or two subjects:

a meno che   *unless*

allorchè   *when, if*

purchè   *as long as*

Note: Affinchè is more formal than **perchè**.

When **perchè** means *because*, it is followed by the indicative.

Dopo che (*after*) is followed by the indicative.

The conjunction **anche se** (*although*) is common in everyday language, and it is followed by the indicative.

Note: Also note the use of the subjunctive after **che** (*whether*):

Che loro **prendano** la patente o no,   *Whether they get the driver's*
  guiderà mio marito.   *license or not, my husband will*
                                                     drive.

Che tuoni, piova o che ci sia il sole,   *Whether it will thunder, will rain,*
  giocheremo a football.   *or is sunny, we will play football.*

Esercizio 21.8

Complete the following sentences with the correct conjunction.

1. Ti aspetto tu non vieni _____. Non ho fretta _____ io abbia tante cose da fare. (*until, although*).

2. _____ tu arrivi, andiamo al mercato _____ compriamo la frutta e la verdura fresca. (*as soon as, so that*)

3. Lei parte _____ lui non lo sappia e dice che ti telefona _____ tu non ti preoccupi. (*even if, as soon as*)

4. Ti chiamiamo la prossima settimana, _____ tu non ci scriva. (*unless*)

5. Recitiamo la preghiera _____ la nostra nipotina _____ a dormire. (*before, go*)

6. Ti regalo i miei anelli _____ siano molto preziosi. (*even if*)

7. La chiamiamo _____ lei non risponda mai. (*although*)

8. Gli mando i soldi _____ lui possa comprare i regali per i bambini. (*in order*)

9. Puoi andarla a prendere e portarla al parco _____ riesca a fare movimento dopo la scuola. (*so that*)

10. Giovanni finisce il suo lavoro, _____ le condizioni in fabbrica siano brutte (*although*)

In Certain Dependent Adjective Clauses

In Italian, the subjunctive mood is used in the dependent clause if the object or person in the main clause is indefinite or nonexistent. In the following sentences, the object and person described in the main clause are not known:

Cerco **una casa** che **sia** bella e grande.	*I am looking for a house that is nice and large.*
Conosci **qualcuno** che **sappia** riparare il tetto?	*Do you know someone who knows how to fix roofs?*

After the expression *per quanto*

Per quanto **io cerchi di** spiegarle la matematica, lei non la capisce.	*No matter how much I try to explain math to her, she does not understand it.*
Per quanto lavoriate, avete ancora molti debiti da pagare.	*No matter how much you work, you still have lots of debt to pay.*

After *benchè*

Benchè sia freddo, girano con le maniche corte.	*Although it is cold, they go around with short sleeves.*
Benchè ci sia il sole, la temperatura è bassa.	*Although it is sunny, the temperature outside is cold.*

After compounds of –unque

Chiunque vada in una casa
   giapponese deve togliersi le scarpe.

*Whoever goes in a Japanese house
   has to take off his or her shoes.*

Dovunque Camille vada,
   il cane la segue.

*Wherever Camille goes, the dog
   follows her.*

Qualunque cosa lei dica, va bene.

Whatever she does, it is fine.

 ## Esercizio 21.9

Change the order of the words in order to use the subjunctive as shown in the example.
La figlia di Rosanna è dispiaciuta che sua madre non voglia venire.

EXAMPLE: ROSANNA NON VUOLE VENIRE.
                  SUA FIGLIA È DISPIACIUTA.

1. La mamma non è in casa. È strano. _____

2. Lei non vuole fare le lasagne. Mi dispiace. _____

   _____

3. La professoressa non vuole dargli un bel voto. Mi dispiace. _____

   _____

4. Il padre di mio nonno non sa leggere o scrivere. Che peccato. _____

   _____

5. Marcello non riesce a trovare un nuovo lavoro. Sono sorpresa. _____

   _____

6. La macchina è rotta. Devo portarla dal meccanico. Che brutta cosa. _____

   _____

7. Riccardo non vuole studiare. È assurdo. _____

   _____

8. Giorgio vuole sempre giocare a tennis. Sono sorpresa. _____

   _____

9. Gli amici vengono a farci visita. Siamo contenti. _____

_____

10. Lucia non vuole venire a casa mia con i bambini. Voglio. _____

_____

✎ Esercizio 21.10

Translate the following sentences into Italian using the correct form of the subjunctive.

1. I am waiting for them to give me an answer.

_____

2. It could be that he is wrong.

_____

3. It is better that you turn off the light.

_____

4. It seems to me they will not be able to finish on time.

_____

5. I can't wait for you to leave me alone.

_____

6. I don't want you to ring the doorbell because the children are sleeping.

_____

7. She doesn't know that man.

_____

8. I don't understand why he is so rude with everybody.

_____

9. We hope the boy doesn't hurt himself when he goes climbing the mountain.

_____

10. It is useless for you to tell me that you want to find a new job, unless you do something to find it.

_____

_____

Esercizio 21.11

Conjugate the infinitives with the present subjunctive.

1. Mi innervosisce che lui non (rendersi) _____ conto della situazione.

2. È strano che non (farsi) _____ vivo a meno che non lo chiamiamo noi.

3. Il mio cane fa tutto quello che gli dico io senza che io (dovere) _____ chiamarlo due volte.

4. Mi stupisce che voi non (capire) _____ una cosa così semplice e non (volere) _____ imparare.

5. Credo che lei (riuscire) _____ a mettersi d'accordo dopo tante discussioni, ma ho paura di sbagliarmi.

6. Non voglio che tu (dire) _____ cosi tante parolacce. Non sembra che tu (essere) _____ una persona fine se parli così.

7. Non credi che (essere) _____ necessario che io (andare) _____ dal dottore?

8. Bisogna che tu (studiare) _____ di più e che (imparare) _____ tutte le regole della strada a memoria.

9. È necessario che voi (studiare) _____ molto per fare l'esame di guida in Italia.

10. Vogliono che io (andare) _____ da loro e che io (spiegare) come stanno veramente le cose.

 Esercizio 21.12

Complete the following sentences with the correct forms of the present subjunctive.

1. La professoressa vuole parlare un poco della città in cui vive. Vorrebbe sapere le opinioni degli studenti arrivati da poco in Italia. Gli studenti sono arrivati da diverse settimane e la professoressa pen sa che (avere) _____ qualcosa da dire. Spera che le loro impressioni non (essere) _____ tutte negative e che (potere) _____ dire qualche cosa di positivo.

2. Carla dice che le piace molto la città e che le sembra che le persone (essere) _____ molto gentili e che (avere) _____ molto rispetto per gli anziani.

3. Silvia dice che non ha un opinione così favorevole come Carla perchè c'è molto traffico per le strade e a lei non piace. Ma le sembra che la gente (essere) _____ abituata al caos e che non si (preoccupare) _____ dell'inquinamento. Anzi, sembra che non se ne (accorgere) _____ neppure. Non le piace anche perchè le sembra che ci (essere) _____ troppi turisti.

4. Giovanni dice che a lui piace che ci (essere) _____ molte persone di tutte le nazionalità che allargano il mondo degli abitanti della città, ma secondo lui i turisti (essere) _____ la causa dei prezzi più alti.

5. Marisa dice che a lei sembra che il problema più grave (essere) _____ che la gente è molto maleducata e sembra che non (parlare) _____ volentieri con gli stranieri e non (avere) _____ molta pazienza con chi non conosce la città. È difficile che gi stranieri (incontrare) _____ dei veri italiani.

6. Maria invece dice che non è d'accordo con Marisa, perchè a lei sembra che (essere) _____ molto facile conoscere gente e non capisce bene cosa (intendere) _____ dire Marisa. Certamente bisogna darsi da fare per conoscere dei giovani italiani.

7. La professoressa risponde che hanno tutti ragione. Dichiara che è molto contenta che (essere) _____ soddisfatti. La professoressa capisce che ognuno vede le cose dal suo punto di vista e secondo la sua esperienza. La professoressa afferma che ogni paese (avere) _____ pregi e difetti, vantaggi e svantaggi.

8. Sembra che tutti gli studenti (pensare) _____ come la loro insegnante e che tutti (volere) _____ migliorare la società che li circonda.

9. L'insegnante pensa che gli studenti (dovere) _____ darsi da fare per conoscere ragazzi e ragazze italiane e approfittare dell'occasione per imparare a vivere fra sconosciuti e ad apprezzare tutto quello che è nuovo.

10. È necessario che gli studenti (imparare) _____ che vivendo con persone di altre nazionalità, imparano più di quanto (potere) _____ apprendere dai libri.

22

The Present Perfect Subjunctive

The present perfect subjunctive mood (*congiuntivo passato*) refers to the recent past. Like all subjunctive moods, the present perfect subjunctive is used in the same types of subordinate clauses as the present subjunctive. The main clause must have a verb or an expression that calls for the use of the subjunctive mood in the dependent clause. The verb in the main clause is usually in the present tense.

Observe the following sentences:

Penso che **arrivino** tardi.	*I think they will arrive late.*
Penso che **siano arrivati** tardi.	*I think they arrived late.*
Non credo che la ragazza **studi** molto.	*I don't think the girl will study a lot.*
Non credo che la ragazza **abbia studiato** molto.	*I don't think the girl studied a lot.*
Spero che la **ricordiate**.	*I hope you will remember her.*
Spero che l'**abbiate ricordata**.	*I hope you remembered her.*
Siamo felici che tu lo **conosca**.	*We are happy that you know him.*
Siamo felici che tu l'**abbia conosciuto**.	*We are happy that you met him.*

Formation of the Present Perfect Subjunctive

The present perfect subjunctive is a compound verb form. To form the present perfect subjunctive, conjugate the present subjunctive of the helping verb **avere** or **essere** as needed, and follow it with the past participle of the main verb. Keep in mind that if the helping verb is **essere**, the past participle agrees in gender and number with the subject.

parlare	andare
che (io) abbia parlato	che (io) sia andato/a
che (tu) abbia parlato	che (tu) sia andato/a
che (lui) abbia parlato	che (lui) sia andato
che (lei) abbia parlato	che (lei) sia andata
che (noi) abbiamo parlato	che (noi) siamo andati/e
che (voi) abbiate parlato	che (voi) siate andati/e
che (loro) abbiano parlato	che (loro) siano andati/e

The forms of the present perfect subjunctive of **avere** and **essere** are as follows:

che (io) abbia avuto	che (io) sia stato/a
che (tu) abbia avuto	che (tu) sia stato/a
che (lui) abbia avuto	che (lui) sia stato
che (lei) abbia avuto	che (lei) sia stata
che (noi) abbiamo avuto	che (noi) siamo stati/e
che (voi) abbiate avuto	che (voi) siate stati/e
che (loro) abbiano avuto	che (loro) siano stati/e

Uses of the Present Perfect Subjunctive

The present perfect subjunctive indicates that the action of the dependent clause happened before the action of the main clause, and it is used in the same type of dependent clause as the present subjunctive. The verb of the main clause is usually in the present tense. The most common use is the present indicative in the main clause and the present perfect subjunctive in the dependent clause. As with the present subjunctive, the past subjunctive is also used after expressions of doubt, emotion, and wishing, and after impersonal expressions:

Io spero che lei **abbia capito** la lezione.	*I hope that she understood the lesson.*
Dubiti che lui **abbia vinto** la partita.	*You doubt that he won the match.*
Siamo contenti che lui **abbia trovato** un lavoro.	*We are happy that he found a job.*
È probabile che lei **sia arrivata** tardi.	*It is possible that she arrived late.*

Note: The English translation of the dependent clause is the same, whether the Italian verb is in the indicative or the subjunctive mood.

The main clause is in the present; the dependent clause is in present perfect subjunctive:

Sono contento che Giorgio **abbia finito** gli esami.	*I am happy that Giorgio has finished the exams.*
Natalie spera che i professori **abbiano guardato** la sua domanda di ammissione.	*Natalie hopes that the professors looked at her application.*
Conosci qualcuno che **abbia vissuto** in Sud America?	*Do you know anybody who has lived in South America?*
Mi rallegro che tu **abbia trovato** un buon lavoro.	*I am glad that you found a good job.*

The past subjunctive is also used when expressing a past action that has taken place before the action of the main verb. Observe the use of the subjunctive in the following sentences. The past subjunctive is the equivalent of the present perfect in the indicative mood:

Present subjunctive	Spero che tuo fratello **stia** bene.	*I hope that your brother is well.*
Present perfect subjunctive	Spero che tuo fratello **sia stato** bene.	*I hope that your brother was well.*
Present perfect	Sappiamo che **avete fatto** un viaggio.	*We know that you took a trip.*
Present perfect subjunctive	Pensiamo che **abbiate fatto** un viaggio.	*We think that you took a trip.*

 Esercizio 22.1

Fill in the blanks with the past subjunctive of the verbs in parentheses.

1. Dubito che tu _____ la macchina in Italia. (guidare)

2. Dubito che tua sorella _____ l'offerta di lavoro. (accettare)

3. Penso che loro _____ all'opera domenica scorsa. (andare)

4. Credo che tu non _____ l'opera domenica scorsa. (ascoltare)

5. Siamo contenti che tu _____ al cinema con lui. (andare)

6. Crediamo che i nostri amici _____ la loro casa. (vendere)

7. È probabile che voi _____ troppi regali per Natale. (comperare)

8. Dubito che Isabella _____ il regalo. (dimenticare)

9. È probabile che a te non _____ la crociera. (piacere)

10. Penso che loro _____ con il primo treno. (partire)

✎ Esercizio 22.2

Fill in the blanks with the present perfect or the past subjunctive of the verbs in parentheses.

1. È ovvio che loro _____ l'italiano a scuola. (studiare)

2. Penso che loro _____ l'italiano a scuola. (studiare)

3. Lei è sicura che voi _____ la luce prima di uscire. (spegnere)

4. Credo che lei _____ le finestre. (aprire)

5. Maria sa che Carlo non _____ ancora _____. (ritornare)

6. Credi che la sua vita _____ molto difficile? (essere)

7. So che la sua vita _____ molto difficile. (essere)

8. Giovanni non sa dove Luisa _____ la chiave. (nascondere)

9. Giovanni pensa che Luisa _____ la chiave. (nascondere)

10. Mi sembra che le giornate si _____. (accorciarsi)

Reading Comprehension

📖 Il giornale

Il giornale, ancora prima della televisione ha reso possibile alla gente di tutto il mondo di aprire gli occhi ed essere al corrente degli eventi belli e brutti, vicini e lontani, locali o mondiali che occorrono giornalmente in ogni angolo della terra. Prima dell'avvento della televisione, se non avessimo avuto il giornale saremmo stati al buio e ignari degli eventi che ci circondano. La stampa, è stato un media molto importante che ha diffuso le notizie, ha aperto una finestra e ha creato un ponte fra le nazioni e le genti di tutto il mondo.

Ci sono molti tipi di giornali, fra cui i quotidiani che escono tutti i giorni, i settimanali pubblicati una volta alla settimana, e i giornali finanziari, che si specializzano nelle analisi degli investimenti. Ci sono anche riviste settimanali, mensili e bimestrali che sono pubblicate ogni due mesi. Il giornale quotidiano è formato da varie pagine con articoli arricchiti da illustrazioni, grafici e dati statistici. La prima pagina riporta le notizie più importanti, quelle che devono catturare l'attenzione e l'interesse del lettore, mentre le pagine interne sono divise per tema: politica interna ed esterna, cronaca nazionale e locale, cultura, sport, spettacoli, avvisi pubblicitari e necrologi.

I titoli degli articoli in prima pagina, sono scritti in lettere ben visibili e con parole concise, per creare l'interesse e la curiosità dei lettori e nello stesso tempo, far capire di cosa tratta l'articolo che segue. Spesso questi titoli sono anche molto tragici e sensazionali per creare il desiderio di leggere. Il giornalista deve dare la notizia in modo comprensibile, preciso e deve specialmente essere obiettivo e imparziale. Nel giornale, oltre la cronaca che di solito riporta eventi politici ed eventi non piacevoli di violenza e di guerre, ci sono sezioni culturali che offrono temi letterari, storici, scientifici e artistici.

Si possono leggere le recensioni degli avvenimenti culturali come: film, libri, spettacoli teatrali, mostre di pittura dove il giornalista dà la sua interpretazione e il suo giudizio su questi eventi. Più grandi sono le città dove è pubblicato il giornale e più le notizie sono interessanti e varie. Anche i piccoli paesi distribuiscono quotidianamente i giornali che si limitano alle notizie riguardanti la vita, gli eventi e gli sport locali e aggiungono quanto basta delle notizie mondiali.

Il giornale può essere acquistato nelle edicole, nei negozi di generi alimentari, nelle farmacie o in varie altre località. Può anche arrivare attraverso la posta o a mezzo di persone il cui lavoro è proprio di consegnarlo fino alla porta di casa di chi vuole pagare per questo servizio. Oggigiorno, il giornale ha perso la sua importanza ed esclusività. Con l'avvento della televisione e dell'Internet, le informazioni che un tempo ci arrivavano specialmente a mezzo del giornale, oggi entrano nelle case molto più rapidamente. La gente non vuole più aspettare di leggere gli eventi locali e mondiali. Per questo motivo, i giornali, specialmente negli Stati Uniti, trovano difficile mantenere vivo l'interesse del pubblico e hanno dovuto ridurne la quantità e in molte città anche il formato. Tutto questo spesso non è sufficiente e molte case che producono e stampano i quotidiani, devono chiudere i battenti.

Gli anziani che non hanno il computer o non sanno usarlo, vogliono tenersi al corrente e leggono assiduamente e ogni giorno le notizie sul giornale. Trovano molto confortevole sedersi nella loro poltrona preferita, nella sicurezza della loro casa, e leggere ciò che succede intorno a loro.

Nomi

l'avvenimento	*happening*	la poltrona	*armchair*
l'avvento	*advent*	il ponte	*bridge*
il battente	*door*	il pubblico	*public*
il buio	*darkness*	il quotidiano	*daily*
la cronaca	*chronicle*	la recensione	*review*
il formato	*format*	la rivista	*magazine*
l'informazione	*information*	la stampa	*press*
il grafico	*graphic*	il tema	*theme*
il necrologo	*obituary*		

Avverbi

assiduamente	*thoroughly*	ogni	*every*
intorno	*around*	quotidianamente	*daily*
oggigiorno	*nowadays*	spesso	*often*

Verbi

catturare	*to capture*	occorrere	*to happen*
consegnare	*to deliver*	rendere	*to make possible*
diffondere	*to spread*	riportare	*to report*
distribuire	*to distribute*	specializzare	*to specialize*

Aggettivi

arricchito/a	*enriched*	mensile	*monthly*
bimestrale	*bimonthly*	mondiale	*wordly*
concise/a	*succinct*	obiettivo/a	*objective, neutral*
ignaro/a	*unknowing*	settimanale	*weekly*
imparziale	*impartial*	statistico/a	*statistic*

Domande e Risposte

After reading the selection, answer the questions in Italian.

1. Che compito aveva il giornale prima che arrivasse il computer e l'Internet?

   _____

   _____

   _____

2. Quali tipi di giornali e riviste ci sono?

   _____

   _____

   _____

   _____

3. Perchè è importante la prima pagina?

   _____

   _____

   _____

   _____

4. Che cosa sta succedendo ai giornali negli Stati Uniti?

   _____

   _____

   _____

   _____

5. Perchè sono important i giornali nei piccoli paesi?

   _____

   _____

   _____

6. Chi legge ancora assiduamente i giornali?

   _____

   _____

   _____

   _____

23

The Imperfect Subjunctive

Formation of the Imperfect Subjunctive

The imperfect subjunctive mood expresses past actions. It is used after certain verbs, after impersonal expressions, and after conjunctions. The imperfect subjunctive in Italian is fairly easy to form. Most verbs are regular in this tense. The imperfect subjunctive of all regular verbs and almost all the irregular verbs is formed by adding the endings **–ssi**, **–ssi**, **–sse**, **–ssimo**, **–ste**, and **–ssero** to the first person singular of the imperfect indicative, dropping the final **–vo**:

Infinitive	**cantare**	**vedere**	**finire**	**dormire**
Imperfect indicative	**cantavo**	**vedevo**	**finivo**	**dormivo**
Imperfect stem	**canta-**	**vede-**	**fini-**	**dormi-**
Imperfect subjunctive	canta**ssi**	vede**ssi**	fini**ssi**	dormi**ssi**
	canta**ssi**	vede**ssi**	fini**ssi**	dormi**ssi**
	canta**sse**	vede**sse**	fini**sse**	dormi**sse**
	canta**ssimo**	vede**ssimo**	fini**ssimo**	dormi**ssimo**
	cant**aste**	vede**ste**	fini**ste**	dormi**ste**
	canta**ssero**	vede**ssero**	fini**ssero**	dormi**ssero**

Maria voleva che noi **andassimo** a visitarla.

Maria wanted us to go to visit her.

Maria vorrebbe che noi la **chiamassimo**.

Maria would like us to call her.

The verbs **bere, dire,** and **fare** form the imperfect subjunctive from the same stem as the imperfect indicative:

Infinitive	bere	dire	fare
Imperfect indicative	bevevo	dicevo	facevo
Imperfect stem	beve-	dice-	face-
Imperfect subjunctive	bevessi	dicessi	facessi
	bevessi	dicessi	facessi
	bevesse	dicesse	facesse
	bevessimo	dicessimo	facessimo
	beveste	diceste	faceste
	bevessero	dicessero	facessero

Speravo che **bevessero** del buon vino.	*I was hoping they would drink good wine.*
Voleva che io **dicessi** la verità.	*He wanted me to tell the truth.*
Credevi che **facesse** molto freddo.	*You believed it was very cold.*

The verbs **dare, essere,** and **stare** have irregular stems in the imperfect subjunctive, but the endings are the same as those of regular verbs.

DARE	*ESSERE*	*STARE*
dessi	fossi	stessi
dessi	fossi	stessi
desse	fosse	stesse
dessimo	fossimo	stessimo
deste	foste	steste
dessero	fossero	stessero

Pensavo che Luigi **stesse** con sua madre.	*I thought Luigi stayed with his mother.*
Non credevo che **fosse** così buio.	*I didn't think it was so dark.*
Era probabile che loro **dessero** gli esami.	*It was possible that they would take the tests.*

 ## Esercizio 23.1

Complete the following sentences with the imperfect subjunctive of the verbs in parentheses.

1. Credevo che loro _____ presto. (tornare)
2. Volevo che voi mi _____ appena arrivati a casa. (chiamare)

3. Aspettavo che lei _____ con il primo treno. (arrivare)

4. Sembrava che le bambine mi _____. (ascoltare)

5. Vorrei che tu mi _____ e mi _____ le notizie. (telefonare, dare)

6. Speravo che i miei fratelli mi _____ a spostare l'armadio. (aiutare)

7. Pensavo che a Roberto non _____ i tortellini. (piacere)

8. Non sapevo che tu _____ un dottore. (essere)

9. Non sapevamo che anche le tue amiche _____ in Italia. (vivere)

10. Volevo che Luisa _____ e _____ di più. (lavorare, guadagnare)

Esercizio 23.2

Complete the following sentences with the imperfect subjunctive of the verbs in parentheses.

1. Pensavo che gli italiani _____ molto aperti verso gli stranieri. (essere)

2. Credevo che gli italiani _____ pochi soldi e _____ poveri, ma non è così. (avere, essere)

3. Non immaginavo che in Italia si _____ così bene e così tanto. (mangiare)

4. Mi piace la musica italiana e io pensavo che _____ anche ai giovani italiani. (piacere)

5. Volevo che gli studenti _____ delle domande al nuovo studente americano. (fare)

6. Speravo che lei mi _____ alcune cose della realtà italiana. (spiegare)

7. Quando ero in Italia, volevo che mi _____ perchè volevo parlare meglio. (correggere)

8. Credevo che gli italiani _____ molto, ma non mangiano mai fra i pasti. (mangiare)

9. Preferivo che mi _____ pagare, ma non vogliono ascoltarmi. (lasciare)

10. Speravo che il tuo amico ci _____ della cultura italiana. (parlare)

Esercizio 23.3

Complete the following sentences with the imperfect subjunctive of the verbs in parentheses.

1. Era probabile che loro _____ bene perchè c'era il padre. (comportarsi)

2. Speravo che tu _____ di finire i compiti. (ricordarsi)

3. Eravamo molto contenti che le cose gli _____ così bene. (andare)

4. Era necessario che lei _____ il medico per farsi dare una medicina. (chiamare)

5. Aspettavo che lei _____, ma invano. (telefonare)

6. Immaginavo che Erica _____ bene per l'esame. (prepararsi)

7. Era impossibile che lei _____ da sola, perchè era sempre con amici. (ritornare)

8. Mi dispiaceva che lui non _____ un buon lavoro. (trovare)

9. Pensavo che voi _____ presto per fare ginnastica. (alzarsi)

10. Speravamo che voi _____ bene l'italiano. (imparare)

Use of the Imperfect Subjunctive in Subordinate Clauses

The Sequence of Tenses

The imperfect subjunctive is used in the same types of subordinate clauses as the present subjunctive. The imperfect subjunctive is used when the verb of the main clause is in the past tense, such as in present perfect, preterit, imperfect, past perfect, or conditional.

Observe the following pairs of sentences.

PRESENT INDICATIVE	PRESENT SUBJUNCTIVE
Voglio che loro	**vadano** in centro a comprare il libro.

IMPERFECT INDICATIVE	IMPERFECT SUBJUNCTIVE
Volevo loro	**andassero** in centro a comprare il libro.

PRESENT INDICATIVE	PRESENT SUBJUNCTIVE
Desideriamo una casa che	**abbia** molto spazio.

IMPERFECT INDICATIVE	IMPERFECT SUBJUNCTIVE
Desideravamo una casa che **avesse** molto spazio.	

PRESENT INDICATIVE	PRESENT SUBJUNCTIVE
È impossibile che	**troviate** la strada in campagna.

IMPERFECT INDICATIVE	IMPERFECT SUBJUNCTIVE
Era impossibile che	**trovaste** la strada in campagna.

PRESENT INDICATIVE	PRESENT SUBJUNCTIVE
Proibisce che	**si mangi** sul divano.

PRESENT PERFECT INDICATIVE	IMPERFECT SUBJUNCTIVE
Ha proibito che	**si mangiasse** sul divano.

FUTURE INDICATIVE	PRESENT SUBJUNCTIVE
Penserà che	io non **voglia** venire da lei.

PRESENT CONDITIONAL	IMPERFECT SUBJUNCTIVE
Penserebbe che	io non **volessi** venire da lei.

 ## Esercizio 23.4

Rewrite the following sentences changing them from the present indicative to the imperfect subjunctive.

1. Speriamo che voi veniate da noi questa estate.

   _____

2. Riccardo desidera che gli portiamo la farina per i pancakes.

   _____

3. Gabriella vuole che io vada a fare le compere natalizie con lei.

   _____

4. Credo che non ci sia abbastanza tempo per andare al museo.

_____

5. Sembra impossibile che si possa fare la prenotazione al ristorante.

_____

6. È impossibile che possiamo prendere il traghetto.

_____

7. È possible che ci aspettino.

_____

8. Spero che voi cambiate idea.

_____

9. Lucia desidera che andiamo a cena da lei.

_____

10. Mi sembra che le giornate passino troppo velocemente.

_____

Esercizio 23.5

Complete the following sentences by putting the verb in parentheses into the imperfect subjunctive.

1. Mia madre vorrebbe che io _____ di più. (mangiare)

2. I suoi genitori vorrebbero che lui li _____ più spesso. (andare a trovare)

3. Mia nonna vorrebbe che noi la _____ a fare la spesa. (accompagnare)

4. Mia sorella pensava che io non _____ niente da fare. (avere)

5. Sua nipote vorrebbe che noi _____ alla sua cerimonia di laurea. (andare)

6. Credevo che prima di uscire tu _____ tutti. (salutare)

7. Tuo fratello vorrebbe che io gli _____ la mia macchina. (prestare)

8. Mio marito vorrebbe che io _____ la lista delle spese. (fare)

9. I nostri nipoti vorrebbero che noi li _____ a sciare. (portare)

10. Le nostre nipoti vorrebbero che noi _____ in Italia più a lungo. (stare)

Esercizio 23.6

Pietro and Giorgio are speaking about a concert. Complete the sentences with the imperfect subjunctive of the verbs in parentheses.

1. Pietro: Giorgio volevo che tu mi _____ come è stato il concerto ieri sera. (dire)

2. Giorgio: Eravamo lontanissimi dal palco e non si sentiva niente. Poi c'era molta confusione. E tu perchè non sei venuto? Pensavamo che tu _____. (venire)

3. Pietro: Non sono venuto perchè immaginavo che ci _____ molta gente e che non si _____ nulla. E poi ero stanchissimo e ho deciso che era meglio che io _____ a dormire. (venire, sentire, andare)

4. Giorgio: Era impossibile che noi _____ a trovare un posto vicino al palco. Quando siamo arrivati c'era già moltissima gente e il cancello d'entrata era già aperto da più di due ore. (riuscire)

5. Pietro: Bisognava _____ di casa molto prima. (uscire)

6. Giorgio: Non è stata colpa mia. Era previsto che _____ i cancelli alle otto e invece li hanno aperti in anticipo perchè c'era già una gran folla davanti all'entrata. (aprire)

7. Pietro: Pensate che sia meglio ascoltare la musica con i CD o preferite andare in mezzo alla gente?

8. Giorgio: Io direi che _____ molto meglio andare fra la folla, ma sedersi vicino al palco. (essere)

9. Pietro: Che cosa avreste dovuto fare per ottenere dei buoni biglietti?

10. Giorgio: Penso che _____ meglio contattare un'agenzia per _____ i biglietti per non dover aspettare in fila. (essere, prendere)

 Esercizio 23.7

Alberto and Paolo are meeting, and they are talking about school. Complete the following sentences with the imperfect subjunctive of the verbs in parentheses

1. Alberto: Come è andato l'esame?

2. Paolo: Malissimo. Mi hanno bocciato.

3. Alberto: Bisognava che tu _____ di più. (studiare)

4. Paolo: Sono stato sfortunato. I professori volevano che gli _____ di un argomento che non avevo studiato. (parlare)

5. Alberto: Peccato! Speravo tanto che tu _____ un buon voto! (ricevere)

6. Paolo: Bisogna che io chieda al professore che mi faccia rifare l'esame.

7. Alberto: Speravo che tu ti _____ quello che abbiamo studiato assieme. (ricordare)

8. Paolo: Pensavo che il professore mi _____ delle domande facili. (dare)

9. Alberto: Sarebbe bene che tu _____ tutti i capitoli studiati. (ripassare)

10. Paolo: Bisognerebbe che tu mi _____ per vedere se sono abbastanza preparato per il prossimo esame. (ascoltare)

The Imperfect Subjunctive After Certain Verbs

Review the verbs that cause the subjunctive mood in a dependent clause, especially the verbs that express wishes and preferences; hope, regret, and emotion; and order and uncertainty. These verbs in the main clause will be followed by a verb in the subjunctive mood in the dependent clause. If the main clause is in the preterit or the conditional, the dependent clause will be in the imperfect subjunctive:

Preterit

Io **chiesi** che tu **cantassi**.

I asked that you sing.

La mia amica **fu** felice che la **andassi a trovare**.

My friend was happy that I visited her.

Tuo fratello **chiese** che tu gli **scrivessi**.

Your brother asked that you write to him.

Imperfect

Lei **sperava** che tu **avessi** tempo.

She hoped that you had time.

Speravamo che lei **facesse** le lasagne.

We hoped she would make lasagna.

Conditional

Il padre **vorrebbe** che suo figlio **giocasse** a calcio tutte le settimane.

The father would want his son to play soccer every week.

Preferirei che lui non **bevesse**.

I would prefer that he not drink.

Conditional Sentences

A conditional sentence consists of two clauses: one beginning with **se** (*if*) that expresses a condition and a main clause that expresses the result. There are several types of conditions. We consider two of them.

Condition That May Happen

Italian uses different patterns to express conditions that could possibly happen. These conditional sentences consist of two clauses: one beginning with **se** and a main clause. Either clause may come first.

The *Se* Clause

The Se Clause in the Present; the Main Clause in the Future

Se **vieni**, ti **aspetterò**.	*If you come, I will wait for you.*
Li **accompagnerò** se **vanno** a scuola.	*I will take them, if they go to school.*
Se **vuoi**, **potremo** andare al cinema.	*If you want, we could go to the movies.*

Both Clauses in the Present

This construction is mostly used in spoken Italian:

Se **uscite**, **vengo** con voi.	*If you go out, I'll go with you.*
Se non **sai** dov'è la sua casa, te lo **dico** io.	*If you do not know where the house is, I will tell you.*

Both Clauses in the Future

Se **uscirai**, **verrò** con te.	*If you go, I will go with you.*
Se non **saprai** dov'è la sua casa, te lo **dirò** io.	*If you do not know where his house is, I will tell you.*

Conditions Contrary to the Fact

If the factual occurrence is in the present tense, what is contrary to the fact is structured as follows: the **se** clause is in the imperfect subjunctive, and the main clause is in the conditional:

Fact:	Fa freddo. Staremo in casa.	*It is cold. We will stay at home.*
Conditional sentence:	Se **non facesse freddo**, **non staremmo** in casa.	*If it were not cold, we would not stay at home.*
Fact:	Non **studia**, **non passa** gli esami.	*He doesn't study, so he does not pass the exams.*
Conditional sentence:	Se lui **studiasse**, **passerebbe** gli esami.	*If he studied, he would pass the exams.*

 ## Esercizio 23.8

*Rewrite the following sentences by using the present in the **se** clause and the present or the future in the main clause. (Write both forms.)*

EXAMPLE: SE SABATO NON NEVICARE, NOI ANDARE ALLA PARTITA DI FOOTBALL.
              SE SABATO NON NEVICA, ANDIAMO ALLA PARTITA DI FOOTBALL.
              SE SABATO NON NEVICA, ANDREMO ALLA PARTITA DI FOOTBALL.

1. Se domenica (io) svegliarsi presto, vado in chiesa.

_____

_____

2. Se ci essere abbastanza neve, noi andare a sciare.

_____

_____

3. Se sabato sera voi essere liberi, voi potere andare al ristorante con noi.

_____

_____

4. Se lunedì noi avere tempo, (noi) preparare la lezione di italiano.

_____

_____

5. Se mercoledì non (io) essere stanco, (io) andare in palestra.

_____

_____

6. Se tu non avere molti compiti, (tu) potere andare a giocare a tennis.

_____

_____

7. Se Marcello trovare un lavoro, la famiglia spostare in un altra città.

_____

_____

8. Se domani non piovere, (io) lavare la macchina.

_____

_____

✎ Esercizio 23.9

Complete the following sentences with the imperfect subjunctive of the verbs in parentheses.

1. Se non _____ io potrei andare a lavorare. (nevicare)

2. Se tu _____ viaggiare, andresti in Italia. (potere)

3. Se l'azienda non _____ io sarei molto contenta. (fallire)

4. Se tuo fratello _____ di più, la sua famiglia starebbe meglio. (lavorare)

5. Se noi _____ meno durante le feste, non ingrasseremmo tanto. (mangiare)

6. Se Luisa _____ in Italia, la porterei in tante città. (venire)

7. Se _____ nuotare, comprerei una barca. (sapere)

8. Se non _____ molto freddo, andrei a fare una passeggiata. (essere)

9. Se _____ un giardino, pianterei molti fiori. (avere)

10. Se le giornate _____ più lunghe, non verrebbe buio così presto. (essere)

Reading Comprehension

📖 Il carnevale

Il carnevale è un periodo molto particolare dell'anno. Il carnevale ha inizio subito dopo la celebrazione dell'Epifania e termina il martedì grasso, giorno che precede l'inizio della quaresima, il periodo di penitenza che dura quaranta giorni immediatamente precedenti la Pasqua. In alcune città come

Milano, il carnevale non inizia nello stesso giorno delle altre parti d'Italia, il mercoledi, anche chiamato mercoledì delle ceneri perchè i preti mettono le ceneri sulla fronte dei credenti, ma inizia il sabato successivo, e la quaresima inizia la domenica.

Il carnevale ha origini molto antiche. Sembra risalga alle tradizioni con cui si salutava con grandi feste e banchetti, il passaggio dall'inverno alla primavera. La parola "carnevale" deriva dal latino "carnem levare" che significa abolire la carne che era sempre inclusa nei banchetti che si facevano subito prima del periodo di digiuno della quaresima. Da qui nasce la tradizione obbligatoria di sostituire il pesce alla carne il mercoledì e il venerdì durante la quaresima. Questa è una regola che venne poi abolita o meglio resa facoltativa dalla Chiesa cattolica negli anni '60.

Il carnevale è caratterizzato dall'uso delle maschere. Questo risale a tempi antichissimi, quando gli stregoni si adornavano di piume e si coprivano il viso con maschere dipinte e dall'aspetto pauroso per impaurire e allontanare gli spiriti cattivi. Durante il carnevale tutto è lecito, anche gli scherzi molto crudeli devono essere accettati con spirito. Infatti c'è un detto: "a carnevale ogni scherzo vale".

Un tempo, i festeggiamenti univano giovani e vecchi, ricchi e poveri, nobili e plebei che all'infuori del carnevale vivevano lontani uno dall'altro. L'uso delle maschere nascondeva l'identità delle persone che potevano agire come volevano. Tutto era accettato. Così il ricco celato dalla maschera pretendeva di essere un uomo comune e il povero dimenticava il suo stato, e pretendeva di essere potente e aperto a dare giudizi spesso offensivi.

Altra caratteristica del carnevale sono i coriandoli, che sono ritagli di carta colorata che vengono gettati sulle persone per la strada durante le feste. I coriandoli in alcuni paesi sono chiamati confetti, che un tempo erano delle palline di gesso. L'uso dei coriandoli di carta, iniziò quando un cittadino non avendo soldi per comprare i confetti di gesso, ritagliò dei pezzetti di carta. Questo ebbe un grande successo e in poco tempo, i coriandoli sostituirono i confetti, ma il nome "confetti" è usato ancora oggi.

Anche nella gastronomia ci sono molte tradizioni tipiche del carnevale. Ogni regione vanta ricette gastronomiche molto antiche, specialmente fra i dolci. I tipici dolci del carnevale sono prevalentemente i fritti. Ogni parte d'Italia ha le sue ricette molto vecchie, molto simili fra loro e nello stesso tempo uniche della regione di provenienza. A carnevale è tradizione travestirsi e ogni regione d'Italia ha la sua maschera che ha un nome e un aspetto diverso da regione a regione. Così si trova Pulcinella in Campania, Arlecchino in Lombardia, Pantalone nel Veneto e il dottor Balanzone in Emilia-Romagna.

In Italia i festeggiamenti più famosi del carnevale sono a Venezia, dove si possono ammirare straordinari costumi e maschere, a Ivrea nel Piemonte dove si può assistere alla spettacolare battaglia delle arance, dove centinaia di migliaia di arance vengono buttate adosso alla gente. Il carnevale di Viareggio invece è famoso per i suoi carri allegorici che rappresentano in modo ironico la vita politica e sociale italiana. Partecipare a un carnevale italiano, è sicuramente un'esperienza molto divertente, unica ed educativa nello stesso tempo. La gente dimentica le preoccupazioni della vita giornaliera e apprende anche un lato nuovo delle tradizioni culturali italiane.

Verbi

abolire	to abolish	**osservare**	to observe
adornare	to adorn	**precedere**	to precede
assistere	to assist	**pretendere**	to fake
buttare	to throw	**risolvere**	to resolve
coprire	to cover	**sostituire**	to replace
durare	to last	**terminare**	to finish
mostrare	to show	**travestirsi**	to disguise
nascondere	to hide	**vantare**	to boast

Nomi

l'aspetto	aspect, look	**la penitenza**	penitence
il banchetto	banquet	**la piuma**	feathers
la battaglia	battle	**il plebeo**	plebeian
il carro	cart	**la preoccupazione**	worry
il coriandolo	confetti	**la ricetta**	recipe
il digiuno	fast	**il rito**	rite
il festeggiamento	celebration	**lo scherzo**	joke
il fritto	fried	**lo stregone**	sorcerer

Aggettivi

alcune	a few	**grasso**	fat
allegorico	allegoric	**offensivo**	offensive
ambrosiano	ambrosian	**pauroso**	scary
celato	hidden	**potente**	powerful
facoltativo	optional	**successivo**	successive

Avverbi

addosso	on	**prevalentemente**	prevalently
immediatamente	immediately	**subito**	right away

Domande e Risposte

After carefully reading the selection, answer the following questions in complete sentences in Italian.

1. Che cos'è il carnevale?

   _____

   _____

2. Quando inizia e finisce il carnevale?

   _____

   _____

   _____

3. Perchè la gente usava le maschere?

   _____

   _____

   _____

   _____

4. Come si chiamano le maschere delle varie regioni?

   _____

   _____

   _____

   _____

5. Che cosa si butta alla gente durante i festeggiamenti?

   _____

   _____

   _____

6. Quali sono i carnevali più famosi in Italia e perchè?

   _____

   _____

   _____

   _____

7. Che tipo di cibo è tradizionale del carnevale?

   _____

   _____

   _____

24

Past Perfect Subjunctive

Formation of the Past Perfect Subjunctive

The Italian past perfect subjunctive (**il congiuntivo trapassato**) consists of the imperfect subjunctive of the auxiliary verb **avere** or **essere** plus the past participle:

PRESENT INDICATIVE	PERFECT SUBJUNCTIVE	IMPERFECT INDICATIVE	PAST PERFECT SUBJUNCTIVE
Credo che Giovanni	sia arrivato	Credevo che	Giovanni fosse arrivato

The past perfect subjunctive is used when the action of the verb in the dependent clause happened before the action of the verb in the main clause, which is expressed in the past tense. The dependent clause is expressed in the subjunctive or in the conditional:

Non sapevo che lei **stesse** a casa.	*I didn't know she would stay at home.*
Non sapevo che lei **fosse stata** a casa.	*I didn't know she had stayed at home.*
Speravo che lei non cadesse.	*I hoped she wouldn't fall.*
Speravo che lei non **fosse caduta**.	*I hoped she had not fallen.*
Eri sorpreso che non **venissero**?	*You were surprised that they would not come?*
Eri sorpreso che non **fossero venuti**?	*You were surprised that they had not come?*
Temevate che le **comprassero** la bicicletta.	*You were afraid that they would buy her a bicycle.*
Temevano che le **avessero comprato** la bicicletta.	*They were afraid that they had bought her the bicycle.*

The following chart shows the conjugations of the past perfect subjunctive for the three verb types using the auxiliary **avere** and **essere**.

che io	avessi studiato	avessi scritto	fossi partito/a
che tu	avessi studiato	avessi scritto	fossi partito/a
che lui/lei	avesse studiato	avesse scritto	fosse partito/a
che noi	avessimo studiato	avessimo scritto	fossimo partiti/e
che voi	aveste studiato	aveste scritto	foste partiti/e
che loro	avessero studiato	avessero scritto	fossero partiti/e

 Esercizio 24.1

Fill in the blanks with the past perfect subjunctive of the verbs in parentheses using the auxiliary **essere** *or* **avere**.

1. Io ero sorpreso che tu _____ una casa così grande. (comprare)

2. Eravamo contenti che tu _____ quel film. (dirigere)

3. Sembrava che loro _____ ma non era così. (capire)

4. Avrebbe preferito che lui glielo _____. (dire)

5. Ci stupivamo che nessuno _____. (venire)

6. Ci stupivamo che nessuno _____ la loro casa. (acquistare)

7. Eravamo contenti che l'esame _____ bene. (andare)

8. Temevi che lei _____ l'autobus. (perdere)

9. Lei non sapeva che io _____ già _____. (partire)

10. Tu non credevi che io _____ appena _____. (arrivare)

After Certain Verbs

Certain verbs cause the use of the subjunctive in a dependent clause. If the verb in the main clause is in the past (imperfect, present perfect, or preterit), the past perfect subjunctive may have to be used:

| Io **speravo** che tu non **avessi lasciato** casa le chiavi della macchina. | *I hoped that you had not left a the car keys at home.* |

Eravamo molto contenti che tua figlia **avesse fatto** un buon viaggio.	*We were very happy that your daughter had a good trip.*
La bambina **aveva paura** che sua madre **fosse andata** via senza di lei.	*The little girl was afraid that her mother had left without her.*

After Certain Impersonal Expressions

Era possibile che la nonna non **avesse dormito** bene durante la notte.	*It was possible that the grandmother had not slept well during the night.*
Era importante che io **avessi conosciuto** i parenti di mio marito.	*It was important that I had met my husband's relatives.*

After Exclamations Like *Magari*

This exclamation expresses a wish that may never have materialized:

Magari tu **fossi guarita**! (*but you didn't*)	*If only you had recovered!*
Magari l'**avessi visto**! (*but I didn't*)	*If only I had seen him!*

After the Verb *Desiderare*

Maria **desiderava** che le sue amiche non avessero **bevuto** tutto il vino.	*Maria wished that her friends had not drunk all her wine.*
Io **desideravo** che tutte le mie amiche non mi **avessero lasciata** sola sul treno.	*I wished that all my friends had not left me alone on the train.*

 Esercizio 24.2

Two friends talk about the opening of an art show. Fill in the spaces with the required forms of the verbs in parentheses.

CARLA: Perchè non _____ (1) (venire) sabato pomeriggio all'inaugurazione della mostra d'arte? Ci _____ (2) (dare) appuntamento alle 16,00 in Piazza della Signoria per andare tutti insieme e tu non c'_____ (3) (essere).

PAOLA: Io _____ (4) (arrivare) in ritardo e in piazza non c' _____ (5) (essere) più nessuno.

CARLA: Immaginavo che tu non _____ (6) (svegliarsi) in tempo o che non _____ (7) (capire) bene l'ora e il luogo dell'appuntamento. Luigi pensava che ti _____ (8) (dimenticarsi).

PAOLA: No, io _____ solamente _____(9) (dimenticare) di caricare la sveglia. Dato che non mi _____
(10) (aspettare), io _____(11) (provare) a chiamarvi
sul telefonino, ma nessuno _____ (12) (rispondere).
Così _____(13) (io-ritornare) a casa.

CARLA: In effetti, la strada è un po' complicata, ma tu _____ (14)
(potere) chiedere a qualcuno e te lo _____ (15)
(dire).

PAOLA: Non avevo l'indirizzo. Nessuno me lo _____ (16) (dare).

CARLA: Davvero? Ma l'indirizzo era sull'invito! Pensavo che Giovanni l'
_____(17) (dare) anche a te.

PAOLA: Spero che Giovanni non _____(18) (offendersi). Ci teneva tanto che tutti noi _____(19)
(andare) alla mostra! Mi _____ (20) (dispiacere) se
lui _____ (21) (offendersi).

CARLA: Non ti preoccupare, Giovanni ti conosce e sa che sei sempre in ritardo!

PAOLA: Ad ogni modo, mi _____ (22) (piacere) andare un
altro giorno con tutti voi.

Se Clause and the Past Perfect Subjunctive

To express a contrary-to-fact statement in the past, the past perfect subjunctive
is used in the **se** clause, and the past conditional is used in the main clause.
The conditional is used only in the main clause and never in the **se** clause. The
present subjunctive is never used after **se**. Only the imperfect or the past perfect
subjunctive is used:

Fact	Io ti ho aspettato. Tu non sei arrivato.	*I waited for you. You did not arrive.*
Conditional Sentence	Io ti **avrei aspettato**, se tu **fossi arrivato**.	*I would have waited for you if you had arrived.*
Fact	Lei ha studiato danza classica. Non ha trovato lavoro.	*She studied classical dance. She did not find a job.*
Conditional Sentence	Lei **avrebbe trovato** un lavoro, se non **avesse studiato** danza classica.	*She would have found a job if she had not studied classical dance.*

The past perfect subjunctive is used after **come se** to express an action that occurred before the action of the main clause:

Lui ci vuole dare consigli sulla salute **come se avesse studiato** medicina.

He wants to give us suggestions on health as if he had studied medicine.

Lei raccontava quello che era successo **come se avesse visto** l'incidente.

She was telling what had happened as if she has seen the accident.

Se + the imperfect subjunctive is used in exclamations to express wishes that may never materialize:

Se sapessi parlare il cinese!

If only I could speak Chinese!

Se potessi parlargli ancora una volta!

If I could speak to him one more time!

 ## Esercizio 24.3

Translate the following sentences in Italian using the past perfect subjunctive.

1. It was impossible that the team had lost.

   _____

2. I had hoped that he had not forgotten me.

   _____

3. He had hoped that I had forgiven him.

   _____

4. We thought that you had caught the flu from the children.

   _____

5. It was the most horrifying movie that I had ever seen.

   _____

6. You hoped that I had learned the songs.

   _____

7. I thought that you had started a new business.

   _____

8. She doubted that you had recognized her.

   _____

9. We wished that you had sold the house.

_____

10. They were thinking that she had returned home from the cruise.

_____

Reading Comprehension

 Il teatro

Quando penso al teatro, sento una grande gioia e felicità perchè, quando andiamo a vedere uno spettacolo siamo con gli amici, in un locale caldo, elegante e culturale. Di solito davanti al teatro c'è la biglietteria. Si entra e ci si trova nel foyer dove vengono ritirati i biglietti di accesso al teatro e dove la gente si raduna per aspettare che inizi lo spettacolo. Da qui, alcune persone vanno in platea che è la parte a pianterreno più vicina al palcoscenico, mentre altre vanno nelle altre zone del teatro.

Il teatro è molto bello. Nel centro del soffitto c'è un enorme lampadario di cristallo che sparge raggi di luce soffusa e magica in tutto il locale. Attorno al lampadario, sul soffitto, ci sono degli affreschi. Il teatro è a forma di ferro di cavallo. Al primo piano c'è la balconata, al secondo ci sono i palchi. Nei palchi ci sono due file di poltrone. La fila di dietro ha le sedie più alte, così anche gli spettatori che sono seduti dietro, possono vedere bene. Al terzo e al quarto piano ci sono le gallerie. Il piano più alto, dove le poltrone non sono molto comode, si chiama "la piccionaia". Le poltrone in platea costano di più, mentre gli ultimi piani costano meno e le poltrone non sono molto comode. Il palco è dove recitano gli attori, suonano i musicisti e danzano i ballerini. Le tende del sipario sono di velluto rosso con dei ricami di colore oro luccicante. Sotto al palcoscenico c'è la buca orchestrale dove suonano i musicisti quando non fanno un concerto.

Di solito mi piace arrivare un po' prima che inizi lo spettacolo, per sprofondarmi nelle comodissime poltrone di velluto, ammirare il locale circostante e osservare la gente elegantemente vestita sfilare davanti a me. A teatro mi sento tranquilla e le mie emozioni sono tante, in questo locale si possono vedere: opere, operette, concerti sinfonici, musical e balletti. La stagione teatrale di solito va dall'inizio di dicembre fino alla fine di maggio. Ci sono regole da rispettare a teatro: non disturbare gli altri spettatori, non alzarsi durante lo spettacolo, non mangiare o bere in sala, non fare foto o video, non chiacchierare e non rispondere al telefonino. Se non si seguono queste regole, si corre il rischio di venire escortati fuori e di non poter vedere lo spettacolo per cui si era venuti.

Nomi

l'affresco	*frescoes*	**il piano**	*floor*
la balconata	*balcony*	**il pianterreno**	*first floor*
la biglietteria	*ticket office*	**la platea**	*parterre*
la fila	*row*	**la poltrona**	*chair*
il lampadario	*chandelier*	**il sipario**	*curtain*
il palco	*box (of theater)*	**lo spettatore**	*spectator*
il palcoscenico	*stage*		

Verbi

chiacchierare	*to chat*	**recitare**	*to recite*
danzare	*to dance*	**rispettare**	*to respect, comply*
disturbare	*to bother, disturb*	**sfilare**	*to parade*
iniziare	*to start*	**sprofondarsi**	*to sink lower*
radunarsi	*to gather*		

Aggettivi

circostante	*surrounding*	**soffusa**	*soft*
comodo/a	*comfortable*	**tranquillo/a**	*calm*
luccicante	*shining*		

Avverbi

elegantemente   *elegantly*

Espressioni

a ferro di cavallo   *horseshoe (shape)*

Domande e Risposte

After reading the selection, answer the questions with full sentences in Italian.

1. Che forma ha il teatro?

   _____

2. Che cosa c'è sul soffitto?

   _____

   _____

   _____

3. Come è diviso il teatro?

_____

_____

_____

_____

4. Quali regole si devono osservare?

_____

_____

_____

_____

Esercizio 24.4

Fill in the blanks with the appropriate forms of the verbs in parentheses.

1. Traslocheremmo in un'altra città se _____ (avere) un buon lavoro.

2. Leggerei di più se _____ (potere) trovare dei libri interessanti.

3. Loro comprerebbero un'altra casa se _____ (potere) vendere quella in cui vivono.

4. Maria gli scriverebbe se _____ (avere) l'indirizzo.

5. Giuseppe comprerebbe una macchina nuova se ne _____ (avere) bisogno.

6. Io andrei al cinema se ci _____ (essere) qualche cosa di bello da vedere.

7. Prenderebbero un caffè se ne _____ (avere) voglia.

8. Luisa e Giovanni parlerebbero con voi se _____ (essere) a casa.

9. Mangerei i broccoli se mi _____. (piacere)

10. Cristian sarebbe sindaco se gli _____ la politica. (piacere)

Esercizio 24.5

*Translate the following sentences into Italian. These sentences include a contrary-to-fact **se clause**.*

EXAMPLE: WE WOULD HAVE SLEPT FOR MANY HOURS IF THE ROOM HAD BEEN DARK.
               AVREMMO DORMITO PER MOLTE ORE SE LA CAMERA FOSSE STATA BUIA.

1. We would have gone on a cruise if I had not been afraid of the water.

   _____

2. You would have eaten the fruit if it had been ripe.

   _____

3. She would have laughed if the joke had been funny.

   _____

4. The doctor would have told the patient the truth about his illness if he had wanted to know.

   _____

5. Marisa would have come to the party if she had received the invitation from Mario.

   _____

6. The students would have learned if they had listened to the teacher's explanation.

   _____

7. The women would have played cards if they had had enough people to play.

   _____

8. My life would have been easier if I had had a maid to clean the house.

   _____

9. Luisa would have been happy if she had learned how to ski when she was young.

   _____

10. You and your husband would have returned to that restaurant if the food had been good.

   _____

If the hypothesis is real with the **se** clause, the indicative is used:

Se vengo, te lo faccio sapere.   *If I come, I will let you know.*

Se voglio andare a teatro, te lo   *If I can go to the theater, I will let*
faccio sapere.   *you know.*

 ## Esercizio 24.6

Change the following sentences from reality to possibility and finally to contrary-to-fact as shown in the example.

EXAMPLE: SE MI SENTO BENE, VENGO ALLA FESTA. (FACT)

         SE MI SENTISSI BENE, VERREI ALLA FESTA. (POSSIBILITY)

         SE MI FOSSI SENTITO BENE, SAREI VENUTO ALLA FESTA. (CONTRARY-TO-FACT)

1. Se studi, passi gli esami.

_____

_____

2. Se non mangio troppo, non ingrasso.

_____

_____

3. Se lui torna a casa presto, giochiamo a tennis.

_____

_____

4. Se non dormo, mi sento stanco.

_____

_____

5. Se non togli le scarpe, sporchi il pavimento.

_____

_____

6. Se fa freddo, abbiamo bisogno del riscaldamento.

_____

_____

7. Se la casa è finita, traslochiamo.

_____

_____

8. Se Isabella viene, ci telefona.

_____

_____

9. Se hai una bella voce, tu canti.

_____

_____

10. Se fa caldo, accendiamo l'aria condizionata.

_____

_____

Sequence of Tenses with the Subjunctive Mood

PRESENT AND FUTURE		PRESENT SUBJUNCTIVE
Present indicative	tu speri	che la tua amica ti chiami.
Present progressive	stai sperando	che la tua amica ti chiami.
Imperative	spera	che la tua amica chiami!

If the verb in the main clause is in the present or future, the verb in the dependent clause can be in the present perfect subjunctive, depending on the meaning you want to express.

PRESENT AND FUTURE		PRESENT PERFECT SUBJUNCTIVE
Present indicative	io spero	che Mario abbia chiamato.
Present progressive	sto sperando	che Carlo abbia chiamato.
Imperative	(tu) spera	che lui ti abbia cercato.

If the verb in the main clause is in the past or conditional, the verb in the dependent clause can be in the imperfect subjunctive.

PAST AND CONDITIONAL		IMPERFECT SUBJUNCTIVE
Imperfect	lui insisteva	che lei cantasse.
Past perfect	avevo insistito	che la ragazza cantasse.
Past progressive	stava insistendo	che lui rimanesse a cena.
Conditional	io insisterei	che lei rimanesse a cena.
Past conditional	io avrei insistito	che lei rimanesse a cena.

If the verb in the main clause is in the imperfect, preterit, or conditional, the verb in the dependent clause can be in the past perfect subjunctive.

PAST AND CONDITIONAL		PAST PERFECT SUBJUNCTIVE
Imperfect	lui insisteva	che la ragazza avesse spento il cellulare.
Past perfect	tu avevi insistito	che la ragazza avesse spento il cellulare.
Perfect conditional	Lei avrebbe insistito	che la ragazza avesse spento il cellulare.

 ## Esercizio 24.7

Complete the following sentences with the correct form of the present subjunctive of the verb in parentheses. The verb in the main clause is expressed in the present.

1. Spero che voi _____ bene. (stare)

2. Tu credi che lui _____ alla sua famiglia. (pensare)

3. Il cuoco spera che ti _____ le pietanze che lui ti ha preparato. (piacere)

4. È impossibile che noi _____ tutto di tutti. (sapere)

5. Deduciamo che l'operaio non _____ abbastanza. (guadagnare)

6. Spero che Alda _____ in fretta dall'operazione. (riprendersi)

7. Pensi che lei _____ i capelli? (tingersi)

8. Credete che le scarpe italiane _____ troppo care? (essere)

9. È possibile che voi li _____. (conoscere)

10. Lui insiste che io _____ a letto presto. (andare)

 ## Esercizio 24.8

Complete the following sentences with the correct imperfect subjunctive form of the verb in parentheses. The verb in the main clause is in the present perfect.

1. Ho chiesto al cameriere che mi _____ il conto. (portare)

2. Abbiamo pensato che i ladri _____ entrare in casa dal balcone. (potere)

3. Ho voluto che voi _____ molti libri da leggere. (avere)

4. Avete insistito che loro _____ le scarpe prima di entrare in casa. (togliere)

5. Loro hanno insistito che noi _____ a dormire a casa loro. (rimanere)

6. Tu hai sperato che lei _____ in te. (credere)

7. Le mogli dei marinai hanno sperato che i loro mariti _____ sani e salvi. (ritornare)

8. Ho creduto che i tuoi figli _____ aiutarti nei momenti difficili. (potere)

9. Abbiamo sperato che la tua famiglia _____ da noi durante l'estate. (venire)

10. Hai insistito che loro _____ il latino, e ora vuoi che smettano di studiarlo. (studiare)

Esercizio 24.9

Complete the following sentences with the correct imperfect subjunctive form of the verb in parentheses. The verb in the main clause is in the imperfect.

1. Io speravo che la mia amica _____. (migliorare)

2. Speravo che tu non _____ così presto. (partire)

3. Credevi che loro _____ l'antifurto in casa. (usare)

4. Aveva paura che lui _____ dalle scale. (cadere)

5. Non volevano che tu _____ troppo. (mangiare)

6. Insisteva perchè noi _____ le vitamine. (prendere)

7. Era impossibile che tu _____ il loro nome. (ricordare)

8. Eravamo contenti che la nonna _____ bene. (stare)

9. Lei sperava che le _____ la spesa a casa. (portare)

10. Le chiedevo sempre che _____ vicino a me. (sedersi)

Esercizio 24.10

Complete the following sentences with the correct form of the imperfect subjunctive of the verb in parentheses. The verb in the main clause is in the conditional.

1. Sarebbe possibile che le tue amiche _____ alla tua festa di compleanno? (venire)

2. Sarebbe molto triste se la squadra di football _____ la partita. (perdere)

3. Noi viaggeremmo di più se _____ il tempo. (avere)

4. Sarebbe necessario che noi _____ due valigie nuove. (comprare)

5. Penseresti che io _____ venire in villeggiatura con te, ma non è vero. (volere)

6. La tua vita sarebbe molto più semplice se tu non _____ sempre nuove idee. (avere)

7. Ci piacerebbe che lei _____ con l'insegnante di sua figlia. (parlare)

8. Vorremmo che tu _____ delle persone nuove. (incontrare)

9. Vorremmo che tu _____ delle nuove amicizie. (fare)

10. Sarebbe molto bello se tu _____ tenore di vita. (cambiare)

✎ Esercizio 24.11

Complete the following sentences with the correct form of the past subjunctive of the verb in parentheses. The verb in the main clause is in the present.

1. Penso che lei _____ tutti i compiti degli studenti. (correggere)

2. Pensiamo che loro _____ tutti i loro libri. (spedire)

3. È impossibile che lei _____ tutta la cena da sola. (preparare)

4. È incredibile che tu _____ di fare gli auguri a Lisa. (dimenticare)

5. Speriamo che tu non _____ l'occasione di trovare un buon lavoro. (perdere)

6. Non so dove tu _____ le chiavi della macchina. (mettere)

7. Sperano che voi _____ a casa quando pioveva. (correre)

8. Credo che loro _____ una bella casa con un giardino spazioso. (comperare)

9. È probabile che i turisti _____ quando hanno visitato Roma. (stancarsi)

10. Non crede che Luisa _____ la lezione di fisica. (capire)

Esercizio 24.12

Complete the following sentences with the past perfect subjunctive. The verb in the main clause is in the imperfect.

1. Supponevo che loro _____ già tutti i regali di Natale.
   (comprare)

2. Era possible che loro non _____ biglietti economici
   per il loro viaggio. (trovare)

3. Marina sperava che suo fratello le _____ portato
   l'impermebile. (portare)

4. Credevo che tutti i suoi figli le _____ la
   colazione a letto. (portare)

5. È strano che tu non _____ di leggere il libro di
   storia. (avere voglia)

6. È un vero peccato che la gente _____ male quello che
   lui ha detto. (interpretare)

7. Lei pensava che tutti i loro antenati _____ dalla Scozia.
   (venire)

8. Mi sembrava che il gattino _____ dalla sua gabbia.
   (uscire)

9. Non ci piaceva che loro non ci _____. (aspettare)

10. I ragazzi erano ancora al mare. Pensavo che _____.
    (ritornare)

 Esercizio 24.13

Complete the following sentences with the past perfect subjunctive. The verb in the main sentences is in the imperfect or the preterit.

1. Si stupirono che mi _____ così disponibile dato che
   ho pochissimo tempo. (dimostrarsi)

2. Sembrava che loro _____ una decisione, ma
   cambiarono idea. (prendere)

3. Credevamo che tu _____ a teatro con le tue amiche.
   (andare)

4. Ero molto contenta che ti _____ due settimane di ferie.
   (concedere)

5. Pensavo che voi _____ a imparare il congiuntivo, ma non era vero. (riuscire)

6. Aspettò che gli _____ quasi tutti i denti per andare dal dentista. (cadere)

7. Mi dispiacque che lei si _____ per le mie parole. (offendere)

8. Mi innervosiva il fatto che lei non _____ conto della situazione. (rendersi)

9. Era strano che loro non _____ la sera prima. (chiamare)

10. Mi meravigliai che voi non _____ una cosa così semplice. (capire)

Esercizio 24.14

Complete the following sentences with the past conditional. The verb in the main sentences is in the imperfect.

1. Dubitavo che mi _____ lavorare durante le feste. (fare)

2. Pensavo che tu le _____ una mano a preparare la cena di Natale. (dare)

3. Credevo che i miei zii ci _____ allo zoo per vedere le luci. (portare)

4. Anche noi pensavamo che una volta o l'altra li _____. (espatriare)

5. Si diceva che Maria _____ Marco. (sposare)

6. Sembrava che tutti _____ via per le vacanze invernali. (andare)

7. Ho apprezzato molto il fatto che lui mi _____ a traslocare. (aiutare)

8. Pensavo che voi _____ a posto la cucina prima dell'arrivo degli ospiti. (mettere)

9. Lei dubitava che il marito l'_____ al suo arrivo in Europa. (chiamare)

10. Tutti pensavano che il bambino cieco non _____ suonare il piano. (potere)

25

Special Construction and the Passive

Fare and Its Uses

The use of **fare** + the infinitive is common in Italian and corresponds to the English *to have something done* or *to make/have someone do (make) something.* Direct and indirect object pronouns precede **fare** except when it is in the infinitive or is conjugated in the familiar forms of the imperative:

La bambina **non fa dormire** molto la mamma.	*The girl **is not allowing** her mother **to sleep** a lot.*
Desidero **far pulire** i vetri delle finestre.	*I wish **to have** the windows **cleaned.***
Desidero **farli pulire**	*I wish **to have** them **cleaned**.*

If there is only one object, it is the direct object:

La faccio vedere dal dottore.	*I **will make** her **see** the doctor.*
Fallo sedere!	***Make him sit!***

When the person who completes the action and the action completed are expressed in a sentence, the result of the action is the direct object, and the person doing the action is the indirect object:

Faccio comprare la frutta **da mia figlia**.	*I **am having** my daughter buy the fruit.*
Gliela **faccio comprare**.	*I **am having** her **buy it**.*

Sometimes, to clarify ambiguity, the preposition **a** preceding the noun of the doer is replaced with **da**.

The infinitive of **fare** may follow the conjugated verb:

Lei **fa mandare** il giornale da Silvia a Paola.	*She is having the newspaper sent to Paola by Silvia.*
Lui **fa fare** un tavolo dal falegname.	*He is having the carpenter make him a table.*

Common in Italian is the expression **farsi + fare**, or the infinitive of another verb. The doer of the action is preceded by the preposition **da**:

Mi sono fatta fare un vestito dalla sarta.	*I had the dressmaker **make** me a dress.*
Mi sono fatta vedere dal dottore.	*I **had** the doctor **check me**.*

Lasciare and Its Uses

When the verb **lasciare** is followed by an infinitive, it means *to let*, *permit*, or *allow*. It is used in the same way as **fare** + infinitive. Verbs of perception such as *seeing*, *watching*, and *hearing* follow the same rule:

Lasciate passare la signora.	***Let** the lady **go by**!*
Lascia stare!	***Let** it **be**.*
Carla non mi **lascia giocare** con la sua bambola.	*Carla doesn't **let** me **play** with her doll.*
I miei genitori non mi **lasciano andare** alla festa.	*My parents won't **allow** me **to go** to the party.*
Sento cadere uno spillo.	*I **hear** a needle **drop**.*
Abbiamo visto partire la nave!	*We **saw** the ship **leave!***

Lasciare may also be followed by **che** + the subjunctive:

Perchè non lo **lasci andare** a scuola in bicicletta?	*Why don't you let him go to school by bike?*
Perchè non **lasci che** lei **esca** con il suo ragazzo?	*Why don't you let her go out with her boyfriend?*

A relative clause with **che** gives the option of replacing the infinitive after a verb of perception:

L'ho vista **giocare** a tennis.	*I saw her **play** tennis.*
L'ho vista **che giocava** a tennis.	*I saw her **play** tennis.*

Metterci and *Volerci*

The expressions formed by **metterci** (**mettere + ci**) and **volerci** (**volere + ci**) are used with reference to time needed to do something or go somewhere.

If the subject is clear, **metterci** is used. If it is not clearly expressed, **volerci** is used:

Quante ore di macchina **ci vogliono** per andare da tuo figlio?

*How many hours by car **are needed** to go to your son's house?*

Giuseppe, quanto tempo **ci metti** per finire i compiti?

*Giuseppe, how long **does it take you** to finish your schoolwork?*

 Esercizio 25.1

Translate the following sentences into Italian.

1. You saw her go to work early this morning.

2. My grandmother made me learn how to knit.

3. Every time I visit them, they make me look at the videos of the children when they were small.

4. We started the car even if it was very cold.

5. She has the dressmaker make her a skirt.

6. I had the doctor check my ankle.

7. How long will it take to receive a letter from Italy?

8. When I was young, it didn't take me very long to fix dinner.

9. Let the firefly out of the jar!

10. Let her speak and laugh with her friends!

The Passive Voice

In the active voice studied so far, the subject performs the action. In the passive voice, the subject receives the action.

ACTIVE VOICE	PASSIVE VOICE
Luisa **mangia** la pasta.	La pasta **è mangiata** da Luisa.
Luisa eats pasta.	*Pasta **is eaten** by Luisa.*

The passive in Italian is formed with the verb **essere** and the past participle of the action verb. The passive voice of any transitive verb is formed with the conjugated form of the auxiliary **essere** + the past participle of the verb, followed by the preposition **da**, if the agent is expressed. The agent does not always have to be expressed.

I soldi che erano in banca **sono stati rubati** dai ladri.	*The money that was in the bank has been stolen by the robbers.* (The agent is expressed.)
I soldi **sono stati rubati**.	*The money **has been stolen**.* (The agent is not expressed.)

Verbs Other Than *Essere* That Express the Passive

Venire is often used in place of **essere**. Either verb can be used without changing the meaning of the sentence. **Venire** is generally used to express carrying out an action, while **essere** is used to express a state of being:

La nuova Ferrari **venne/fu ammirata** da tutto il mondo.	*The new Ferrari **was admired** by the entire world.*
Il tetto della vostra casa **verrà riparato** la prossima settimana.	*The roof of your home will be fixed next week.* (action)
Il pavimento **è lavato**.	*The floor **is washed**.* (state of being)

 ## Esercizio 25.2

Answer the questions in the following exercise using the passive voice of the verb suggested in parentheses.

1. Quando è stato mandato il conto delle tasse? (ieri)

_____

2. Quando è stato pagato il conto del dentista? (il mese scorso)

_____

3. Dove sono state fatte queste fotografie? (al mare)

_____

4. Dove sono stati venduti i libri? (al mercato)

_____

5. Da chi sono state scelte le tende? (mia sorella)

_____

6. In che anno è stata comprata questa casa? (1994)

_____

7. Perchè sono stati tagliati gli alberi a casa di Silvia? (ammalati)

_____

8. Da chi è stato pubblicato il tuo libro? (una grande casa editrice)

_____

9. A che ora sono stati avvisati i tuoi figli che la scuola era chiusa? (sei di mattina)

_____

10. Dove è stata pulita la tua pelliccia? (centro)

_____

The infinitive that follows a modal verb must be put in the passive:

Il biglietto aereo **deve essere comprato** il più presto possibile.	_The plane ticket **must be bought** as soon as possible._
La macchina **può essere pagata** a rate.	_The car **can be paid** in installments._

Rimanere and **restare** are often used in place of **essere** when the past participle that follows it describes emotion, such as **meravigliato, deluso, stupito, sorpreso, chiuso,** and **aperto:**

Siamo rimasti molto stupiti quando abbiamo saputo che Lisa non aveva passato l'esame.	_**We were** very **surprised** when we heard that Lisa had not passed the exams._
La strada **resterà chiusa** tutto l'anno.	_The road **will remain closed** all year long._

Esercizio 25.3

Complete the following sentences using the passive voice.

1. Il contratto dovrà _____ prima della fine del mese. (firmare)

2. Il biglietto aereo _____ se il viaggio _____. (rimborsare, cancellare)

3. Il centro commerciale _____ prima dell'autunno. (aprire)

4. Le medicine devono _____ tre volte al giorno. (prendere)

5. Le medicine _____ tre volte al giorno. (prendere)

6. Il libro poliziesco _____ da tutta la classe. (leggere)

7. La sua vita _____. (sprecare)

8. Noi _____ stupiti dalla sua bellezza. (rimanere)

9. Noi _____ delusi dal film di guerra. (rimanere)

10. L'avviso di matrimonio deve _____ fuori dalla chiesa per tre mesi. (appendere)

Andare often replaces **essere** with verbs such as **perdere, smarrire,** and **sprecare.** Sometimes, **andare** is used in place of **dovere + essere** when conveying a sense of necessity:

La verdura **va sprecata** perchè i bambini non la vogliono mangiare.	*The vegetables are wasted because the children don't want to eat them.*
Tutti i quadri **sono stati danneggiati** a causa dell'alluvione.	*All the paintings **were damaged** during the flood.*
Tutti i quadri **sono andati smarriti** durante la guerra.	*All the paintings **were lost** during the war.*
Va ricordato che non si può correre in piscina.	***It must be remembered** that one cannot run at the pool.*

Esercizio 25.4

Translate the following sentences into Italian using the appropriate form of the verb in the passive voice.

1. My purse was stolen from the car.

   _____

2. A lot of time is wasted every day by watching the TV.

   _____

3. Her friend had an accident, and she was taken to the emergency room.

   _____

4. All the leftovers from the restaurants are distributed to the poor.

   _____

5. It must be kept in mind that one cannot kill more than one deer while hunting.

   _____

6. The small birds, too, have to be remembered in winter.

   _____

7. The garage door has to be closed day and night.

   _____

8. The wood was carried and burned in the backyard.

   _____

9. It must be remembered to lock all windows and doors.

   _____

10. The key was lost, and he could not get into the house.

    _____

Alternative to the Passive Voice

In Italian, the passive voice is used more in written language than in spoken language where a few alternative ways are preferred. **Si** is used to express the idea of *one, you, we,* and *they*:

Si dice che domani verrà una burrasca di neve e di pioggia mista a ghiaccio.   *It is said that tomorrow there will be a big snowstorm with snow and freezing rain.*

The *Si* Passivante

A common way to avoid using the passive in Italian is to use the passive **si +** the third person singular or plural of the verb:

Dove **si trova** la biblioteca?   *Where is the library? (Where does one find the library?)*

Si parla spagnolo in Florida?   *Is Spanish spoken in Florida?*

 ## Esercizio 25.5

Complete the following sentences with the passive voice of the verb suggested in parentheses.

1. Oggi si _____ la polenta con il brasato. (mangiare)

2. Dove si _____ il teatro? (trovare)

3. La strada _____ a causa del maltempo su tutta la penisola. (bloccare)

4. Il mese prossimo si _____ in gita con tutta la scuola. (andare)

5. Si _____ abbattere il muro perchè è tutto sgretolato. (dovere)

6. Nella scuola superiore si _____ tante materie interessanti, ma difficili. (studiare)

7. Vorrei sapere dove si _____ i libri di testo usati. (comprare)

8. Fuori tutto è calmo e silenzioso; non si _____ nessun rumore. (sentire)

9. Si _____ che questa sia l'ultima nevicata dell'inverno. (sperare)

10. Se andiamo allo zoo, si _____ gli squali nell'acquario. (vedere)

Reading Comprehension

Il gelato italiano

Il gelato, in Italia, rappresenta un momento piacevole, nelle giornate o nelle serate afose estive da trascorrere in compagnia degli amici o dei famigliari. Durante l'estate in Italia, la gelateria è il luogo più affollato della città. Il gelato piace a tutti, sia ai bambini che agli adulti.

Ormai tutti hanno sentito parlare della prelibatezza e della delicatezza del gelato italiano. Ma come mai a tutti piace il gelato italiano? Innanzi tutto bisogna sapere che le gelaterie in Italia sono molto numerose sia nelle grandi città che nei piccoli paesi. Le gelaterie offrono un'incredibile scelta di gusti diversi artisticamente disposti in contenitori dietro ad una vetrina che attira l'ammirazione, fa venire l'acquolina in bocca e spinge ad acquistare un cono con uno o più gusti diversi.

Dal punto di vista produttivo e della lavorazione, esistono due varietà ben distinte di gelato: il gelato artigianale e il gelato industriale. Quella artigianale è caratterizzata dall'uso di materie prime fresche e di alta qualità, con minori quantità di grassi e d'aria ed è solitamente prodotto dallo stesso rivenditore.

Il gelato industriale è prodotto molti mesi prima del consumo, con l'impiego di preparati e di materie prime, come latte in polvere, succhi di frutta concentrati e di additivi quali emulsionanti, stabilizzanti, coloranti e aromi artificiali. Questi gelati hanno anche molti grassi e aria introdotti durante la fase di gelatura per renderli soffici e leggeri.

In questi ultimi anni, molti dopo aver assaggiato il gelato italiano, hanno deciso di aprire una gelateria in altre parti del mondo e hanno frequentato una delle università del gelato dove si imparano le rigorose regole e i segreti per fare un gelato di alta qualità. Purtroppo, una volta finito il corso, o non si trovano le materie prime di alta qualità e controllate come in Italia, o sono anche molto costose, per cui i risultati e i tentativi di produrre un gelato italiano non hanno gran successo e poco dopo rimane solo il nome, ma non la qualità e il gusto.

Chi volesse assaggiare un gelato italiano potrebbe avere difficoltà nella scelta fra miriadi di gusti come: vaniglia, crema, stracciatella, nocciola, cioccolato, oltre che ai sorbetti di ogni tipo di frutta. Insomma, per avere un vero e gustoso gelato bisogna andare in Italia.

Nomi

l'additivo	additive	**l'impiego**	use
l'ammirazione	admiration	**la miriade**	myriad
il colorante	colorant	**la prelibatezza**	delicacy
la delicatezza	softness	**la regola**	rule
l'emulsionante	emulsifier	**il rivenditore**	seller
la gelatura	freezing process	**la scelta**	choice
il grasso	fat	**lo stabilizzante**	stabilizer
il gusto	flavor	**il tentativo**	attempt

Verbi

assaporare	*to savor*	**rendere**	*to make*
offrire	*to offer*	**assaggiare**	*to taste*
attirare	*to attract*	**produrre**	*to produce*
caratterizzare	*characterized*		

Aggettivi

afosa	*stuffy*	**rigoroso/a**	*rigorous*
costoso/a	*expensive*	**soffice**	*soft*

Espressioni

far venire l'acquolina in bocca	*to make the mouth water*

26

Conjunctions and Verbs
with Prepositions

Conjunctions are a fundamental element of any language. They are used to connect two or more words in a sentence. In Italian, they are invariable and are classified as: **simple conjunctions** (**e, o, ma**, etc.) or **compound conjunctions** formed by more than one word (**oppure: o + pure, neanche: nè + anche**).

Functions of Conjunctions in Italian

Italian conjunctions have different functions:

They can connect sentences: **e, o, anche, oppure, infatti, per esempio, nè, d'altra parte**, and so on.

They can give additional information: **ma, però, eppure, anzi, invece, tuttavia, in realtà, piuttosto**, and so on.

They can indicate the moment when something happens or the succession of events: **poi, dopo che, alla fine, in breve, innanzi tutto, allo stesso tempo**, and so on. These are followed by the indicative:

Vado al lavoro poi, vado dal parrucchiere.	*I go to work, and then I go to the hairdresser.*

They can indicate the cause and the reason for an action: **così, allora, per questo motivo, perciò, pertanto, dunque, poichè, giacchè, perchè, poichè**, and so on:

Poichè tu sai tutto, chiama tuo fratello e diglielo.	*Since you know everything, call your brother and tell him.*

The conjunctions are classified as coordinating, which means that they connect subjects, adjectives, and adverbs (**e, o**, etc.), or subordinating. Subordinating conjunctions connect a dependent clause to another clause, and they clarify, modify, and complete its meaning (Vengo da te **perchè** mi hai chiamato).

Most Commonly Used Conjunctions

Following is a list of the most commonly used conjunctions, indicating if they are indicative, subjunctive, or infinitive. Keep in mind that this is only a partial list of conjunctions.

Note: The conjunction **e** changes to **ed** in front of a word that starts with the same vowel.

Lucia è bella e snella **ed** Elena è bassa e grassa.	*Lucia is tall and thin, and Elena is short and fat.*

Conjunctions expressing:

- **Cause**, are followed by the indicative: **perché, siccome, visto che, dato che, giacché, poiché, ecc.**

    Sono rimasto a casa perché non stavo bene.

    Visto che non stavo bene, non sono uscito.

    Poiché non stavo bene, non sono uscito.

- Conjunctions expressing **finality** are followed by a subjunctive: **affinché, cosicché, perché, ecc.**

    Apro le finestre perché entri l'aria fresca.

    Chiudo a chiave la macchina affinché nessuno porti via la borsa.

- **per** is followed by the infinitive:

    Andiamo al mercato per fare la spesa.

Successive conjunctions may be followed by the indicative or by the infinitive:

- **Cosicché, tanto che, così tanto che, in modo che, ecc.** are followed by the indicative.

- **Così da, tanto da, così tanto da, in modo da, ecc** are followed by the infinitive:

    Devo lavorare così tanto che sono stanca morta.

    Studio tanto da farmi venire il mal di testa.

Conjunctions that are **time related** are mostly followed by the indicative except for **prima che** that requires the subjunctive: **quando, dopo che, una volta che, mentre, appena, non appena, finché (non) prima di, ecc**

    Prima che tu vada a insegnare, fai le copie per la lezione.

    Prima di uscire controlla che le finestre siano chiuse.

    Dopo che hai controllato se le finestre sono chiuse, puoi uscire.

Most **conditional** conjunctions are followed by the subjunctive: **semmai, qualora, purché, a patto che, a condizione che, nel caso che, nel caso in cui, ecc.**

> A patto che loro passino gli esami, gli pago la vacanza al mare.

> Qualora non ci sia nessuno a casa, lascia il documento vicino alla porta.

Se can be followed by the subjunctive or the indicative:

> Se vieni mi fai un gran piacere.

> Se tu venissi, potremmo andare al parco assieme.

 ## Esercizio 26.1

Complete the following sentences with the conjunction suggested in parentheses.

1. _____ fosse luglio, faceva freddo. (*although*)

2. Le ho contattate _____ rispondano a qualche domanda. (*so that*)

3. Sono arrivati in orario _____ nell'autostrada ci fosse molto traffico. (*although*)

4. Vi aspetto _____ non siate molto in ritardo. (*provided that*)

5. Siete i benvenuti _____ vogliate passare qualche giorno con noi al mare. (*if*)

6. Abbiamo visitato tanti posti _____ l'Australia. (*except*)

7. _____ dovendo fare economia, non rinuncerò al mio viaggio in Italia. (*even*)

8. _____ tu vada in classe, passa dall'ufficio del Preside. (*before*)

9. Io _____ i miei fratelli andremo a fare un viaggio in oriente. (*and*)

10. Mio marito è andato dal dentista _____ gli ha tolto due denti. (*and*)

In Italian, many verbs and expressions are followed by a preposition. Following are the most commonly used expressions with the various prepositions.

Verbs and Expressions Followed by the Preposition *a*

The preposition **a** is used before a noun or a pronoun with the following verbs:

assistere a	*to attend, to assist*	**credere a**	*to believe in*
		dare da	*to feed*
assomigliare a	*to resemble*	**mangiare a**	

dare fastidio a	to bother	**fare torto a**	to do something wrong to someone
dare la caccia a	to chase, to hunt		
dare noia a	to bother		
dare retta a	to listen to	**giocare a**	to play a game
dare torto a	to blame	**interessarsi a**	to be interested in
dare un calcio a	to kick	**partecipare a**	to participate in
dare un pugno a	to punch	**pensare a**	to think about
fare attenzione a	to pay attention	**raccomandarsi a**	to ask favors of
fare bene (male) a	to be good (bad) for someone	**ricordare a**	to remind
		rinunciare a	to give up
fare piacere a	to please	**servire a**	to be good for
far vedere a	to show	**stringere la mano a**	to shake hands with
fare visita a	to pay a visit		
fare un regalo a	to give a present	**tenere a**	to care about

Before an infinitive, the preposition **a** is used with the following verbs:

abituarsi a	to get used to	**insegnare a**	to teach
affrettarsi a	to hurry	**invitare a**	to invite
aiutare a	to help	**mandare a**	to send
cominciare a	to begin	**obbligare a**	to force, oblige
continuare a	to continue	**pensare a**	to think about
convincere a	to convince	**persuadere a**	to convince
costringere a	to force, to compel	**prepararsi a**	to prepare
decidersi a	to decide	**provare a**	to try
divertirsi a	to have fun	**rinunciare a**	to give up
fare meglio a	to be better off	**riprendere a**	to resume
fare presto a	to be fast to	**riuscire a**	to succeed
imparare a	to learn	**sbrigarsi a**	to hurry
incoraggiare a	to encourage	**servire a**	to be useful to

With verbs of movement, use **a** with the following:

andare a	to go	**passare a**	to stop to
correre a	to run	**tornare a**	to return
fermarsi a	to stop	**venire a**	to come

Esercizio 26.2

Translate the following sentences into Italian.

1. They hurry to eat when they return from school.

   _____

2. She helped her friend to tie her shoes.

   _____

3. The little girl believes in fairies.

   _____

4. He kicked his sister in the shin.

   _____

5. They like to play bridge every night of the week.

   _____

6. I have to remind him to take out the garbage.

   _____

7. They invited all their friends to the graduation party.

   _____

8. It is very important to encourage the children to be independent.

   _____

9. The father taught his little daughter to ride the bike.

   _____

10. I do not succeed in understanding her because she speaks too fast.

    _____

11. We like to go to the movies in the afternoon.

    _____

12. Before coming home, they stop at the market to buy some food.

    _____

13. In winter, we have a lot of fun watching the birds feed outside our windows.

    _____

14. Silvia and Giorgio are going to visit their parents in Italy.

    _____

15. They gave up trying to open the door.

    _____

Verbs and Expressions Followed by the Preposition *di*

Many verbs and expressions are followed by the preposition **di**. Following are the most commonly used verbs followed by **di**:

Before a noun or a pronoun:

accorgersi di	*to notice*	**nutrirsi di**	*to feed on*
avere bisogno di	*to need*	**occuparsi di**	*to take care*
avere paura di	*to be afraid*	**pensare di**	*to think about*
dimenticarsi di	*to forget*	**preoccuparsi di**	*to worry about*
fidarsi di	*to trust*	**ricordarsi di**	*to remember*
innamorarsi di	*to fall in love*	**ridere di**	*to laugh at*
interessarsi di	*to be interested in*	**soffrire di**	*to suffer from*
lamentarsi di	*to complain*	**trattare di**	*to deal with*
meravigliarsi	*to be surprised*	**vivere di**	*to live on*

Before an infinitive:

accettare di	*to accept*	**finire di**	*to finish*
ammettere di	*to admit*	**ordinare di**	*to order*
aspettare di	*to wait*	**pensare di**	*to think about*
augurare di	*to wish*	**permettere di**	*to permit*
avere bisogno di	*to need*	**pregare di**	*to beg*
cercare di	*to try*	**proibire di**	*to prohibit*
chiedere di	*to ask*	**promettere di**	*to promise*
confessare di	*to confess*	**proporre di**	*to propose*
consigliare di	*to advise*	**ringraziare di**	*to thank*
contare di	*to plan*	**sapere di**	*to know*
credere di	*to believe*	**smettere di**	*to stop*
decidere di	*to decide*	**sperare di**	*to hope*
dimenticare di	*to forget*	**tentare di**	*to attempt*
dubitare di	*to doubt*	**vietare di**	*to avoid*
fingere di	*to pretend*		

Esercizio 26.3

Translate the following sentences into Italian.

1. I need to buy more paper and a new black-and-white cartridge to print the book.

   _____

2. I am afraid of swimming in deep water.

   _____

3. That girl complains about everything and everybody.

   _____

4. She believes she will get the scholarship for college.

   _____

5. I doubt I will have time to go out to lunch this week.

   _____

6. They try to be on time for the appointment at the bank.

   _____

7. She promises not to smoke when she is out with her friends.

   _____

8. When Cristina suffers with migraines, she cannot go to work.

   _____

9. We will ask to use their small cabin at the lake.

   _____

10. The waitress laughs about everything and everybody.

    _____

11. You have to promise me that you will stop to see me when you are in town.

    _____

12. I don't know what the wild animals live on during the winter.

    _____

13. Isabella likes to talk about everything.

    _____

14. I have to call her to thank her about the flowers she sent me.

    _____

15. Maria thinks about going to Italy to attend an immersion class in Italian.

    _____

Verbs Followed by the Preposition *su*

Following are some of the most common verbs followed by the preposition **su**:

contare su	*to count on*	**riflettere su**	*to reflect on*
giurare su	*to swear on*	**scommettere su**	*to bet on*

Verbs Followed Directly by the Infinitive

Some commonly used verbs are followed directly by the infinitive of a verb:

amare	*to love*	**piacere**	*to like*
desiderare	*to wish*	**potere**	*to be able*
dovere	*to have to, must*	**preferire**	*to prefer*
fare	*to make, do*	**sapere**	*to know how*
lasciare	*to allow, let*	**volere**	*to want*

Impersonal Verbs

The following verbs, also called impersonal, are used in the third person singular or the third person plural:

basta	*it is enough*	**bisogna**	*it is necessary*
pare	*it seems*		

 Esercizio 26.4

Translate the following sentences into Italian.

1. They always count on him to take care of electronic repairs.

   _____

2. One must not run at the pool.

   _____

3. I like to reflect on the facts of life.

   _____

4. They wish to travel all over the world.

   _____

5. I absolutely have to stay at home and finish the book.

   _____

6. If they want to make a cake, I will help them.

_____

7. I let him go to Italy with his friends.

_____

8. That is enough talking. Now you have to concentrate on your work.

_____

9. I like to live a good life.

_____

10. Stop biting your nails.

_____

11. They forgot to pay the bill.

_____

12. She used to give violin lessons.

_____

13. Call us before you come.

_____

14. I'm starting to speak Italian well.

_____

15. She likes to cook, and she cooks well.

_____

Reading Comprehension

 La musica italiana

Finire questo libro e non parlare della musica italiana è come lasciare un'opera incompiuta. La musica è un po' come la poesia, è nata con l'uomo. Quando il nostro animo è pervaso da forte commozione, il primo desiderio è quello di cantare. Ed è così che gli italiani pensano che l'Italia sia la terra della musica. Sono orgogliosi dell'eredità musicale del loro paese.

La musica italiana è conosciuta in tutto il mondo. Fin dal dopo guerra le canzoni italiane e specialmente quelle di Napoli, hanno oltrepassato i confini e hanno raggiunto tutti gli angoli del mondo con le loro note melodiche. I cantautori italiani sono conosciuti e ascoltati in molti paesi. Non solo la musica leggera è molto ben conosciuta, ma anche quella classica e quella operistica. Oggi, arriva molta musica straniera in Italia perchè i giovani vogliono dimostrare di apprezzare e di conoscere la musica americana a scapito di quella italiana.

Chi non ha sentito le sinfonie di Vivaldi, le opere di Verdi, Puccini, Donizzetti, ecc.? Chi non conosce la voce sonora e meravigliosamente penetrante che apparteneva a Pavarotti, a Caruso e a Beniamino Gigli? Questi sono tesori difficilmente reperibili in altre parti fuori dall'Italia e gli italiani ne sono molto orgogliosi. Oserei dire che l'Italia è musica, la lingua italiana è musica, per cui studiandola e parlandola bene è come interpretare e trasportare il suono melodico di questa sinfonia chiamata "lingua italiana" in tutto il mondo.

Nomi

l'angolo	*corner*	**il desiderio**	*wish, desire*
la commozione	*emotion*	**la musica leggera**	*light music (popular music)*
il cantautore	*singer-music writer*		
il confine	*border*	**il tesoro**	*treasure*

Verbi

pervadere	*to permeate*	**oltrepassare**	*to go beyond*

Aggettivi

melodico	*melodic*	**penetrante**	*penetrating*
orgogliosi	*proud*	**sonoro**	*melodic*

Espressioni

a scapito	*to the detriment of*

Domande e Risposte

After reading the selection, answer the questions in Italian with full sentences.

1. Che cosa si vuole fare quando si è felici?

   _____

   _____

2. Quale musica preferisci? Quella leggera, quella sinfonica o quella operistica?

   _____

   _____

   _____

3. Hai mai visto un'opera? Che cosa ne pensi?

   _____

   _____

   _____

   _____

Answer Key

Chapter 1   Nouns, Descriptive Adjectives, and Pronouns

Esercizio 1.1

1. a tavola   2. tavolo   3. tavolo   4. mattine   5. tavolo   6. tavolo   7. mattina
8. mattina, tavolo.   9. tavola   10. tavola

Esercizio 1.2

1. generali   2. infermieri   3. distributori   4. asparagi   5. padroni   6. panieri   7. conti
8. leoni   9. leonesse   10. navi

Esercizio 1.3

1. cameriere   2. padrona   3. infermiera   4. leonessa   5. parrucchiere   6. camerieri
7. chiavi   8. bottoni   9. cameriera   10. canzone

Esercizio 1.4

1. amici   2. laghi   3. asparagi   4. bachi   5. attrici   6. scrittrici   7. fichi   8. figli   9. vizi
10. zii

Esercizio 1.5

1. artriti   2. programmi   3. palloni   4. musicisti   5. fantasmi   6. scrittori   7. pirati
8. corruzioni   9. musiciste   10. atlete

Esercizio 1.6

1. alberghi   2. campi   3. amici   4. orsi   5. laghi   6. nomi   7. lavori   8. gatti   9. film
10. programmi

Esercizio 1.7

1. classi   2. amiche   **3.** piogge   4. tartarughe   5. anime   6. stazioni   7. valigie   8. abitudini
9. foto   10. città

Esercizio 1.8

1. ciglia   2. computer   3. ginocchia   4. uova   5. boia   6. virtù   7. crisi   9. dei   9. buoi
10. ali

Esercizio 1.9

1. farmacie   2. camicie   3. piogge   4. spiagge   5. docce   6. acacie   7. nevralgie   8. ciliegie
9. bilance   10. gocce   11. sudicie

Esercizio 1.10

1. bisnonno   2. ipotermia   3. distrazioni   4. preavviso   5. proposta   6. reazione
7. transatlantico   8. illegale   9. scontento, sfortunato   10. spensierata

Esercizio 1.11

1. aggiungere   2. condividere   3. disfa   4. svengo   5. smacchiare   6. convalidare   7. scarica
8. smarrire   9. allungare   10. avvicina

Esercizio 1.12

1. calduccio   2. panino   3. cagnolino   4. bambinone or ragazzone   5. vestitino   6. omone
7. pigrone   8. pigrona   9. bruttino   10. tempaccio

Esercizio 1.13

1. boscaiolo   2. polmonite   3. orologiaio   4. zuccherifici   5. pianista   6. frutteto   7. ditale
8. consolato   9. bagagliaio   10. giardiniere

Chapter 2   Definite and Indefinite Articles

Esercizio 2.1

1. la   2. il   3. il   4. il   5. i   6. il   7. gli   8. il   9. l' (lo)   10. il, la

Esercizio 2.2

1. La mia scuola è lontana.   2. Il padre di Luigi è ammalato.   3. Lunedì i negozi saranno chiusi.   4. Vado a fare le compere con mia cognata.   5. Quando ritorno a casa da scuola, chiamo tua zia.   6. Vittorio Emanuele Primo Re d'Italia, era molto basso.   7. Andranno in Australia per un matrimonio.   8. In Cile ci sono molti terremoti.   9. Il Nilo è un fiume molto lungo.   10. La Torre di Pisa è una costante attrazione turistica.

Esercizio 2.3

1. di   2. da   3. da   4. in   5. da   6. in   7. senza la   8. pietà   9. di   10. senza

Esercizio 2.4

1. della   2. alle   3. della   4. sul   5. al   6. nel, della   7. per la   8. fra la   9. nello dell'
10. all'

Esercizio 2.5

1. della   2. delle   3. della, delle, dei, degli   4. dei, delle, degli   5. dei   6. delle, dei
7. dello   8. dei   9. delle   10. degli

Chapter 3   Descriptive Adjectives

Esercizio 3.1

1. sporca   2. rosa   3. faticosi   4. piacevole   5. bello, romantico   6.vuoto   7. vuoti   8. stretta
9. ripida   10. fragili

Esercizio 3.2

1. verde smeraldo   2. verde bottiglia   3. rosso fuoco   4. bianco panna   5. verde militare
6. marrone   7. rosa, viola, amaranto   8. vietnamita   9. egoista   10. batteriologiche

Esercizio 3.3

1. La ragazza arrogante   2. La maglia sporca   3. La lingua italiana   4. La cioccolata amara
5. La zia brasiliana   6. Una città tranquilla   7. Una Chiesa famosa   8. Una sorella bionda
9. Una partita faticosa   10. Una sciarpa rossa

Esercizio 3.4

1. I formaggi cremosi   2. I vestiti eleganti   3. Gli impermeabili bagnati   4. Le gonne marroni
5. La tragedia romana   6. I profumi francesi   7. Le città caotiche   8. Le uova fresche   9. Gli
specchi rotti   10. Le automobili moderne

Esercizio 3.5

1. azzurro   2. ghiacciato   3. cinesi   4. chiacchierona   5. scientifico   6. sportive   7. rotto
8. pulita   9. linguistico, straniero   10. nuove

Esercizio 3.6

1. Questa è un'occasione unica per te.   2. Questo è l'unico spettacolo che possiamo vedere
insieme.   3. Diverse persone vogliono studiare l'italiano, ma c'è solo una classe ed è piena.
4. Vivo in un piccolo quartiere in una città caotica.   5. È difficile sentire vere notizie alla
televisione.   6. Gli unici a venire furono i miei genitori.   7. Era l'unica occasione che avevo

di viaggiare.   8. In Brasile si possono trovare delle pietre vere per poco prezzo.   9. Gli unici amici che ho, sono italiani.   10. Sto scrivendo un nuovo libro.

Esercizio 3.7

1. Un buon formaggio   2. Una gran casa   3. Un buon pianoforte   4. Un buon fratello   5. Un bel ragazzo   6. Una buon'idea   7. Un gran uomo   8. San Francesco   9. Una bell' amica   10. Un bel concerto.

Esercizio 3.8

1. bella   2. bello   3. belle   4. bello   5. begli   6. bei   7. bei   8. bello   9. bella, bella   10. Begli, belle

Esercizio 3.9

1. molto   2. molti   3. pochi   4. molte   5. altra   6. tutte   7. molti, molte   8. pochi   9. tutti   10. altri

Esercizio 3.10

1. Si lamenta sempre perchè ha molto lavoro.   2. A non molte persone piacciono l'inverno e la neve.   3. Quest'anno non abbiamo visto molti passerotti venire a mangiare il nostro mangime.   4. Vedo molti studenti del Liceo fumare alla mattina presto.   5. Lei ha molta paura quando deve camminare da sola alla sera.   6. In Italia tutti gli studenti del Liceo devono fare un esame molto difficile al quinto anno.   7. Le giornate in autunno sono molto belle. I colori alla mattina, sono incantevoli.   8. Questo è un film lungo.   9. I vengo nella tua bella casa e tu mi mostrerai il giardino dove hai molti fiori esotici.   10. Molte giovani ragazze hanno bei capelli lunghi.

Esercizio 3.11

1. prossimo   2. prossimo   3. ultimi   4. ultima   5. ultima   6. prossimo   7. ultimo   8. ultima   9. prossimi   10. prossima

Esercizio 3.12

1. penetrante, nauseante   2. spiacevole   3. aspra, acida   4. squisita   5. scroscio (n.)   6. dura, grinzosa   7. viscida   8. salato, dolce   9. ripugnante   10. piccanti

Esercizio 3.13

1. tanto . . . quanto   2. più . . . di   3. più . . . dell'   4. che   5. meno . . . di   6. che   7. meno . . . che   8. più . . . che   9. meno . . . di   10. tanti . . . quanti

Esercizio 3.14

1. più . . . di   2. più regolarmente   3. più gentilmente   4. tanto . . . quanto   5. tanto . . . quanto   6. più . . . che   **7.** più . . . di   8. meno . . . di   9. tanto . . . quanto   10. tanto . . . quanto

Esercizio 3.15

1. Silvia è più magra di Maria. Maria è meno magra di Silvia.   2. Erica è più studiosa di Lara. Lara è meno studiosa di Erica.   3. Bologna è più pulita di Roma. Roma è meno pulita di Bologna. 4. Lia è più ambiziosa di Gloria. Gloria è meno ambiziosa di Lia.   5. La tigre è più feroce del leone. Il leone è meno feroce della tigre.   6. Matteo è più affamato di Mario. Mario è meno affamato di Matteo.   7. La sorella di Marco è più irrequieta a scuola di Marco. Marco è meno irrequieto della sorella

Esercizio 3.16

1. molto intelligente . . . molto testardo   2. molto pericolosa (pericolosissima)   3. molto bella (bellissima)   4. molto caro (carissimo)   5. molto profonda (profondissima), molto fredda (freddissima)   6. molto vecchio (vecchissimo)   7. straricco   8. molto veloce velocissimo 9. molto difficile (difficilissima)   10. molto timida

Esercizio 3.17

1. super affollata   2. strapieno   3. super affollato   4. straricca   5. strapiena   6. super noiose 7. ultra conservativa   8. ultra liberale   9. maggior parte   10. conosciutissimo

Esercizio 3.18

1. nuovissima   2. altissimo   3. facilissimo, difficilissimo   4. moltissima   5. bravissima 6. velocissimo   7. caldissime   8. altissimo   9. lunghissimo, noiosissimo   10. normalissima

Esercizio 3.19

1. navigabile   2. porpora   3. monumentale   4. in montagna   5. favorevole   6. occhialuto, peloso   7. ferroviario   8. mortale   9. parigina   10. provinciale

Esercizio 3.20

1. mie, mie   2. proprie   3. mie   4. sue   5. miei   6. mia, tua   7. tuoi   8. mia, tua   9. mia, miei   10. nostra

Esercizio 3.21

1. sua   2. sua   3. loro   4. suoi, miei   5. mio, mia, mio, mie   6. nostri, vostra   7. nostre, nostri   8. tua, tue, miei   9. tue, sue   10. nostre

Esercizio 3.22

1. Gloria si tinge i capelli una volta al mese.   2. Erminia si è rotta la caviglia scendendo dalla macchina.   3. Non si lava mai i denti.   4. Chiudi la bocca quando mangi e non parlare con la bocca piena.   5. Non le piace mettere gli occhiali al lavoro.   6. Chiudo gli occhi quando ho paura.   7. Ogni sabato lavo la macchina.   8. Devo andare a farmi tagliare i capelli.   9. Metto il cappotto, prendo la borsa e sono pronta.   10. Ha messo la sciarpa e i guanti perchè faceva freddo.

Chapter 4   Possessive Pronouns

Esercizio 4.1

1. mio, vostro   2. la tua   3. mia   4. nostro   5. le sue   6. mie   7. la mia   8. la sua
9. vostro   10. loro

Esercizio 4.2

1. sua   2. miei   3. tua, miei   4. nostri   5. mio, tue   6. nostre, vostre   7. suoi   8. tuo
9. suo, suoi   10. miei, tuoi

Esercizio 4.3

1. Voglio vedere la partita che si giocherà fra due settimane.   2. Mi piacciono i ristoranti che hanno cibo italiano.   3. Uso il computer che mi hanno regalato i miei genitori.   4. Mio marito va dal barbiere che ha il negozio sulla strada principale del paese.   5. Leggo le riviste che trattano di moda e di politica.   6. Preferisco il professore che insegna spagnolo e tedesco. 7. Voglio comprare la casa che è vicina al fiume.   8. Voglio conoscere la coppia che si è sposata due mesi fa.   9. Mi piace la casa che ha un giardino spazioso e una grande piscina.

Esercizio 4.4

1. Mi è piaciuto il libro fra le cui righe ho trovato tante parole nuove.   2. L'albero su cui c'è un nido di passerotti è troppo alto per salirci.   3. Ho un calcolatore il cui uso non è permesso in classes.   4. Hanno scalato le montagne sulle cui cime più alte non era mai salito nessuno. 5. La ragazza, alla cui educazione si sono dedicati i genitori, sarà certamente riconoscente. 6. Sulle cime delle montagne su cui sono sdraiati, c'era molta neve.   7. La casa spaziosa in cui abbiamo abitato è delle mie amiche.   8. La bella signora di cui ti ho parlato è mia cognata. 9. Le nuove automobili di cui ti interessi, non consumano molta benzina.   10. I figli dei signori Bianchi di cui ci hai parlato vivono ad Ancona.

Esercizio 4.5

1. Tutti invidiano i vostri amici i quali sono molto ricchi.   2. Gli studenti stranieri i quali non avevano il passaporto, sono ripartiti.   3. Ho visitato un museo il quale ha quadri molto importanti.   4. I nostri amici hanno comprato una casa la quale ha molto spazio.   5. Mi piacciono i libri che hai letto e i quali mi hai imprestato.   6. Il ladro il quale ha derubato la banca è stato arrestato e messo in prigione.   7. La gente la quale va nei negozi il giorno dopo Natale, trova molta confusione.   8. La ragazza la quale ha vinto il torneo di tennis, è molto giovane.   9. Non hanno capito le ragioni le quali li hanno convinti a partire così presto. 10. Le poesie le quali ha scritto tuo zio, sono molto commoventi.

Esercizio 4.6

1. quello   2. quelli che   3. quelli   4. quello   5. quelle   6. quello   7. quello   8. tutto quello
9. tutto quello   10. tutti quelli

Esercizio 4.7

1. in cui (nella quale)   2. di cui (del quale)   3. di cui (dei quali)   4. di cui (del quale)
5. a cui (al quale)   6. a cui (al quale)   7. in cui (nel quale)   8. di cui (della quale)
9. con cui (con le quali)   10. a cui (al quale)

Esercizio 4.8

1. Questo è mio marito, questi sono i miei figli.   2. Queste scarpe sono mie, quelle sono di Isabella.   3. Chi sono quegli uomini?   4. Quella è una famosa cantante, questo è un famoso scrittore.   5. Questa orchidea è bianca, quella è viola.   6. Questi fiori sono freschi, ma quelli sono appassiti   7. Questi studenti vengono dall'Africa, ma quelli vengono dalla Russia.   8. Questi vestiti sono moderni, ma quelli sono fuori moda.   9. Questo bicchiere è pulito, ma quello è puzzolente e sporco.   10. Quel film è molto violento, ma questo è molto romantico.

Esercizio 4.9

Non so ciò che hai fatto ieri. Me lo hai detto, ma non ho capito ciò che hai detto. È difficile sapere e ricordare ciò che tu e i tuoi amici avete fatto e ciò che volevate fare. Vorremmo che tu scrivessi ciò che hai fatto e dove sei andato. In questo modo, non dovremo chiederti di ripetere ciò che ci hai già detto.

Esercizio 4.10

1. Queste, quelle.   2. Quelle queste   3. Queste qui, quelle li.   4. questi qui   5. quelli   6. quelli   7. Quelle, queste   8. queste o quelle?   9. queste qui, quelle lì   10. Questo qui

Esercizio 4.11

1. Chi va in macchina con sua sorella?   2. Di chi sono le scarpe che sono in mezzo alla stanza?   3. Che cosa volete che facciano i bambini dopo la scuola?   4. Qual'è la squadra che ha vinto la gara di calcio?   5. Quanto vino pensi che bevano i tuoi ospiti?   6. Quanti figli ha tuo fratello?   7. Chi è il più veloce della squadra?   8. Quali sono i mandarini più dolci?   9. Che cosa vuoi che faccia la donna delle pulizie?   10. Chi sposa quella bella modella?

Esercizio 4.12

1. poca   2. nessuno   3. troppo   4. qualcuno, nessuno   5. alcuni   6. molto, tutto   7. qualcuno, nessuno   8. troppo   9. queste, quelle, tutte   10. molti

Esercizio 4.13

1. qualcuno   2. qualcuno   3. qualcuno   4. qualcun altro   5. chiunque   6. qualcuno   7. qualcuno   8. qualcuno   9. qualcuno   10. chiunque

Esercizio 4.14

1. Nessuno l'ha visto o gli ha parlato.   2. Non ho ricevuto nessuna telefonata da loro. 3. Nessuno dei suoi nipoti va a trovarla o la chiama.   4. Lei non sente niente, ma dice che sente tutto.   5. Nessuno si sente bene oggi e nessuno vuole mangiare quello che abbiamo preparato.   6. Non mi piace nessuna delle due ragazze, ma mi piacciono le loro sorelle. 7. Non importa. Ritornerà quando mi vuole vedere.   8. Nessuno vuole vendere la propria casa e spostarsi in un'altra città.   9. Nessuno vuole andare a nuotare, ma tutti vogliono andare sulla spiaggia.   10. Nessuno vuole andare sulla spiaggia per vedere il tramonto, così andrò da sola.

Esercizio 4.15

1. Ho ancora molti posti che voglio vedere.   2. Conosci qualche lingua? Si. Parli il francese? Si, solo un po'.   3. Lei non ha nessuna sedia per gli ospiti.   4. Lei lavora sempre. Non dorme molto.   5. Tu pensi di sapere tutto quello che la gente vuole sapere.   6. Mi piacciono molte case, ma penso che la mia sia la migliore.   7. Troverai tutto quello che vuoi nel piccolo negozio all'angolo.   8. Questa settimana tutti sono venuti alla lezione e hanno fatto gli esami. 9. Tutti stanno progettando un viaggio per l'estate e tutti sono felici.   10. Nessuno scala la montagna a causa della neve.

Esercizio 4.16

1. Hai molte giacche? No, solo alcune.   2. Fai molte foto quando viaggi? No, poche foto, ma faccio molti film.   3. Ognuna di voi deve mandare un bigliettino di ringraziamento ai nonni per i regali che vi hanno mandato.   4. Avresti qualche altra cosa da dire, oppure hai detto tutto? 5. Vorresti comprare qualche altra cosa per la festa?   6. No grazie. Ma se occorre qualche altra cosa, qualcun altro può andarla a prendere.   7. Domani partiamo per le vacanze. Tutti gli altri sono già partiti due giorni fa.   8. La scuola è vuota. Non c'è nessun altro dentro. Sono andati tutti a casa.   9. Nessuno si è ricordato di mettere un francobollo sulla lettera. Ritornerà senz'altro al mittente.   10. Ho ancora fame e sete. Vorrei qualche altra cosa da mangiare.

Chapter 5   Prepositions

Esercizio 5.1

1. Ritornerà a casa presto o tardi questa sera?   2. Sono arrivata a casa tardi a causa di un brutto incidente sull'autostrada.   3. A te piace quando i bambini ti portano la colazione a letto.   4. A scuola dovevamo imparare le poesie a memoria.   5. Credo nell'amore a prima vista.   6. In estate ci piace mangiare fuori all'aperto sul patio dietro a casa nostra.   7. Per arrivare a casa mia, devi andare diritto fino al circolo, poi devi prendere la prima strada a sinistra.   8. Poco a poco sta migliorando. Quando va a casa, le sue amiche l'aspetteranno a braccia aperte.   9. A proposito, vorrei comprare una maglia di lana fatta a mano quando andrò in irlanda.   10. La prossima settimana ritornerò a malincuore a casa dove il clima è freddo, grigio e deprimente.

Esercizio 5.2

1. a, al   2. a braccia aperte, a lungo andare   3. a ogni morte di Papa   4. a buon mercato 5. a fiori, in tinta unita   6. a mano a mano, a, fatte a mano   7. a tutti i costi   8. lenta a 9. al buio   10. all'alba, al tramonto

Esercizio 5.3

1. We don't have any problems compared with the people of the Third World.   2. The ambulance arrived in a jiffy on the location where the accident was.   3. The polar cold is arriving in the United States from Canada.   4. He went on a very shaky ladder.   5. For the feast of the town there were just a few of us.   6. I worked very fast to put the house in order. 7. He is a good doctor who specializes in sport's medicine.   8. The largest university is in our city.   9. When we sit down to eat, I always eat in a rush because I never have much time. 10. We like going to the beach, but we prefer going to the mountains.

Esercizio 5.4

1. Eravamo contenti di poter viaggiare in Sud America.   2. Sei sicura di sapere tutta la poesia a memoria?   3. Nella mia città fa caldo di giorno e fa freddo di notte.   4. Sono triste di vedere che non leggi molto.   5. Lei indossa un bel vestito di seta.   6. Ci sono dei fiori con un buon profumo e altri senza profumo.   7. Venerdi, vado al mercato a comprare della frutta, della verdura, e del formaggio.   8. Vorrei un pezzo di formaggio, un chilo di pane, e tre bottiglie di acqua minerale frizzante.   9. È uscita segretamente. Di solito chiede ai suoi genitori prima di uscire di casa.   10. Mi piace leggere tutto quello che posso sulla Pietà di Michelangelo.

Esercizio 5.5

1. a, a   2. di, di   3. a, di   4. di, di   5. agli, di   6. d' (di) di   7. alla, a, al, a, alla, della   8. di, di   9. Di   10. di

Esercizio 5.6

1. Ha bisogno di tre francobolli da due Euro l'uno.   2. Qualche volta si comporta da adulto, qualche volta si comporta da bambino.   3. Da giovane avevo paura dell'acqua.   4. Non sto meglio. Devo andare dal dottore.   5. Vado nel negozio. Hai bisogno di qualche cosa da bere?   6. Abbiamo molto da fare per prepararci per la nostra vacanza di un mese.   7. Questo treno parte dalla stazione principale.   8. Hanno comprato un cavallo da corsa.   9. Maria ha un biglietto da due dollari e 50 centesimi di spiccioli.   10. A lui piace vestirsi da Santa Klaus.

Esercizio 5.7

1. da   2. da   3. di   4. da   5. di   6. di   7. di   8. dal   9. da   10. da, in

Esercizio 5.8

1. Con tutto quello che mangia, non ingrassa.   2. Mio marito fa il suo lavoro con grande attenzione.   3. Ho un appuntamento con il dentista.   4. Andiamo tutti assieme. Loro vengono via con noi.   5. Gabriella scriveva con una penna rossa.   6. L'uomo con la barba lunga, spaventava i bambini.   7. Il mio amico fa tutto con entusiasmo.   8. Tu ingrasserai con tutto quello che mangi ogni giorno.   9. Lei ha tagliato la carta con le forbici.   10. Con chi si è sposato tua cugina?

Esercizio 5.9

1. One student out of twenty today studies technology.   2. My son never talks seriously.
3. The employees have started a class to lose weight on request of the directors.   4. The president has authority on his countrymen.   5. Children are never still. They go up and down the stairs.   6. She is a gossiping lady; she knows everything about everybody.   7. The young man shot the police.   8. I like to go to the dressmaker to have my dresses made to order.
9. The newspapers and the magazines have written a lot on this incident.   10. My grandparents were counting on my parents.

Esercizio 5.10

1. da   2. in   3. in, per, da   4. di, con   5. di, a   6. in, negli   7. in, con, del   8. per, all'
9. per, di   10. sulla

Esercizio 5.11

1. A causa, nonostante   2. lontano, vicino   3. fuori pericolo   4. fuori di sè   5. Fuori moda
6. Malgrado   7. fuori di casa   8. lontano dai   9. lungo   10. assieme a

Chapter 6   Adverbs

Esercizio 6.1

1. dietro   2. Intorno   3. lungo, fino, davanti   4. Sotto   5. Su,   6. lassù   7. Dopo, giù
8. Appena, laggiù, in fondo   9. dappertutto   10. qui, in pace

Esercizio 6.2

1. a Maggio   2. giù, al buio   3. vicino   4. in passato   5. All'improvviso   6. a distanza
7. lentamente   8. a cavallo   9. in fretta   10. lassù, in cima

Chapter 7   *Essere* and *Stare*

Esercizio 7.1

1. sto   2. sto   3. sta, sta   4. sta   5. stiamo   6. stare attenta   7. sta   8. stare, stare   9. stare
10. sta

Esercizio 7.2

1. stai leggendo   2. sto leggendo   3. sta lavorando   4. stanno dormendo   5. stanno fiorendo
6. stanno cadendo, sta arrivando   7. sta invecchiando   8. sta ingrassando, sta dimagrendo
9. sta finendo, sta tramontando, sta sorgendo   10. sta cambiando, stanno succedendo

Esercizio 7.3

1. sta dicendo, stanno ascoltando   2. sta dormendo   3. sto uscendo   4. sta arrivaando   5. sto
andando   6. stai facendo, sto leggendo   7. sto sudando   8. sta mettendo   9. state andando,
stiamo andando   10. stanno preparando

Esercizio 7.4

1. stanno   2. stanno   3. sta all'aperto   4. stiamo andando   5. sta   6. sta male   7. stiamo
8. stanno diventando   9. stare   10. sta

Esercizio 7.5

1. Come si chiama tua sorella?   2. Come si chiama quel signore?   3. Quando vai al cinema
con i tuoi fratelli?   4. Che cosa vuole il padrone?   5. Qual è il giorno migliore per viaggiare?
6. Dove comprate la verdura?   7. Dove andate oggi pomeriggio?   8. Che cosa non piace alla
mamma di Paola?   9. Dov'è la vostra amica?   10. Costa poco il viaggio in aereo?

Esercizio 7.6

1. di buon umore   2. nei pasticci   3. in viaggio   4. ansiosi   5. di ritorno   6. di cattivo umore
7. in buona salute   8. nei pasticci   9. in ritardo   10. di cattivo umore

Esercizio 7.7

1. Non sta molto bene.   2. in vacanza   3. No, non sta più in Africa.   4. La mia nuova barca
è veloce. 5. Si, preferisco stare in casa.   6. Sono nel tuo portafoglio.   7. No, non è facile.
8. È il marito di mia figlia.   9. Mia suocera sta negli Stati Uniti.   10. Sono le mie nipoti.

Esercizio 7.8

1. Silvia e Paola sono le mie amiche.   2. Mio marito è in Italia per lavoro.   3. Loro stanno in
Florida per tutto l'inverno.   4. Mi piace il sole, ma preferisco stare all'ombra.   5. Lei è una
brava nuotatrice e lui è bravo tennista.   6. Sono italiani, ma vivono negli Stati Uniti.   7. Il
vestito le sta a pennello, ma le scarpe sono troppo grandi.   8. Suo marito è dottore, ma adesso
è in pensione.   9. La vita di di Giovanna è piena di avventure.   10. I bambini stanno per ore
ore a giocare nel bosco.

Esercizio 7.9

1. c'è   2. c'è   3. ci sono   4. Ci sono   5. ci sono   6. c'è   7. ci sono   8. C'è   9. c'è
10. Ci sono

Chapter 8   *Avere* and *Fare*

Esercizio 8.1

Mi chiamo Giovanna. Ho venticinque anni. Sono molto fortunata perchè ho molti
amici che vivono vicino a me. Mia madre è una cuoca molto brava, e ai miei
amici piace venire a casa mia. Lei prepara le specialità che piacciono a loro. I
miei amici hanno sempre fame e sete quando vengono a casa mia. Mia madre
cucina per delle ore perchè ha paura di non avere abbastanza da mangiare per
tutti. Qualche volta mia madre ha fretta perchè ha molte cose da fare e non ha
abbastanza tempo per preparare le prelibatezze che le piace fare per i miei amici.
In inverno quando abbiamo freddo, ci dà una cioccolata calda stile italiano e dei
biscotti. In estate quando fa caldo, dopo che ritorniamo dalla spiaggia, ci fa la
limonata. Spesso, alla sera è stanca e ha sonno e non vede l'ora di andare a letto.

Esercizio 8.2

1. fanno,   2. fanno,   3. fa, fa   4. fa   5. fate   6. faccio   7. fa   8. fa   9. faccio   10. fanno

Esercizio 8.3

1. fa, fa   2. facciamo   3. fa, fa   4. fanno   5. fa, facciamo   6. facciamo   7. facciamo, fa
8. fare   9. fa   10. facciamo

Chapter 9 The Present Tense of Regular Verbs

Esercizio 9.1

1. cerchiamo   2. comunicano   3. dimentica   4. fabbrichi   5. scavalca   6. interroga
7. lecca   8. investigano   9. traslocate   10. cerchiamo

Esercizio 9.2

1. boccia   2. assaggio   3. scaccia   4. parcheggiano   5. passeggiamo   6. allaccia
7. abbracciano   8. scacciano   9. lascia   10. sciamo

Esercizio 9.3

1. danneggia   2. parla   3. aspettiamo   4. arreda   5. annoia   6. conserva   7. guidano
8. firma   9. desiderano   10. grida

Esercizio 9.4

1. Si, anche noi compriamo una casa, e firmiamo molti documenti.   2. Si, anche noi ceniamo
sulla veranda.   3. Si, anche il cane rovescia la ciotola del suo cibo.   4. Si, anche noi
giochiamo al tennis tutti I giorni.   5. Si, anch'io scio solo in Svizzera.   6. Si, anche lui boccia
gli studenti che non studiano.   7. Si, anch'io passo gli esami con facilità.   8. No, qui la gente
non parcheggia sul marciapiede.   9. Si, anche lei allaccia le scarpe del suo amico.   10. Si,
anch'io imparo a leggere l'orologio.

Esercizio 9.5

1. (viaggiare) Loro viaggiano molto con i loro amici.   2. (abbraccia) La nonna abbraccia tutti
i nipoti quando viene a far visita.   3. (noleggiamo) Noleggiamo una macchina ogni volta che
andiamo in Italia.   4. (camminano) I cani camminano accanto al padrone.   5. (ferma) La
polizia ferma il ladro che ha derubato la banca.   6. (ascolto) Io ascolto la musica quando vado
a lavorare, ma tu ascolti le notizie.   7. (compro) Io compro la frutta e la verdura al mercato
scoperto (all'aperto).   8. (comunicare) Il dottore deve comunicare con i genitori del bambino.
9. (guida) Il marito di Nancy guida una macchina molto vecchia perchè vuole risparmiare.
10. (prende) La sarta prende le misure per fare un abito allo sposo.

Esercizio 9.6

1. distruggono   2. crescono   3. esigo   4. pungono   5. dipingi, dipinge   6. corregge
7. protegge, stringe   8. emergono   9. aggiungiamo   10. toglie

Esercizio 9.7

1. spegne   2. raggiungono   3. risolvono   4. finge   5. dipingono   6. convince   7. accolgono
8. tolgono   9. eleggono   10. esigono

Esercizio 9.8

1. posso   2. devi   3. volete   4. vuoi   5. posso, devo   6. deve   7. dobbiamo   8. puoi
9. volete   10. sai

Esercizio 9.9

1. apriamo   2. bolle   3. avverte   4. fugge   5. insegue   6. seguo   7. scoprono   8. copre
9. soffre   10. dormono

Esercizio 9.10

1. obbedisce   2. condisco   3. proibisce   4. dimagrisce   5. fioriscono   6. digerisce
7. arrossisce   8. garantisce   9. gradisco   10. spedisco

Esercizio 9.11

1. da, cambio   2. da, da   3. da, vado   4. da, spero   5. da   6. gioca, da   7. viene, da
8. vedo, da   9. va, da   10. è, da

Chapter 10   *Essere* and *Stare* in the Preterit and Imperfect Tenses

Esercizio 10.1

1. è, stette   2. stette   3. fu   4. stettero   5. furono   6. stettero   7. fu   8. fummo   9. fummo
10. fu

Esercizio 10.2

1. Che ore erano?   2. Dove erano le tue amiche?   3. Dove stavi in Italia?   4. Loro stavano
tutti bene.   5. Mio marito era stanco e non stava molto bene.   6. La vita durante la guerra era
difficile.   7. La zia Tina era molto vecchia.   8. Le bambine erano molto attive.   9. I bambini
non stavano mai fermi.   10. Io ero felice quando stavo in giardino al sole.

Esercizio 10.3

1. fu   2. stemmo, fece   3. c'erano   4. c'erano   5. steste   6. fu   7. era   8. Era   9. stette
10. fu

Esercizio 10.4

1. è   2. è   3. sono   4. è, è   5. è   6. sono, sono   7. è   8. sono   9. siete   10. è, sono

Chapter 11   Regular Verbs in the Preterit

Esercizio 11.1

1. aiutò   2. lavorarono   3. andò, stette   4. dimenticai, andò   5. fecero   6. steste
7. viaggiammo, demmo   8. noleggiarono, stettero   9. andò, fece   10. diede, stetti

Esercizio 11.2

1. ricevemmo, rispettammo   2. ripetè, imparò   3. credette, rimandarono   4. ricevemmo,
accettammo   5. vendè (vendette)   6. ripetei, trovarono   7. credeste, compraste   8. ricevette,
credette

Esercizio 11.3

1. nacqui   2. bevve, (bevette)   3. chiamasti, rispose   4. venne, stette   5. rompemmo
6. piangeste, vedeste   7. rimasero   8. accese, spense   9. vedemmo   10. rispondesti

Esercizio 11.4

1. partimmo   2. furono, piovve (piovette)   3. ritornammo, venne   4. pensammo, trovammo
5. decidemmo   6. vedemmo   7. andammo   8. fu, divertimmo   9. telefonammo, fu
10. rispose

Esercizio 11.5

1. andammo   2. andammo   3. fu   4. vennero   5. portarono   6. mangiammo, piacque
7. vennero   8. andammo, facemmo, dormimmo   9. rimanemmo   10. visitammo

Esercizio 11.6

1. cadeva, era   2. volevamo, sapevamo   3. splendeva, scaldava   4. faceva, nevicava
5. produceva   6. beveva, sentiva   7. era, c'era, avevamo   8. produceva   9. piaceva

Esercizio 11.7

1. mangiasti   2. era   3. arrivai   4. dormivamo, venne   5. dormimmo, avevamo   6. venne,
parlò, voleva   7. aprimmo, scappò, ritornò, era   8. era   9. viaggiò, vollero   10. volevo,
pioveva faceva, decisi

Chapter 12   The Present Perfect Tense

Esercizio 12.1

1. raccolto, ha punto   2. ha . . . risposto   3. ho spento, ho chiuso   4. hanno speso   5. ho
fritto   6. ha confuso   7. ha dato, ha dimenticato, ha nascosti   8. ha rotto, ha rubato   9. ha
eletto   10. ha vissuto, ha imparato

Esercizio 12.2

1. abbiamo noleggiato   2. aabbiamo deciso   3. ha sognato, ha cercato, ha fatto   4. ha
lasciato   5. ha giocato, ha perso   6. ha scelto, ha cominciato   7. abbiamo ammirato,
abbiamo comprato   8. ho spedito, ha ricevuto   9. hanno costruito, hanno messo
10. ha spiegato, hanno capita

Esercizio 12.3

1. abbiamo visto, siamo . . . commossi   2. è andata, ha riscosso   3. ha ammesso, ha sbagliato
4. ho promesso, ho finito   5. ha commesso, ha cambiato   6. hanno camminato, hanno
resistito   7. ha mosso   8. ha studiato, ha capito   9. hanno fatto, hanno visto   10. Ha fatto

Esercizio 12.4

1. è capitato   2. ho aspettato, sono andato   3. ha finito   4. sono finite, hai fatto   5. siamo andati, ha piovuto   6. sono andata, ho soggiornato, è cambiato   7. è entrata ha cambiato, ha comprato   8. è costato, abbiamo comprato   9. sei corso   10. è finito, ha pianto

Esercizio 12.5

1. eri, ho chiamato   2. studiavo, è venuto   3. era, ho potuto   4. eravamo, sono entrati   5. ha finito, è piaciuto   6. pioveva, sono andata   7. faceva, siete andati   8. ho scritto, hanno . . . risposto   9. dormivano, ha consegnato   10. ha fatto, giocava

Esercizio 12.6

1. hai fatto   2. sono andata   3. c'era   4. c'era, c'era, abbiamo dovuto   5. sono . . . stata, ho letto, ho studiato   6. abbiamo seguito, spiegava   7. spiegava, ascoltavano, hanno chiacchierato   8. erano, ascoltavano, facevano, sembravano   9. hai fatto   10. eravate, ho dormito, sono svegliato, ho fatto, era

Esercizio 12.7

1. (1) Sei venuto (2) ho aspettato (3) sono entrato (4) pioveva (5) faceva freddo   2. (6) è venuto (7) stavo (8) sono stata   3. (9) hai avvertito (10) potevi   4. (11) ho preso (12) ho dormito (13) è suonato (14) ha chiamata (15) hai riposto   5. (16) ho chiamato (17) ha detto (18) eri uscita   6. (19) è successo   7. (20) avevamo (21) sei arrivato (22) ho aspettato (23) ho visto (24) ho preso (25) sono andata   8. (26) eri (27) ho aspettata   9. (28) piace   10. (29) ho imparato (30) era (31) è . . . piaciuto

Esercizio 12.8

1. hai fatto   2. sono andata (1), ho trovato (2), comprava (3)   3. Hai comprato   4. Ho comprato (1), hai fatto (2)   5. ho visto (1), era (2), ho deciso (3)   6. volevo (1), avevo (2)   7. sono andata (1), era (2), era (3), ballavano (4), bevevano (5), ascoltavano (6), è stata (7)   8. Siete rimasti   9. siamo usciti (1), siamo andati (2)   10. Siamo andati (1), abbiamo mangiato (2)

Esercizio 12.9

1. è dovuta   2. sono volute   3. è dovuta   4. ha voluto   5. hanno potuto   6. ha voluto   7. è voluto   8. ho potuto   9. sono potuta   10. sapeva

Esercizio 12.10

1. adempie   2. ammansire   3. hanno annerito   4. dimagrare (dimagrire)   5. ha fallato, è fallita   6. hanno riempito   7. imboschino   8. starnute   9. ho riempito   10. splendeva

Chapter 13   Negatives

Esercizio 13.1

1. Lei non mi piace affatto.   2. Lei non vuole mai andare a scuola.   3. Sua madre sta in casa e non vede nessuno.   4. Non ho neppure un centesimo per comprare il caffè.   5. Ha studiato l'italiano per molti anni, ma non sa neppure una parola.   6. Non mi chiama mai, e non viene mai a farmi visita (visitarmi)   7. Non vogliono neppure provare a sciare.   8. Non voglio mai andare a cavallo.   9. Non c'è neppure una goccia d'acqua nel deserto.   10. Non mi è affatto piaciuto il film.

Esercizio 13.2

1. Lara non finisce mai i compiti estivi.   2. Per Natale, nessuno va al parco dei divertimenti. 3. Non lo vedo mai al supermercato.   4. Non mangio nè uva nè pesche.   5. La mia casa non è nè grande nè luminosa.   6. Non mi piace nè l'inverno nè l'estate.   7. Non vogliamo più viaggiare e vedere posti nuovi.   8. La mia vita non è per niente interessante.   9. Sono andata in centro e non ho visto nessuno.   10. Io non cammino nemmeno sei kilometri al giorno.

Esercizio 13.3

1. Loro non vanno mai in piscina durante l'estate.   2. I miei amici non vedono nessun film straniero.   3. Non ha niente da dirmi.   4. Io non arrivo mai in ritardo agli appuntamenti. 5. Non ho nessun ingrediente per fare la torta.   6. Non faccio mai un pisolino al pomeriggio. 7. Voi non andate mai a letto tardi la sera.   8. Non mi piacciono affatto i film di fantascienza. 9. Penso che la tua vita non sia nè movimentata nè interessante.   10. I gattini non vogliono nè giocare nè dormire.

Esercizio 13.4

1. stavano spazzando   2. stavano riparando   3. stavano partendo   4. stavo cadendo 5. stavate facendo   6. stava andando   7. stava andando   8. stava scrivendo   9. stava pensando   10. stava riparando

Esercizio 13.5

1. Mio marito stava viaggiando quando si èrotto il rubinetto dell'acqua.   2. Il cane stava abbaiando perchè il padrone non era a casa.   3. Stavo andando al cinema, ma ho lasciato i soldi a casa.   4. Loro stavano partendo, ma il volo è stato annullato.   5. Gli studenti stavano ascoltando il professore con molta attenzione.   6. Tu stavi dormendo quando lei si è alzata e si è fatta (or preparata) la colazione.   7. Noi stavamo dormendo sul treno quando siamo arrivati alla stazione.   8. Stavo lavorando molto per prepararmi per il viaggio.   9. Stavamo andando a teatro, ma mi sono sentita male.   10. Che cosa stavi facendo? Io stavo cantando sotto la doccia.

Esercizio 13.6

1. stava cercando   2. stava aspettando   3. stava scrivendo, sperava   4. stava frequentando 5. stavamo andando   6. stava facendo   7. stava comprando   8. stavo parlando   9. stavano partendo   10. stavate traducendo

Chapter 14   Direct Object Pronouns

Esercizio 14.1

1. li   2. lo   3. visitarli   4. vederla   5. Li   6. Li   7. li   8. Lo   9. Le, le   10. la

Esercizio 14.2

1. le, le   2. li, li   3. La, la   4. Lo   5. la   6. Li   7. l' (la)   8. l'(la)   9. li   10. le, le

Esercizio 14.3

1. Silvia se li taglia.   2. Laura e Paola se lo comprano domani.   3. Quando finiamo di sciare ce li togliamo subito.   4. Diana vuole fumarsela sul balcone.   5. Diana se l'è fumata di nascosto.   6. Noi ce la beviamo dopo il lavoro.   7. Me la sono letta tutto d'un fiato.   8. Ve lo ricordate?   9. Me lo sono comprato.   10. Ce la siamo cotta.

Esercizio 14.4

1. la, te   2. tè   3. lei   4. tè   5. la, me   6. li   7. L' (lo)   8. tè, lo   9. tè   10. me, te

Esercizio 14.5

1. A   2. B   3. C   4. B   5. A   6. C   7. A   8. C   9. B   10. A

Esercizio 14.6

1. Ti   2. vi   3. Mi   4. le   5. le   6. la, le   7. ti   8. le, le   9. le   10. la

Esercizio 14.7

1. Gli compri le scarpe.   2. Il postino le ha consegnato una lettera.   3. Noi gli diamo la penna.   4. Gli diamo le istruzioni.   5. Gli impresti la macchina.   6. Paolo le ha regalato un orologio.   7. Loro gli mandano un pacco.   8. Giorgio gli ha dato il suo indirizzo.   9. Il professore ci ha ripetuto la lezione.   10. Gli abbiamo pagato la cena.

Esercizio 14.8

1. gli   2. gli   3. ci   4. le   5. gli   6. gli, le   7. lo   8. vi   9. le   10. le

Chapter 15   The Pronouns *Ci* and *Vi* and *Ne*

Esercizio 15.1

1. Ci vogliono due ore di aereo per andare in Florida.   2. Accendi la luce non ci vedo per niente.   3. Quel ristorante è caro e non è buono. Non ci voglio andare.   4. Ci tengo molto che tu venga a casa mia per la mia festa.   5. Non ci sento bene. Puoi ripetere quello che hai detto?   6. Ho troppe cose da fare. Non ci riesco a fare tutto.   7. Si, ci riesco.   8. Ci sono andata l'anno scorso.   9. Vieni da noi questa estate? Non sono sicura se ci riesco. (ce la faccio)   10. Quanto tempo sei stato in montagna? Ci sono stato due mesi.

Esercizio 15.2

1. ci provo   2. ce l'ho con lui   3. non ci vedo   4. ci penso   5. ci pensiamo   6. ci andate
7. ci crediamo   8. ci sente   9. Ci vogliono   10. ci vengono.

Esercizio 15.3

1. ci   2. ci   3. ci   4. ci, c'   5. ci   6. ci   7. ci   8. C'erano, c'è   9. ci   10. ci

Esercizio 15.4

1. Ne ho lette solo due.   2. Ne abbiamo comprate 3 Kg.   3. Che cosa ne pensi?   4. Quanta
ne ha cucinata?   5. Quanti ne hai mangiati?   6. Ne abbiamo comprate molte.   7. Il doganiere
ne chiede uno.   8. Chi se ne occupa?   9. Quante ne fumi?   10. Quante ne hai fumate?

Esercizio 15.5

1. ci   2. Ci, ce ne   3. ne   4. Ci   5. ci   6. ce ne   7. ci   8. Ce ne   9. Ne   10. ne

Esercizio 15.6

1. ne prendo   2. ne conosco   3. non ci vado   4. ci metto   5. ci vado   6. ci   7. ne vogliamo
8. ne compra   9. ci, ci   10. ne senti   11. ci vado, ci vuole, ci, ne ho

Esercizio 15.7

1. gli   2. mi, li   3. Vi, mi   4. mi   5. l'(la)   6. gli   7. Li, li   8. mi   9. gli, lo   10. le

Chapter 16   Combined Pronouns and Their Use

Esercizio 16.1

1. Quando ritorno a casa, lo chiamo e gliela do.   2. Dobbiamo comprargliela.   3. Ho visto
Olga e me l'ha raccontato tutto.   4. La chiamano e gliela raccontano.   5. L'idraulico è venuto
e me l'ha riparato.   6. Ho promesso alle mie amiche che gliela manderò.   7. Le ho detto
che desidero vederla e portargliela.   8. Io faccio la spesa e gliela porto.   9. Elena, me li ha
mostrati.   10. Devo raccontargliela.

Esercizio 16.2

1. Gliela   2. Gliela   3. Gliela   4. Me lo   5. Gliela   6. Ce lo   7. Ve lo   8. Ce la   9. Gliela
10. Ve la

Esercizio 16.3

1. Mandagliela!   2. Imprestateglielo!   3. Portaglielo!   4. Offriteglielo!   5. Mandandogliela,
la fai felice!   6. Leggiglielo!   7. Offriglielo!   8. Compragliene una.   9. Mostragliele!
10. Portateglielo in camera!

Esercizio 16.4

1. Dandogliele.   2. Glielo restituisci?   3. Pensano di spedirglielo?   4. Comprandoceli, ci avete fatto un grande galo re.   5. Glielo porti tutti i giorni?   6. Portandoglielo, lo svegli.   7. Gliene offri uno?   8. Portaglielo!   9. Gliele do quando esco.   10. Dobbiamo lasciargliele quando usciamo.

Esercizio 16.5

1. Non te le mettere! Non mettertele!   2. Non me lo comprare! Non comprarmelo!   3. Non ce lo portare! Non portarcelo!   4. Non glielo fare! Non farglielo!   5. Non ce la dire! Non dircela!   6. Non me lo mostrare! Non mostrarmelo!   7. Non ce la servire! Non servircela!   8. Non ce lo portare alla festa! Non portarcelo alla festa!   9. Non me lo aprire! Non aprirmelo!   10. Non gliela scrivere! Non scrivergliela!

Esercizio 16.6

1. Gliela stai dando, stai dandogliela   2. Gliela stai raccontando, stai raccontandogliela   3. Te la stanno preparando, stanno preparandotela   4. Glielo stiamo suggerendo, stiamo suggerendoglielo   5. Maria glieli sta piantando, sta piantandoglieli   6. Gliele state portando, state portandogliele   7. Gliela sto preparando, sto preparandogliela   8. Glielo sta comprando, sta comprandoglielo   9. Glielo sta spiegando, sta spiegandoglielo   10. Gliele stiamo dando, stiamo dandogliele

Esercizio 16.7

1. Gliele ho spedite.   2. Glieli hai comprati.   3. Gliel'(lo) ha dato.   4. Me le ha scritte.   5. Gliel'(la) ha spedita.   6. Gliel'(lo) ho dato.   7. Glieli ho perdonati.   8. Me l'(lo) ha restituito.   9. Gliel'(la)ho pulita.   10. Gliele ha stirate.

Esercizio 16.8

1. Devo raccontargliela.   2. Vuole mandarglielo.   3. Vuole regararglielo.   4. Posso levarmela?   5. Dobbiamo dirvelo.   6. Potete portarglielo?   7. Vogliono comprarcela.   8. Deve mettergliela.   9. Voglio comprarvelo.   10. Possiamo comprarcela.

Esercizio 16.9

1. Gliela devo raccontare.   2. Glielo vuole mandare.   3. Glielo vuole regalare.   4. Me la posso levare?   5. Ve lo dobbiamo dire.   6. Glielo potete portare?   7. Ce la vogliono comprare.   8. Glie la deve mettere.   9. Ve lo voglio comprare.   10. Ce la possiamo comprare.

Esercizio 16.10

1. Si, vogliamo pagarglielo.   2. Si, dobbiamo venderglila.   3. Si, posso regalarglila.   4. Si, voglio cantarglila.   5. Si, dobbiamo scaricarglielo.   6. Si, vogliamo stamparglielo.   7. Si, devo chiuderglielo.   8. Si, voglio portarglielo.   9. Si, devono portarglielo.   10. Si, voglio aprirgliele.

Chapter 17   Reflexive Verbs

Esercizio 17.1

1. Si sveglia   2. si alza   3. si fa la doccia, si veste   4. si fa la barba   5. si veste, si prepara
6. si pettina,   7. si prepara   8. si spoglia, si lava   9. si mette, si rilassa, si addormenta
10. rilassarsi, coricarsi

Esercizio 17.2

1. Si sente male   2. si ammala   3. si laureano   4. mi siedo, mi riposo   5. si trasferiscono
6. mi sbrigo mi siedo   7. si trasferiscono, si sposano   8. si accorciano   9. accomodarsi
10. laurei, ti trasferirai

Esercizio 17.3

1. Si preoccupano, ci preoccupiamo   2. si è meravigliata, meraviglia   3. si commuove
4. sveglia, sveglio, prepararsi   5. prendiamo, fermarsi   6. si ferma, ferma   7. ti annoi, tu
annoi, gli racconti   8. calmarmi, calmare   9. pettinare, pettinarsi   10. mi fermo

Esercizio 17.4

1. Io non mi voglio alzare presto il sabato. Io non voglio alzarmi presto il sabato.   2. Tu ti
devi pettinare prima di andare a scuola. Tu devi pettinarti prima di andare a scuola.   3. Io non
mi posso calmare e piango continuamente. Io non posso calmarmi e piango continuamente.
4. Enrico non si vuole lavare, ma vuole farsi il bagno. Enrico non vuole lavarsi, ma si vuole
fare il bagno.   **5.** Noi ci dobbiamo tagliare i capelli prima di andare in Italia. Noi dobbiamo
tagliarci i capelli prima di andare in Italia.   6. Voi non vi dovete preoccupare per vostra figlia.
Voi non dovete preoccuparvi per vostra figlia.   7. Io mi voglio comprare un vestito nuovo per
il matrimonio di mio figlio. Io voglio comprarmi un vestito nuovo per il matrimonio di mio
figlio.   8. Lei si deve togliere le ciabatte e si deve mettere le scarpe prima di uscire. Lei deve
togliersi le ciabatte e deve mettersi le scarpe prima di uscire.   9. Tu ti puoi vestire nella cabina
della spiaggia. Tu puoi vestirti nella cabina della spiaggia.   10. Voi vi potete comprare una
casa in Italia o in Francia. Voi potete comprarvi una casa in Italia o in Francia.

Esercizio 17.5

1. Si è calmata, si è alzata   2. Si è addormentata, si è dimenticata   3. Si è seduta,
si è riposata   4. Ci siamo divertiti, e ci siamo abbronzati   5. Mi sono addormentata, mi sono
svegliata   6. Si è messa la giacca, si è presa   7. Mi sono alzata, mi sono lavata, mi sono
comprata   8. Ci siamo molto divertiti, ci siamo abbuffati, non ci sentiamo molto bene
9. Lei si farsi, si è sporcata, coricarsi   10. mi sono preoccupata, mi sono tranquilizzata

Esercizio 17.6

1. They say that in Italy people do not work a lot.   2. We do not learn if we do not study.
3. One doesn't learn Italian in ten days.   4. It doesn't matter if you do not call before coming
to my house.   5. It is necessary to buy a map before taking the trip.   6. It is better to speak
with the director.   7. Tropical diseases are not very well known.   8. It is necessary to remove
the shoes before coming in the house.   9. Not very long ago, people did not work on Sunday.
10. Nothing interesting is ever going on in this city.

Chapter 18   Pronominal Verbs

Esercizio 18.1

1. te la senti   2. ce la fai   3. ce ne andiamo   4. se la sentono   5. me la cavo   6. te la senti
7. se la svigna   8. se ne tornano   9. se la sbrighi   10. mettercela

Esercizio 18.2

1. Ce l'ho messa tutta   2. Se ne sono stati   3. se l'(la) è svignata   4. ce l'(la) ho fatta   5. se l'è
cavata   6. se ne sono andati   7. me la sono dormita   8. se l'(la) è legata al dito   9. se l'(la) è
presa   10. se l'(la) è passata

Esercizio 18.3

1. Isabella non si è voluta sporcare il vestito.   2. Gli studenti si sono dovuti preparare per
l'esame.   3. La nonna non si è voluta prendere cura della sua salute.   4. Il nonno Giovanni
non si è avviato senza bastone.   5. Erica si è dovuta mettere a studiare con diligenza.
6. Teresa non si è voluta iscrivere al corso di inglese   7. Giorgio e Luisa si sono voluti mettere
in viaggio.   8. Maria non si è dovuta lamentare del suo lavoro.   9. I turisti si sono potuti
preparare per il viaggio.   10. Le signore non si sono volute bagnare i capelli.

Esercizio 18.4

1. Non ti impazientire. Non impazientirti.   2. Non rattristatevi. Non vi rattristate.   3. Non ti
bagnare. Non bagnarti.   4. Non ci dimentichiamo. Non dimentichiamoci.   5. Non vi fidate.
Non fidatevi.   6. Non ti preoccupare. Non preoccuparti.   7. Non ci deprimiamo. Non
deprimiamoci.   8. Non vi meravigliate. Non meravigliatevi.   9. Non ti lavare. Non lavarti.
10. Non ci fermiamo. Non fermiamoci.

Chapter 19   The Future

Esercizio 19.1

1. Avrò bisogno di qualche medicina perchè ho bruciore di stomaco.   2. Mangerà al ristorante
e dormirà in albergo.   3. Erica visiterà la sua amica dopo che avrà finito di studiare.   4. Tu
vincerai la corsa, se farai molto allenamento.   5. Parleremo per telefono, e decideremo dove
incontrarci.   6. Io terrò il cane del mio amico, e mi prenderò molta cura di lui.   7. Potranno
attraversare l'oceano in una settimana.   8. Prenderete un tassì e andrete alla stazione.   9. Luca
studierà in Italia, e ritornerà a casa per le Feste.   10. Giovanna e Claire dovranno abbassare i
prezzi per tagliare i capelli, o perderanno tutti i clienti.

Esercizio 19.2

1. partiremo   2. comprerà, suggerirà   3. parleranno, discuteranno   4. starò, aspetterò
5. andrai, vedrai   6. sarete, dovrete, aspetteremo   7. avremo, andremo   8. andremo,
ceneremo   9. spenderanno   10. arriveranno, staranno

Esercizio 19.3

1. impresto   2. chiamerò, ritornerò   3. chiami, devo   4. ti sposerai   5. inviterà, verranno
6. compirà   7. sta, cadrà, si farà   8. saranno   9. avrà, avrà   10. andremo, usciremo, ceneremo

Esercizio 19.4

1. When we will meet, I will already have bought the ticket to go to watch the football game. 2. We will have understood that it is not worth punishing them. 3. In a month we will have lived twenty years in this house. 4. Will you be back from your travels when the renovation works will start in your house? 5. Will you be tired after dancing all evening, or will you be able to go home and do your homework? 6. In August my granddaughter will have been in Chicago for two years. 7. Our friends will have discussed the elections for many hours by the time the results will come in. 8. The bank will have reimbursed my daughter for the money stolen while she was on vacation. 9. The daylight saving time will have changed when we'll get back from our trip, and the days will seem shorter. 10. We will be able to sleep better when we will have paid all our debts.

Chapter 20   The Conditional

Esercizio 20.1

1. Vorrei un caffè e un cornetto alla crema. 2. Dovresti lavare il pavimento. 3. Dovrebbe smettere di fumare. 4. Maria dovrebbe compilare il modulo e firmarlo. 5. Potresti mettere in ordine la tua camera? 6. Potreste parlare più piano? 7. Potrei dare la tua penna a Isabella? 8. Potremmo usare la tua macchina. 9. Dovreste ritornare a casa prima che venga buio. 10. Vorremmo spegnere la luce.

Esercizio 20.2

1. finirei 2. guarderesti 3. vorreste 4. daresti 5. saprei 6. andreste 7. potresti 8. piacerebbe 9. ascolterebbero 10. potrebbe

Esercizio 20.3

1. Io la ascolterei, ma non mi piace quello che dice. 2. Tu andresti al cinema con gli amici. 3. Lei darebbe il cibo alle oche, ma è proibito. 4. Verreste a casa mia per la festa del mio compleanno? 5. Dovresti portare i fiori a tua sorella. 6. Vorresti portare dei fiori alla nonna? 7. I bambini potrebbero guardare la televisione. 8. Verremo se ci chiamate. 9. Io non le direi niente. 10. Andresti da sola o con tuo marito?

Esercizio 20.4

1. A me piacerebbe studiare le lingue straniere. 2. I nostri genitori preferirebbero tenerci a casa con loro. 3. Ai tuoi amici piacerebbe viaggiare in posti nuovi ed esotici. 4. Mio fratello desidererebbe trovare una brava moglie. 5. I loro vicini preferirebbero non avere bambini in casa loro. 6. Noi desidereremmo parlare con il direttore della banca. 7. La mia professoressa preferirebbe parlare sempre in italiano. 8. La nostra casa sarebbe fredda, ma noi alziamo la temperatura. 9. A noi piacerebbe molto vivere in Italia. 10. Loro preferirebbero la polenta alla pasta.

Esercizio 20.5

1. piacerebbe 2. pitturerei 3. vivrei 4. vorrei 5. vorrei 6. sarebbero 7. piacerebbe 8. scriverei 9. sarebbe 10. si svolgerebbero 11. scriverei 12. finirei 13. prenderebbe 14. metterebbe 15. andrebbe 16. piacerebbe 17. viaggerei 18. visiterei 19. sarei

20. comprerei   21. avrei   22. godremmo   23. piacerebbe   24. sarei   25. abiterei   26. girerei
27. conoscerei   28. studierei   29. sceglierei   30. vorrei   31. vorrei

Esercizio 20.6

1. La ragazza avrebbe accettato un appuntamento con una persona che non conosceva.   2. Mario e Nadia avrebbero portato il loro bambino in aereo quando era piccolo.   3. Gabriele avrebbe comprato una macchina nuova.   4. La vita in Italia sarebbe stata molto caotica.   5. La ragazza avrebbe speso tutti i soldi per cose inutili.   6. Sapevo che sarebbero venuti tutti in Italia.   7. La polizia avrebbe segnalato i problemi dopo la partita.   8. Avrebbero pubblicato la notizia sul giornale.   9. Le giornate si sarebbero già accorciate.   10. Avrebbe cambiato casa lo scorso mese.

Esercizio 20.7

1. Hanno avvisato che avrebbero cancellato il volo a causa del tempo.   2. Lisa ha promesso che sarebbe dimagrita.   3. La professoressa ha detto che mi avrebbe aiutata a capire la matematica.   4. Luisa ha confermato che avrebbe comprato le scarpe.   5. Erica ha detto che avrebbe fatto tutti gli esami nel primo trimestre.   6. I nonni hanno detto che si sarebbero trasferiti vicino al figlio.   7. Roberto ha tagliato l'albero che avrebbe danneggiato le fondamenta esterne della casa.   8. Io ho comprato le piante che avrebbero sopravvissuto l'inverno.   9. Lei ha affermato che avrebbe finito il libro in primavera.   10. Il dottore ha confermato che Isabella sarebbe cresciuta molto in estate.

Esercizio 20.8

1. Sarei voluta andare a sciare con una comitiva della scuola.   2. Avremmo desiderato di uscire presto dal lavoro.   3. Il nonno avrebbe mangiato volentieri una feta di torta.   4. Ci sarebbe piaciuto cantare e recitare.   5. Avresti dovuto parlare con il tuo capo.   6. Avrebbe preferito guardare un film alla TV.   7. Noi avremmo dormito bene anche in tenda.   8. Voi avreste comprato una macchina nuova.   9. Io avrei letto molti libri italiani, ma non ho avuto tempo.   10. Gli avrei dovuto chiedere un imprestito.

Esercizio 20.9

1. comprerebbe   2. sarei dovuta   3. io avrei preferito   4. saprebbe   5. piacerebbe   6. avresti dato   7. vorresti   8. direbbe   9. interesserebbe   10. sarei divertito

Esercizio 20.10

1. farete   2. darò   3. piacerebbe   4. dovreste   5. farei   6. potrà   7. potrebbe   8. avrebbero potuto   9. sarei   10. sarei stato

Chapter 21   The Present Subjunctive

Esercizio 21.1

1. sposi   2. finiate   3. facciano   4. chiamino   5. diriga   6. prepari   7. prendiamo   8. porti   9. sia   10. parli

Esercizio 21.2

1a   2b   3a   4a   5b   6a   7a   8b   9b   10a

Esercizio 21.3

1. venga   2. ascolti   3. riusciate   4. andiamo   5. si accorcino   6. vengano   7. abbiano
8. dimagrisca   9. sia   10. possiate

Esercizio 21.4

1. risponda, venga   2. abbia   3. viva   4. finisca, trovi   5. debba   6. dovere   7. perdere
8. perda, debba, rompa   9. sia, cominciate   10. studi, ritorni

Esercizio 21.5

1. scrivano   2. andiate   3. possiate, abbiate   4. abbiate   5. mangiamo   6. finisca
7. studiate, voliate   8. possegga, possa   9. venga   10. si perdano, arrivino

Esercizio 21.6

1. dica   2. diriga   3. sia   4. esistano, vengano   5. capiscano   6. giochi   7. possa
8. facciate, riposiate   9. stiate   10. esca

Esercizio 21.7

1. Credo che Erica studi giorno e notte.   2. Credo che la mamma di Silvia parta per l'Italia domani.   **3.** Dubito che loro vincano anche questa settimana.   4. Immaginiamo che alla mamma piacciano le rose rosse.   5. Pensiamo che la storia della sua vita sia molto interessante.   6. Pensiamo che a Eric piaccia la macchina nuova.   7. Credo che veniate a casa nostra a cena.   8. Dubiti che il volo per l'Europa sia stato cancellato.   9. Lei desidera che abbiano una vita molto avventurosa.   10. Desiderate che la scuola cancelli la lezione di italiano a causa dello sciopero dei trasporti.

Esercizio 21.8

1. fino a che, malgrado   2. appena, cosi che   3. benchè, così che   4. a meno che   5. prima che, vada   6. benchè   7. malgrado   8. affinchè   9. così che   10. nonostante

Esercizio 21.9

1. È strano che la mamma non sia in casa.   2. Mi dispiace che lei non voglia fare le lasagne.
3. Mi dispiace che la professoressa non voglia dargli un bel voto.   4. Che peccato che il padre di mio nonno non sapesse leggere o scrivere.   5. Sono sorpresa che Marcello non riesca a trovare un nuovo lavoro.   6. Che brutta cosa che la macchina sia rotta e io debba portarla dal meccanico.   7. È assurdo che Riccardo non voglia studiare.   8. Sono sorpresa che Giorgio voglia sempre giocare a tennis.   9. Siamo contenti che gli amici vengano a farci visita.
10. Voglio che Lucia venga a casa mia con i bambini.

Esercizio 21.10

1. Sto aspettando che mi diano una risposta.   2. Potrebbe avere torto.   3. È meglio che tu spenga la luce.   4. Mi sembra che non possano finire in tempo.   5. Non vedo l'ora che tu mi lasci in pace.   6. Non voglio che tu suoni il campanello, perchè i bambini stanno dormendo.

7. Lei non conosce quell'uomo. *or* Lei non sa chi sia quell'uomo. **8.** Non capisco perchè lui sia così rude con tutti. **9.** Spero che il ragazzo non si faccia male quando va a scalare la montagna. **10.** È inutile che tu mi dica che vuoi trovare un altro lavoro, a meno che tu non faccia qualcosa per trovarlo.

Esercizio 21.11

1. si renda 2. si faccia 3. debba 4. capiate, vogliate 5. riesca 6. dica, sia 7. sia, vada 8. studi, impari 9. studiate 10. vada, spieghi

Esercizio 21.12

1. Abbiano, siano, possano 2. Siano, abbiano 3. Sia, preoccupi, accorgano, siano 4. Siano, sono 5. sia, parli, abbia, incontrino 6. Sia, intenda 7. siano, ha 8. pensino, vogliano 9. debbano 10. imparino, potrebbero

Chapter 22   The Present Perfect Subjunctive
Esercizio 22.1

1. abbia guidato 2. abbia accettato 3. siano andati 4. abbia ascoltato 5. sia andata 6. abbiano venduto 7. abbiate comprato 8. abbia dimenticato 9. sia piaciuta 10. siano partiti

Esercizio 22.2

1. hanno studiato 2. abbiano studiato 3. avete spento 4. abbia aperto 5. è . . . ritornato 6. sia stata 7. è stata 8. abbia nascosto 9. abbia nascosto 10. siano accorciate

Chapter 23   The Imperfect Subjunctive
Esercizio 23.1

1. tornassero 2. chiamaste 3. arrivasse 4. ascoltassero 5. telefonassi, dessi 6. aiutassero 7. piacessero 8. fossi 9. vivessero 10. lavorasse, guadagnasse

Esercizio 23.2

1. fossero 2. avessero, fossero 3. mangiasse 4. piacesse 5. facessero 6. spiegasse 7. correggessero 8. mangiassero 9. lasciassero 10. parlasse

Esercizio 23.3

1. si comportassero 2. ti ricordassi 3. andassero 4. chiamasse 5. telefonasse 6. preparasse 7. ritornasse 8. trovasse 9. vi alzaste 10. imparaste

Esercizio 23.4

1. Speravamo che voi veniste da noi questa estate.   2. Riccardo desiderava che gli portassimo la farina per i pancakes.   3. Gabriella voleva che io andassi a fare le compere natalizie con lei. 4. Credevo che non ci fosse abbastanza tempo per andare al museo.   5. Sembrava impossibile che si potesse fare la prenotazione al ristorante.   6. Era impossibile che potessimo prendere il traghetto.   7. Era possibile che ci aspettassero.   8. Speravo che cambiaste idea.   9. Lucia desiderava che andassimo a cena da lei.   10. Mi sembrava che le giornate passassero troppo velocemente.

Esercizio 23.5

1. mangiassi   2. andasse a trovare   3. accompagnassimo   4. avessi   5. andassimo
6. salutassi   7. prestassi   8. facessi   9. portassimo   10. stessimo

Esercizio 23.6

1. dicessi   2. venissi   3. venisse, sentisse, andassi   4. riuscissimo   5. uscire   6. aprissero
8. sarebbe   10. sia, prendere

Esercizio 23.7

3. studiassi   4. parlassi   5. ricevessi   7. ricordassi   8. desse   9. ripassassi   10. ascoltassi

Esercizio 23.8

1. Se domenica mi sveglio presto, vado in Chiesa. Se domenica mi sveglio presto, andrò in Chiesa.   2. Se c'è abbastanza neve, andiamo a sciare. Se c'è abbastanza neve, andremo a sciare.   3. Se sabato sera siete liberi, potete andare al ristorante con noi. Se sabato sera siete liberi, potrete andare al ristorante con noi.   4. Se lunedì abbiamo tempo, prepariamo la lezione di italiano. Se lunedì abbiamo tempo, prepareremo la lezione di italiano.   5. Se mercoledì non sono stanco, vado in palestra. Se mercoledì non sono stanco, andrò in palestra. 6. Se tu non hai molti compiti, puoi andare a giocare a tennis. Se tu non hai molti compiti, potrai andare a giocare a tennis.   7. Se Marcello trova un lavoro, la famiglia è contenta. Se Marcello trova un lavoro, la famiglia sarà contenta.   8. Se domani non piove, lavo la macchina. Se domani non piove, laverò la macchina.

Esercizio 23.9

1. nevicasse   2. potessi   3. fallisse   4. lavorasse   5. mangiassimo   6. venisse   7. sapessi
8. fosse   9. avessi   10. fossero

Chapter 24   Past Perfect Subjunctive

Esercizio 24.1

1. avessi comprato   2. avessi diretto   3. avessero capito   4. avesse detto   5. fosse venuto   6. avesse acquistato   7. fosse andato   8. avesse perso   9. fossi . . . partito 10. fossi . . . arrivato

Esercizio 24.2

1. sei venuta   2. siamo date   3. c'eri   4. sono arrivata   5. c'era   6. ti fossi svegliata
7. avessi capito   8. fossi dimenticata   9. mi sono . . . dimenticata   10. avete aspettata
11. ho provato   12. ha risposto   13. sono ritornata   14. avresti potuto   15. avrebbe detto
16. aveva dato   17. avesse dato   18. si sia offeso   19. andassimo   20. dispiacerebbe
21. si fosse offeso   22. piacerebbe

Esercizio 24.3

1. Era impossible che la squadra avesse perso.   2. Speravo che non mi avesse dimenticata.
3. Lui sperava che l'avessi perdonato.   4. Pensavamo che aveste preso l'influenza dai bambini.
5. Era il film più spaventoso che avessi mai visto.   6. Tu speravi che io avessi imparato le
canzoni.   7. Pensavo che tu avessi iniziato una nuova attività.   8. Lei dubitava che tu l'avessi
riconosciuta.   9. Noi speravamo che tu avessi venduto la casa.   10. Loro pensavano che lei
fosse ritornata dalla crociera.

Esercizio 24.4

1. avessimo   2. potessi   3. potessero   4. avesse   5. avesse   6. fosse   7. avessero   8. foste
9. piacessero   10. piacesse

Esercizio 24.5

1. Saremmo andati in crociera se io non avessi avuto paura dell'acqua.   2. Tu avresti mangiato
la frutta, se fosse stata matura.   3. Lei avrebbe riso, se la la barzalletta fosse stata buffa.   4. Il
dottore avrebbe detto la verità al paziente, se lui l'avesse voluta sapere.   5. Marisa sarebbe
venuta alla festa, se avesse ricevuto l'invito da Mario.   6. Gli studenti avrebbero imparato, se
avessero ascoltato la spiegazione dell'insegnante.   7. Le donne avrebbero giocato a carte, se
avessero avuto abbastanza persone per giocare.   8. La mia vita sarebbe stata più facile, se avessi
avuto la donna delle pulizie.   9. Luisa sarebbe stata felice, se avesse imparato a sciare quando
era giovane. 10. Tu e tuo marito sareste ritornati in quel ristorante, se il cibo fosse stato migliore.

Esercizio 24.6

1. Se tu studiasssi, passeresti gli esami. Se tu avessi studiato, avresti passato gli esami.   2. Se
io non mangiassi troppo, non ingrasserei. Se io non avessi mangiato troppo, non sarei
ingrassata.   3. Se lui tornasse a casa presto, giocheremmo al tennis. Se lui fosse tornato a casa
presto, avremmo giocato al tennis.   4. Se io non dormissi, mi sentirei stanco. Se io non avessi
dormito, mi sarei sentito stanco.   5. Se tu non togliessi le scarpe, sporcheresti il pavimento.
E non ti fossi tolto le scarpe, avresti sporcato il pavimento.   6. Se facesse freddo, avremmo
bisogno del riscaldamento. Se avesse fatto freddo, avremmo avuto bisogno del riscaldamento.
7. Se la casa fosse finita, traslocheremmo. Se la casa fosse stata finita, avremmo traslocato.
8. Se Isabella venisse, ci telefonerebbe. Se Isabella fosse venuta, ci avrebbe telefonato.   9. Se
tu avessi una bella voce, canteresti. Se tu avessi avuto una bella voce, avresti cantato.   10. Se
facesse caldo, accenderemmo l'aria condizionata. Se fosse stato caldo, avremmo acceso l'aria
condizionata.

Esercizio 24.7

1. stiate   2. pensi   3. piacciano   4. sappiamo   5. guadagni   6. si riprenda   7. si tinga
8. siano   9. conosciate   10. vada

Esercizio 24.8

1. portasse   2. potessero   3. aveste   4. togliessero   5. rimanessimo   6. credesse
7. ritornassero   8. potessero   9. venisse   10. studiassero

Esercizio 24.9

1. migliorasse   2. partissi   3. usassero   4. cadesse   5. mangiassi   6. prendessimo
7. ricordassi   8. stesse   9. portassi   10. si sedesse

Esercizio 24.10

1. venissero   2. perdesse   3. avessimo   4. comprassimo   5. volessi   6. avessi   7. parlasse
8. incontrassi   9. facessi   10. cambiassi

Esercizio 24.11

1. abbia corretto   2. abbiano spedito   3. abbia preparato   4. abbia dimenticato   5. abbia
perso   6. abbia messo   7. siate corsi   8. abbiano comprato   9. si siano stancati   10. abbia
capito

Esercizio 24.12

1. avessero comprato   2. avessero trovato   3. avesse portato   4. avessero portato   5. abbia
voglia   6. abbia interpretato   7. fossero venuti   8. fosse uscito   9. avessero aspettato
10. fossero ritornati

Esercizio 24.13

1. fossi dimostrato   2. avessero preso   3. fossi andato   4. fossi concessa   5. foste riusciti
6. fossero caduti   7. fosse offesa   8. si fosse resa conto   9. avessero chiamato   10. aveste
capito

Esercizio 24.14

1. avrebbe fatto   2. avresti dato   3. avrebbero portato   4. avrebbero espatriati   5. avrebbe
sposato   6. sarebbero andati   7. avrebbe aiutato   8. avreste messo   9. avrebbe chiamata
10. avrebbe potuto

Chapter 25   Special Construction and the Passive

Esercizio 25.1

1. L'hai vista andare al lavoro questa mattina presto.   2. Mia nonna mi ha fatto imparare a lavorare ai ferri.   3. Ogni volta che vado a visitarli, mi fanno guardare le foto dei bambini quando erano piccoli.   4. Abbiamo fatto partire la macchina anche se faceva molto freddo. 5. Si è fatta fare una gonna dalla sarta.   6. Mi sono fatta vedere la caviglia dal dottore. 7. Quanto tempo ci vuole per ricevere una lettera dall'Italia?   8. Quando ero giovane non ci mettevo molto tempo per preparare una cena.   9. Lascia che la lucciola esca dal vaso! 10. Lasciala parlare e ridere con i suoi amici!

Esercizio 25.2

1. È stato mandato ieri.   2. Il conto del dentista è stato pagato il mese scorso.   3. Sono state fatte al mare.   4. Sono stati venduti al mercato.   5. Sonno state scelte da mia sorella. 6. È stata comprata nel 1994.   7. Sono stati tagliati perchè erano ammalati.   8. E stato pubblicato da una grande Casa Editrice.   9. Sono stati avvisati alle sei di mattina.   10. È stata pulita in centro.

Esercizio 25.3

1. essere firmato   2. verrà rimborsato, sarà cancellato   3. sarà aperto   4. essere prese 5. è letto   6. è sprecata   7. siamo rimasti   8. siamo rimasti   9. essere appeso   10. è vissuta

Esercizio 25.4

1. La mia borsa è stata rubata dalla macchina.   2. Molto tempo viene sprecato ogni giorno guardando la televisione.   3. La sua amica ha avuto un incidente ed è stata portata al pronto soccorso.   4. Tutto il cibo rimasto nei ristoranti viene distribuito ai poveri.   5. Si deve tenere in mente che non si può uccidere più di un cervo quando si va a caccia.   6. Anche gli uccellini devono essere ricordati in inverno.   7. La porta del garage deve essere chiusa giorno e notte.   8. La legna è stata portata e bruciata dietro alla casa.   9. Ci si deve ricordare che alla sera le porte e le finestre devono essere chiuse.   10. La chiave era stata persa e lui non poteva entrare in casa.

Esercizio 25.5

1. è mangiata   2. trova   3. è bloccata   4. va   5. è dovuto   6. sono studiate   7. sono stati comprati   8. sentono   9. spera   10. vedono

Chapter 26   Conjunctions and Verbs with Prepositions

Esercizio 26.1

1. sebbene   2. affinché   3. benché   4. purchè   5. qualora   6. tranne   7. pur   8. prima che 9. e   10. e

Esercizio 26.2

1. Si affrettano (corrono) a mangiare quando ritornano da scuola.   2. Lei ha aiutato la sua amica ad allacciarsi le scarpe.   3. La bambiba crede alle fate.   4. Ha dato un calcio a sua sorella sugli stinchi.   5. A loro piace giocare a bridge ogni sera della settimana.   6. Gli devo ricordare di portare fuori la spazzatura.   7. Hanno invitato tutti gli amici alla festa di laurea.   8. È molto importante incoraggiare i bambini ad essere indipendenti.   9. Il papà ha insegnato alla sua figliolina ad andare in bicicletta.   10. Non riesco a capirla perchè parla troppo in fretta.   11. A noi piace andare al cinema il pomeriggio.   12. Prima di venire a casa, si fermano al mercato a comprare del cibo.   13. In inverno ci divertiamo molto a guardare dalla finestra gli uccelli che vengono a mangiare.   14. Silvia e Giorgio vanno in Italia a trovare i loro genitori.   15. Hanno rinunciato a provare ad aprire la porta.

Esercizio 26.3

1. Ho bisogno di comprare della carta e una nuova cartuccia bianco-nera per stampare il libro.   2. Ho paura di nuotare nell'acqua fonda.   3. La ragazza si lamenta di tutto e di tutti.   4. Lei crede di ottenere la borsa di studio per l'università.   5. Dubito di avere tempo di uscire a pranzo questa settimana.   6. Sperano di essere in orario per l'appuntamento in banca.   7. Lei promette di non fumare quando va fuori con le amiche.   8. Quando Cristina soffre di emicranie, non può andare a lavorare.   9. Chiederemo di usare la loro cabina sul lago.   10. La cameriera ride di tutto e di tutti.   11. Mi devi promettere di fermarti a casa mia quando sei in città.   12. Non so di che cosa vivono gli animali selvatici in inverno.   13. A Isabella piace parlare di tutto.   14. Devo chiamarla per ringraziarla dei fiori che mi ha mandato.   15. Maria pensa di andare in Italia a fare un corso d'immersione di lingua italiana.

Esercizio 26.4

1. Contano sempre su di lui per riparare oggetti elettronici.   2. Non si deve correre in piscina.   3. Mi piace riflettere sui fatti della vita.   4. Desiderano viaggiare in tutto il mondo.   5. Devo assolutamente stare a casa e finire il libro.   6. Se vogliono fare una torta, li aiuto.   7. Lo lascio andare in Italia con i suoi amici.   8. Basta parlare. Adesso dovete concentrarvi sul vostro lavoro.   9. Mi piace fare una bella vita.   10. Basta mangiarti le unghie.   11. Si sono dimenticati di pagare il conto.   12. Dava lezioni di violino.   13. Chiama prima di venire.   14. Comincio a parlare bene l'italiano.   15. Le piace cucinare, e cucina bene.

CPSIA information can be obtained
at www.ICGtesting.com
Printed in the USA
JSHW011942150822
29322JS00003B/24

9 780071 837187